सिंहापुरा

द्वीप देश का प्रवासी गद्य

सिंहापुरा

द्वीप देश का प्रवासी गद्य

सम्पादक

दिव्या माथुर
संध्या सिंह

वाणी
प्रकाशन

प्रकाशन के उत्कृष्टतम 63 वर्ष

पेपरबैक पहला संस्करण : 2025
पेपरबैक दूसरा संस्करण : 2026

vaniprakashan.com

वाणी प्रकाशन

4695, 21-ए, दरियागंज, नयी दिल्ली-110 002

फ़ोन : + 91 11 23273167, 23275710

शाखाएँ

अशोक राजपथ, पटना-800 004, बिहार

कॉफ़ी हाउस कैम्पस, महात्मा गांधी मार्ग, प्रयागराज-211 001, उत्तर प्रदेश

महात्मा गांधी अन्तरराष्ट्रीय हिन्दी विश्वविद्यालय, वर्धा-442 001, महाराष्ट्र

sales@vaniprakashan.in
vaniprakashan@gmail.com

Sinhapura : Dweep Desh Ka Pravasi Gadya
Edited by Divya Mathur, Sandhya Singh

ISBN : 978-93-6944-883-8
Memoirs/Travelogue

मूल्य : ₹ 350

आर. टेक ऑफ़सेट प्रिंटर्स, दिल्ली-110032 में मुद्रित

वाणी प्रकाशन का लोगो मक़बूल फ़िदा हुसैन की कूची से

प्राक्कथन

संस्मरण लेखन, आत्मकथात्मक लेखन का ही एक संक्षिप्त रूप है, जो लेखक की यादों, भावनाओं और अनुभवों पर आधारित होता है। यह विधा बहुत पुरानी नहीं है, इसलिए बहुत से लेखक यात्रा-वृत्तान्त अथवा आत्मकथा की आंशिक प्रस्तुति को संस्मरण मान लेते हैं। संस्मरण किसी स्मरणीय व्यक्ति से प्रेरित होकर, अपने जीवन के किसी ख़ास समय या विषय पर, किसी बड़े हादसे-दर्शक या गवाह बन जाने पर, प्रतिकूल परिस्थितियों पर क़ाबू पाने या दुख से निपटने के लिए लिखे जाते हैं; जिनमें लेखक अपने व्यक्तिगत विकास, चुनौतियों, जीत, और बदलावों के बारे में पाठकों को जानकारी देता है।

संस्मरणों पर आधारित सिंगापुर के लेखकों का यह पहला संग्रह है, इसलिए बहुत से लेखकों ने अपनी यादगार यात्राओं को ही अपने संस्मरणों का केन्द्र बनाया है। मुझे कुछ संस्मरण बहुत अच्छे और रोचक लगे। उनमें कहीं व्यक्ति विशेष पर बात की गयी है तो कहीं घटना विशेष पर। कई संस्मरण सिंगापुर को केन्द्र में रखकर लिखे गये हैं जबकि कई प्रवास के अनुभवों पर। आशा करती हूँ कि समाज के ज्वलन्त और आसामान्य विषयों पर भी हमें और पढ़ने को मिलेगा क्योंकि अब ऐसे विमर्श आम हो चले हैं। यौन रुचि/उत्तेजना विकारों को लेकर, विशेषत: भारतीय परिवारों में, लोग अनभिज्ञ हैं। मेरा नया उपन्यास 'तिलिस्म' भी ऐसी ही समस्याओं पर आधारित है। विदेशों में पुरुष लेखकों का प्रतिनिधित्व अल्प है, ज़ाहिर है कि उनकी समस्याओं से भी हम अनभिज्ञ हैं। उस ओर भी लेखन की आवश्यकता है।

कुल मिलाकर, सिंगापुर से प्रकाशित यह संग्रह पाठकों को अवश्य पसन्द आयेगा, इसकी कच्ची पक्की रचनाएँ आपको किसी-न-किसी रूप में अवश्य गुदगुदाएँगी; इस दौरान हुए अनुभवों और टिप्पणियों से लेखक बहुत कुछ सीख

पायेंगे। मुझे आशा ही नहीं, पूर्ण विश्वास है कि इस शृंखला की अगली कड़ी में इस बार से कहीं अधिक परिपक्व लेखन पढ़ने को मिलेगा। वाणी प्रकाशन और डॉ. संध्या सिंह को साधुवाद और बहुत-बहुत शुभकामनाएँ देती हूँ।

दिव्या माथुर
ब्रिटेन
संस्थापक वातायन यू.के.
divyamathur1974@gmail.com

दो शब्द

सिंगापुर युवा देश है, इसलिए रचनाएँ भी युवा हैं। सिंगापुर के इस प्रथम साझा गद्य-संग्रह ने बहुत आशा का संचार किया है कि सिंगापुर से गद्य लेखन की समृद्ध राह दिख रही है। इस संग्रह में संस्मरण और वृत्तान्त शामिल हैं। इस पर कार्य करते समय यह विचार पूरी तरह से मन में कहीं-न-कहीं हावी रहा कि कोई भी रचना अच्छी या ख़राब नहीं होती। रचनाकार ने निश्चित करके अपने मन में अपने विचारों को शब्द रूप देने का प्रयास किया है, तो वह उसके लिए उतनी ही महत्त्वपूर्ण रचना है जितनी विश्वपटल पर छायी हुई कालजयी रचनाएँ। अगर हम संकल्प कर लें, दृढ़ रहें तो जिस प्रकार छोटा-सा बीज वटवृक्ष बन जाता है, उसी तरह से छोटी-छोटी रचनाएँ किसी के लेखन का ज़रिया बन उसे अपनी साहित्य की यात्रा में आगे ले जाती हैं। सिंगापुर के विनोद कुमार दुबे और गौरव उपाध्याय की गद्य विधा में कई पुस्तकें प्रकाशित हो चुकी हैं, लेकिन यहाँ के कई अन्य लेखकों ने पहली बार कविताओं की दुनिया से बाहर निकलकर इस संग्रह के लिए गद्य लिखा है, यह प्रशंसनीय है, क्योंकि जैसाकि कहा गया है—गद्यं कवीनां निकषं वदन्ति। इन संस्मरणों और यात्रा-वृत्तान्तों को प्रकाशित होते देख मुझे अपार हर्ष महसूस हो रहा है। इन यादों से गुज़रते हुए एहसास होता है कि कई बार हम छोटी-छोटी चीज़ों को किस प्रकार अपने मानस में सदा स्मरण रखते हैं और ये ही आगे जाकर कहीं-न-कहीं प्रेरणा स्रोत का कार्य करती हैं। सिंगापुर के हमारे इन युवा रचनाकारों का साहित्यकार इसी प्रकार इनमें जीवित रहे और देश के साहित्य को भी आगे ले जाता रहे। एक दायित्व जो उन्होंने उठाया है, उस दायित्व को पूरा करने की अधिक ऊर्जा उन्हें मिले। ये और बेबाकी से खुलकर ऐसे विषयों पर लिखें, जिन विषयों की हमारे समाज को अधिक ज़रूरत है।

इस संग्रह में यहाँ के लेखन में विविधता देखने को मिलेगी। कहीं चुस्त लेखन ने सुस्त वातावरण को भी जीवन्त कर दिया है और कहीं लेखन अपनी गति से धीरे-धीरे आगे बढ़ रहा है और कहानी में यादों का विस्तार भी उसी रूप में हो रहा है।

संस्मरण में कल्पना के लिए स्थान नहीं होता, बल्कि यथार्थ को पूर्ण आकाश देना होता है और हमारे कई सिंगापुरी रचनाकारों ने सजग भाषा में सच को बिना लाग-लपेट निर्भीकता से दिखाया है, भले इसके कारण उन्हें पुनः उस मानसिक स्थिति को दोबारा जीना पड़ा हो। कई संस्मरण अनुभव और सफ़र को विस्तृत फलक पर खड़ा करते हैं, तो कई उत्तर नहीं देते बल्कि प्रश्न उपस्थित कर देते हैं। ये संस्मरण लेखकों की व्यक्तिगत यात्राओं का प्रतिबिम्ब हैं। इनमें उनके संघर्ष, सफलता, असफलता, और आशा के क्षण समाहित हैं, जो हमें समय और स्थान की सीमाओं से परे ले जाते हैं। ये रचनाएँ न केवल अनुभवों को सहेजती हैं, बल्कि जीवन के उन अनमोल क्षणों को भी उजागर करती हैं, जो व्यक्तित्व और सोच को गढ़ते हैं, जीवन के अनुभवों को शब्दों में बाँधकर कालातीत बना देते हैं। ये महज़ व्यक्तिगत यथार्थ नहीं हैं, बल्कि उनमें एक सार्वभौमिक सत्य छिपा है, जो पाठकों को उनके अपने जीवन से जुड़ने का अवसर देगा। जहाँ संस्मरणों में अतीत की स्मृतियों का जीवन्त चित्रण है, तो वहीं संग्रह के यात्रा-वृत्तान्त, अनदेखे स्थानों, अनजानी संस्कृतियों और अप्रत्याशित अनुभवों से परिचित कराते हैं। ये स्थानों के माध्यम से जीवन के विभिन्न पहलुओं को समझने और स्वीकारने का एक साधन भी हैं और आज के समय में, जब भौतिक सीमाएँ सिकुड़ रही हैं, ये हमें वास्तविकता से जोड़ने का काम कर रही हैं।

आपबीती हो या परबीती जब रचनाकार कुछ याद करता है, तो स्वयं उन घटनाओं को पुनः जीता है। संस्मरण पढ़ते समय लेखक के साथ, आप भी उस समय को जी पायें, तभी इसकी सार्थकता है। इस संग्रह के माध्यम से यहाँ के लेखकों की रचनाधर्मिता और सृजनशीलता का सम्यक आस्वादन सुलभ हो, यही प्रयास है। चूँकि यह संग्रह युवा है इसलिए इससे नवीनता, ताज़गी, जोश की उम्मीद कर सकते हैं और उस दृष्टि से भी यह आपको निराश नहीं करेगा। भले ही यह गद्य लेखन पर आधारित पहला साझा संग्रह है, पर इसके द्वारा लेखकीय प्रतिबद्धता देखी जा सकती है और सम्भवत: इसका आकलन, समीक्षाएँ आगे के लेखन को अधिक समृद्ध और सुनिश्चित करेंगी।

सिंगापुर में सृजनात्मकता को बढ़ाने के महती प्रयास में वाणी प्रकाशन और ख़ासकर अरुण माहेश्वरी जी की सार्थक पहल ने प्राणवायु का काम किया है। उनका कोटिश: आभार! और सभी रचनाकारों को उज्ज्वल भविष्य के लिए शुभकामनाएँ!

डॉ. संध्या सिंह
सिंगापुर

अनुक्रम

✍ अदिति अरोरा

दूसरी उड़ान

जब तक मनुष्य वास्तविकता से भागता रहता है या नदी के प्रवाह से विपरीत दिशा में तैरने का प्रयास करता रहता है, जीवन और जटिल बन जाता है, लेकिन स्वीकार भाव आते ही ऐसा प्रतीत होता है जैसे कुछ उलझे हुए धागे सुलझ गये हों। संघर्ष की प्रतिकूल परिस्थितियों में वर्तमान की वास्तविकता को पूर्णतया स्वीकार कर, संघर्ष को ही अपनी शक्ति बनाकर आगे बढ़ना, जीवन को एक नया आकार दे जाता है।

मेरे जीवन में भी एक ऐसे ही संघर्ष ने मेरे हाथ में क़लम थमा दी और आज मैं आठ वर्ष के एक लम्बे अन्तराल के पश्चात स्वयं को बटोरकर अपनी दूसरी उड़ान भरने के लिए प्रयासरत हूँ। मेरी यह दूसरी उड़ान प्रथम उड़ान की भाँति ना तो आकाश में बादलों को चीरते किसी और देश में प्रवास के लिए लेकर जाने वाली है और ना ही किसी दर्शनीय स्थल पर भ्रमण के लिए। मैं यह दूसरी उड़ान किसी वायुयान पर नहीं बल्कि अपनी क़लम पर आप जैसे पाठकों के मानस-पटल पर भरने को प्रयत्नशील हूँ।

27 वर्ष पूर्व वह मेरे जीवन की प्रथम उड़ान थी जो मुझे मातृभूमि से दूर सिंगापुर उड़ा ले आयी थी। मुझे आज भी याद है मैं कितनी डरी और सहमी-सी थी कि भारत के एक छोटी-से क़स्बे में जन्मी एक अनजान देश में कैसे निर्वाह कर पाऊँगी? मैंने कहाँ सोचा था कि एक दिन विदेशी धरा पर क़दम रखूँगी और वहाँ की नागरिकता भी ले लूँगी।

मेरा क़स्बा छोटा-सा था परन्तु सभी सुख-सुविधाओं से परिपूर्ण एक बड़े से कुटुम्ब जैसा, जहाँ हर कोई हर समय एक-दूसरे की मदद के लिए तैयार रहता था। मैंने वहीं पर अपनी स्नातकोत्तर की शिक्षा प्राप्त की और एक अध्यापिका के रूप में अपने इस प्यारे से क़स्बे का ऋण उतारने लगी। कुछ समय पश्चात गृहस्थ जीवन की यात्रा आरम्भ हो गयी और मैं अपने पति मयंक के साथ उस क़स्बे को

छोड़कर भारत के महानगर मुम्बई पहुँच गयी। हमारे आँगन में अब एक नन्ही-सी बिटिया आद्या भी थी।

मेरे लिए सब कुछ बहुत अनोखा था, कहाँ तो वह छोटा-सा क़स्बा, कच्ची-पक्की सड़कें, उन पर धूल उड़ाती बैल और भैंसागाड़ियाँ और कहाँ मुम्बई नगर की विशाल सड़कें और उन पर तेज़ दौड़ती आलीशान कारें। गगनचुम्बी भवनों के इस महानगर में मैं अपनी गृहस्थी को व्यवस्थित करने की कोशिश कर ही रही थी कि मयंक को सिंगापुर की एक बड़ी कम्पनी में नौकरी मिल गयी।

विदेश जाने की प्रसन्नता तो थी परन्तु उस से भी अधिक भय कि एक क़स्बे से आयी, टूटी-फूटी अंग्रेज़ी बोलने वाली, पहले तो यह चमकीली मुम्बई नगरी और अब विदेश...

हवाई जहाज़ में उड़ने की उत्सुकता और भय के साथ-साथ मेरे मस्तिष्क में ढेर सारे प्रश्न चल रहे थे, क्या मैं उस बिल्कुल अनजान स्थान पर रह पाऊँगी, वहाँ के नागरिकों की भाषा, रहन-सहन, खान-पान सब बिल्कुल भिन्न होगा, क्या वहाँ भारतीय भोजन सामग्री मिलेगी? क्या ऐसा होगा क्या वैसा होगा...?

इन सब मिलीजुली भावनाओं के साथ सामान बाँधती रही और हमारी प्रथम उड़ान का दिन आ गया। टैक्सी हवाई अड्डे की ओर दौड़ती जा रही थी और मेरे हृदय की धड़कनें भी पूरी तीव्रता से उसका साथ दे रही थीं। हवाई अड्डे पर पहुँच कर यात्रा सम्बन्धी सभी औपचारिकताएँ पूरी करते हुए हम तीनों प्रतीक्षा कक्ष में पहुँचे तो वहाँ काँच की बड़ी-सी खिड़की से विशालकाय वायुयान खड़े दिखाई दिये। मैं विस्फारित नेत्रों से उन्हें देखती रह गयी कि दूर आकाश में उड़ते छोटे से दिखाई देने वाले विमान इतने विशाल होते हैं? मेरे लिए अपनी मातृभूमि से विलग होने की वह घड़ी हृदय विदारक थी जब वायुयान उड़ान पट्टी पर दौड़ते हुए आकाश की ओर उन्मुख हो अपने गन्तव्य की ओर उड़ चला था और मैं अपने अश्रुपूर्ण नेत्रों से अपनी मातृभूमि को स्वयं से दूर जाती हुई देखती रह गयी थी।

सिंगापुर की प्राकृतिक शोभा और स्वच्छता ने मेरे मन को मोह लिया और एक सुन्दर स्थान चुनकर मयंक और अपनी नन्ही बिटिया आद्या के साथ प्यारा-सा घरौंदा बना लिया। एक लम्बा गलियारा और उसमें 10-11 मकान। सभी चीनी सभ्यता वाले सिंगापुर के मूल निवासी। पड़ोसियों से आत्मीय व्यवहार पाकर मैं शीघ्र ही उनके साथ घुल-मिल गयी। उनके साथ पूरे उत्साह से चीनी नववर्ष मनाती और उनको अपने भारतीय पर्वों पर अपने घर आमन्त्रित करती। मेरा यह विदेशी गलियारा

वही छोटा-सा क़स्बा बन गया जिसे मैं भारत छोड़ आयी थी। पड़ोसियों के बच्चे भी आद्या के साथ खेलने आने लगे। गलियारे में रखे हमारे पौधे जहाँ समाप्त होते वहीं से बराबर वाले पड़ोसियों के आरम्भ हो जाते और सब एक साथ मुस्कराते, झूमते। प्रकृति कहाँ सीमा रेखाएँ खींचती है? यह तो बस मानव की ही कृति है।

सब कुछ बहुत अच्छे से चल रहा था, एक समृद्ध, स्वच्छ और सुन्दर देश में प्यारा-सा घर, पति की अच्छी नौकरी, एक प्रतिभाशाली सौन्दर्य निधि बेटी आद्या और उसका एक छोटा-सा कुत्ता सिम्बा जिसे वह प्यार से बुद्धू बुलाती। सब कुछ तो था हमारे पास। मयंक अपनी नौकरी के सिलसिले में प्रायः सिंगापुर से बाहर रहता और आद्या विद्यालय चली जाती। मैं अपना समय घर को सजाने सँवारने और अपनी क्यारी में लगे पौधों की देख-रेख में व्यतीत करती। सिंगापुर जैसे सुन्दर देश में रहने के कारण हमारा घर एक अतिथिगृह-सा बन गया था, भारत से परिवार के सदस्य, मित्र और मित्रों के मित्र भी, जो भी कोई सिंगापुर पर्यटन के लिए आता मैं और मयंक उनका पूरे स्नेह और सम्मान के साथ स्वागत करते और अपनी भारतीय परम्परा 'अतिथि देवो भव:' को चरितार्थ करते।

हँसते-खेलते आद्या कब बड़ी हो गयी पता ही नहीं चला। वह अब आर्किटेक्ट बनने की तैयारी कर रही थी। मैं और मयंक उसके सुन्दर भविष्य की दिन-रात कामना किया करते थे। आद्या भी ना जाने कितने सपने संजोए अपनी परीक्षा को उत्तीर्ण कर ऑस्ट्रेलिया जाकर आगे पढ़ने की अभिलाषा लिए थी। उसका आर्किटेक्चर का यह अन्तिम वर्ष था और अन्तिम ही परीक्षा बाक़ी थी। वह जी-जान से परिश्रम करने में लगी हुई थी लेकिन...कौन जानता है कि भविष्य क्या दिखाने वाला है?

आद्या अचानक बहुत चिन्ताग्रस्त दिखाई देने लगी, हर समय अपने हाथ धोती रहती और आस-पास की वस्तुओं को छूने से कतराती। मुझे और मयंक को लगा शायद परीक्षा पास आ रही है इसलिए चिन्तित है लेकिन जब तक हमें समझ आता, आद्या को ओ.सी.डी. (Obsessive Compulsive Disorder) पूरी तरह अपनी गिरफ़्त में कर चुका था।

भविष्य के लिए देखे सारे सपने एक काँच की भाँति किरच-किरच टूटकर बिखर गये थे और हमारे ही पैरों तले चुभ कर लहूलुहान कर रहे थे। मानव मन ना जाने भविष्य के कितने सपने बुने रखता है, ना केवल कल के बल्कि आगामी कई वर्षों तक की भी योजना बना डालता है जबकि किसी को आने वाले क्षण का भी नहीं पता होता कि क्या होने वाला है, या तो मानव भूतकाल में उलझा रहता या

भविष्य बुनने में और वर्तमान में जीना भूल ही जाता है। आद्या की यह स्थिति हमें वर्तमान के धरातल पर ले आयी थी।

आद्या को प्रत्येक वस्तु, प्रत्येक व्यक्ति गन्दा लगने लगा था। घर के मुख्य द्वार के सामने वाले गलियारे में आते-जाते पड़ोसियों की पदचाप से भी उसको परेशानी होने लगी, कई मीटर दूर से भी यदि किसी की खाँसी, छींक या एम्बुलेंस की आवाज़ सुनाई दे जाती तो उसकी बेचैनी बढ़ जाती और अपने दोनों कानों को उँगलियों से कसकर बन्द कर बैठ जाती। परिणामस्वरूप घर के सभी दरवाज़े और खिड़कियाँ बन्द कर दिये गये। मुख्य दरवाज़े पर किसी की खटखटाहट भी उसको परेशान करने लगी, उस पर भी Please do not knock की तख्ती लगा दी गयी। हमारे जो दरवाज़े सदा सबके स्वागत में खुले रहते थे वे अब सबके लिए बन्द हो चुके थे। मयंक के लिए काम पर जाना मुश्किल हो गया था क्योंकि दरवाज़ा खोलना पड़ता था। इस सबसे परेशान आद्या ने स्वयं को घर के मुख्य दरवाज़े से दूर एक कक्ष में बन्द कर लिया। कुछ दिन तक अकेले बिना कुछ खाये-पिये बन्द रही परन्तु मेरी बहुत विनती के बाद उसने मुझे अन्दर आने की अनुमति दे दी।

मैंने उसके कमरे का दरवाज़ा खोला तो पाया कि एक सप्ताह से भूखी आद्या अपने बिस्तर के एक कोने में सिमटी हुई बैठी थी, निरन्तर एल्कोहल से हाथ साफ़ करते रहने के कारण हथेलियों में घाव हो गये थे और त्वचा पपड़ियाँ बनकर उतर रही थी। एक-दूसरे से नज़र मिलते ही दोनों के नेत्रों से अश्रुधारा बह निकली। आद्या ने हाथ जोड़कर कहा–"माँ मैं जीना नहीं चाहती, कृपया मुझे कुछ विषैला भोजन दे दो।"

अपनी 20 वर्षीय बिटिया, जिसने ज़िन्दगी को अभी तक खुलकर जीना भी नहीं सीखा था, के मुख से इन शब्दों को सुनकर मैं फफककर रो उठी और बोली, "तुम्हारे जाने के बाद क्या मैं और तुम्हारे पिताजी जीवित रह पायेंगे? यदि तुम्हारी यही इच्छा है तो तीनों ही एक साथ चलते हैं ना।"

"नहीं, आपको जीवित रहना होगा!" आद्या ने बहुत तेज़ आवाज़ में बोला। समाज में लोग ओ.सी.डी. से ग्रसित व्यक्तियों का उपहास करते हैं, मैं चाहती हूँ कि आप मेरी मृत्यु के पश्चात इसके विषय में समाज में जागृति लायें कि यह कितना कष्टप्रद है। यह कोई ऐसी मानसिक विक्षिप्तता नहीं है कि पागलखाने में भर्ती कर दिया जाये बल्कि समझने और स्नेह देने की आवश्यकता है। आद्या रोते-रोते हाथ जोड़े अपनी मृत्यु की विनती करती जा रही थी, मेरे लिए उसका यह कष्ट असहनीय होता जा रहा था, हारकर मैंने कहा ठीक है, मैं तुम्हारी इच्छा पूरी करूँगी लेकिन मैं

बस एक अन्तिम सप्ताह तुम्हारे साथ जीना चाहती हूँ। जहाँ-जहाँ हम पहले एक साथ घूमने जाते थे वहाँ जाना चाहती हूँ, तुम्हारे साथ वह सब कुछ एक बार पुनः करना चाहती हूँ ताकि तुम्हारे साथ बिताये अन्तिम क्षणों की स्मृतियाँ एकत्र कर सकूँ। क्या तुम मुझे वह एक सप्ताह दे सकती हो?

आद्या इन शब्दों को सुनकर बिना उत्तर दिये कुछ खोयी-सी निढाल होकर लेट गयी क्योंकि जानती थी कि वह अब ऐसा नहीं कर पायेगी। मैं अपनी बेटी को कसकर हृदय से चिपका लेना चाहती थी परन्तु न तो आद्या किसी को छूती थी और ना ही कोई उसको छू सकता था। मैं दूर से ही अपने डबडबाये नेत्रों से उसे देखती हुई असहाय-सी कमरा बन्द करके बाहर आ गयी।

सिम्बा घर की गतिविधियों से जैसे सब कुछ समझ रहा था, वह प्यार से मेरी गोदी में सिर रखकर लेट गया, शायद यह उसका सान्त्वना देने का तरीक़ा था। सचमुच पशु मनुष्य से अधिक संवेदनशील होते हैं। पूरे दिन सिम्बा, आद्या के बन्द कमरे के बाहर ही चुपचाप लेटा रहता जैसे उसकी रखवाली कर रहा हो।

आद्या ने बाहर की दुनिया, फ़ेसबुक आदि और अपनी सभी सहेलियों से सम्पर्क तोड़ लिया था, लेकिन उसकी प्यारी सहेलियाँ निरन्तर मेरे सम्पर्क में बनी रहीं और उस दिन की आस लगाये रहीं जिस दिन आद्या उनसे फिर मिलेगी। आद्या अपने फ़ोन का प्रयोग बस जब उसे प्यास लगती तो मुझे बुलाने के लिए किया करती। उसका खाना लगभग बन्द हो चुका था, सभी फल, सब्ज़ी, बाहर से आयी सभी खाद्य सामग्री उसे दूषित लगते थे। दस दिन इसी स्थिति में हो गये। आद्या दिन पर दिन कमज़ोर होती जा रही थी। कभी-कभी दो दिन तक भी फ़ोन से सन्देश नहीं भेजती। मैं अनिष्ट की आशंका से घिरी बाहर बस हाथ जोड़े ईश्वर से उसकी कुशलता की प्रार्थना करती रहती।

एक दिन मैंने किसी तरह उसे ग्लूकोज़ का पानी पीने को मना लिया और शायद मेरे आँसुओं के पीछे आद्या से मेरी विह्वलता देखी नहीं गयी और उसने ब्रेड का एक स्लाइस खाने को माँगा। माँ से मिले स्नेह को पाकर जैसे आद्या के जीने की इच्छा वापस आने लगी थी। मुझे अपने कमरे में रखना उसे अच्छा लगने लगा और एक दिन बोली, "माँ आपने मुझसे एक सप्ताह माँगा था पर मैं अब बाहर जाने में असमर्थ हूँ और इसी तरह से जीने का प्रयास करना चाहती हूँ, लेकिन आपकी सहायता चाहिए, क्या आप मेरे साथ इस बन्द कमरे में रह सकती हैं?" मैंने अपनी नम आँखों ने हामी भर दी।

हमने वर्तमान की वास्तविकता को अब पूर्णतया स्वीकार कर लिया था। अब यह बन्द कमरा, इसकी बन्द खिड़की से झाँकता वह एक मुट्ठी आसमान और आद्या का फ़ोन हम दोनों की पूरी दुनिया बन गया था। दोनों फ़ोन पर खेल खेलतीं, बन्द खिड़की से झाँकते आसमान के बदलते रंगों को देखतीं, कभी उगते सूर्य की लालिमा, कभी ढलते सूर्य के गुलाबी-नारंगी रंग, कभी वर्षा के काले बादलों के बीच चमकती दामिनी और फिर अनवरत वर्षा की झड़ी। कभी-कभी दोनों शान्त नील गगन में बनते-बिगड़ते श्वेत मेघों में ढूँढ़ती कि कौन-सा पशु बना है, कभी संध्या की वेला में पक्षियों के झुंड को रात्रि विश्राम के लिए अपने घरौंदों में जाता देखतीं, एक-दूसरे के साथ हँसतीं खिलखिलातीं। माँ प्रकृति से अच्छा और कोई चिकित्सक शायद ही हो। भले ही खिड़की से दर्शन होते परन्तु दोनों को एक सुकून-सा दे जाती।

कभी-कभी आद्या कुछ प्रश्न भी कर बैठती। एक दिन बोली, "माँ आकाश का रंग नीला ही क्यों होता है बाक़ी किसी और रंग का क्यों नहीं?" मेरे समझाने पर कि आकाश, प्रकाश के बाक़ी सब रंगों को अवशोषित कर लेता है परन्तु नीले रंग को परावर्तित और उसी के कारण हमें आकाश नीला दिखाई पड़ता है, आद्या बोल उठी, "ओह इसका अर्थ है कि आकाश वह नहीं है जो हमें दिखाई देता है वरन जो प्रसारित करता है उससे जाना जाता है।" सचमुच कितना सत्य कहा आद्या ने, मानव का भी तो ऐसे ही है हम अपने व्यवहार से, अपनी भाषा से, अपने कार्यकलाप से जो कुछ भी प्रसारित करते हैं, प्रदर्शित करते हैं उसी से जाने जाते हैं। आकाश में नीले रंग का परावर्तन तो एक परिघटना है, आकाश अपनी इच्छा से किसी और रंग का चयन नहीं कर सकता परन्तु मानव, मानव के पास तो बहुत विकल्प होते हैं और पूर्ण जागरूक रहकर चयन कर सकता है कि वह कौन-सा रंग प्रसारित कर रहा है–प्रेम, आनन्द, करुणा, दया का या फिर क्रोध, घृणा, द्वेष आदि का ।

मैं पूरा दिन आद्या के कमरे में व्यतीत करती, रात्रि में उसको कुछ खिला-पिला कर बाहर आ जाती और अपने दिन भर के घर के काम-काज रात्रि में सम्पन्न किया करती। यद्यपि यह सब बहुत थकान भरा होता था लेकिन मेरा अब बस एक ही लक्ष्य था कि बेटी का मनोबल ना टूटने दूँ। मयंक हर सप्ताहान्त आया करता और पूरे एक सप्ताह की खाद्य सामग्री और गृहस्थी का सभी आवश्यक सामान रख जाया करता।

मेरा भी धीरे-धीरे सबसे सम्पर्क टूटने लगा था। बाहर जाना तो बन्द हो ही गया था और लोगों से फ़ोन पर बात करना भी बहुत दुखप्रद होता था। हर कोई प्रश्नों की झड़ी लगा देता था, आद्या को क्या हुआ है? उसको चिकित्सक को दिखाया या

नहीं? उसके हाथ-पैर बाँधकर एम्बुलेंस में डाल कर मानसिक अस्पताल ले जाओ, उसको अकेला छोड़ दो, तीन-चार दिन में अपने आप ठीक हो जायेगी, वह यह सब जानबूझकर कर रही है और ना जाने क्या-क्या सुनना पड़ता था। मैं सबके सवालों के उत्तर देते-देते थक जाया करती और अन्ततः मैंने भी लोगों से बात करना बन्द कर दिया।

लगभग एक वर्ष तक सब ऐसा ही चलता रहा। आद्या ने स्वयं को थोड़ा संयत कर लिया था, वह अब यह बन्द कमरा छोड़कर बैठक में अपने बुद्धू के साथ रहना चाहती थी। बैठक को आद्या के अनुसार व्यवस्थित तो कर दिया गया परन्तु फिर वही मुख्य दरवाज़े की समस्या सामने थी। उसके वहाँ रहते दरवाज़ा खोलना असम्भव था, परन्तु कहते हैं ना कि यदि एक द्वार बन्द हो जाता है तो ईश्वर एक नया द्वार खोल देते हैं। हमारे घर के एक कक्ष की खिड़की बाहर के गलियारे में खुलती थी अब वह मयंक के आने-जाने और आवश्यक सामग्री लाने का चोर दरवाज़ा बन गयी...

कभी-कभी आद्या के सोते हुए मैं भी उस खिड़की से बाहर कूद कर सामान ले आती और गलियारे में रखे अपने पौधों को प्यार कर आती। बराबर वाले पड़ोसी हमारी स्थिति से अवगत थे और हमारे पौधों को भी अपनों के साथ बड़े स्नेह से पाल रहे थे। जब कभी गलियारे के किसी पड़ोसी से मिलना हो जाता तो वे जैसे आँखों ही आँखों में मेरा दुख पढ़ लेते और सान्त्वना दे जाते। चीनी नववर्ष पर धीरे से दरवाज़े के बाहर सन्तरे और क्रिसमस पर केक रखना उन्हें कभी नहीं भूलता था। कहने को तो विदेश था परन्तु वे सब अपनों से भी अधिक अपने थे। उनके इस स्नेह से मुझे कभी अकेलेपन का अहसास भी नहीं हुआ। उनका यह आश्वासन कि हम हैं, मेरी सदा हिम्मत बना रहा।

जीवन के सुख-दुख झेलते, उसके उतार-चढ़ाव देखते इसी तरह चार वर्ष और इस बन्द घर में बिना सूर्य के प्रकाश, बिना ताज़ी हवा और फल-सब्ज़ी रहित भोजन के व्यतीत हो गये। मैं गिरती, हताश हो जाती फिर परेशानियों को ही अपनी शक्ति का आधार बना सामना करने को तैयार हो जाती। पता नहीं वह क्या अदृश्य शक्ति थी, जो हमें जीवित रखे हुए थी।

आद्या अपने समय का सदुपयोग चित्रकारी, कढ़ाई, संगीत आदि में करने लगी। अपनी सहेलियों से भी पुनः सम्पर्क जोड़ लिया। धीरे-धीरे सोशल मीडिया से बाह्य संसार से भी जुड़ने लगी और पाँच वर्ष के उपरान्त बन्द घर से बाहर निकल अपनी

अभिन्न सहेलियों से मिली। ऐसा प्रतीत होता जैसे कोई शिशु एक-एक पग रखकर चलना सीख रहा हो। आद्या को जब भी बाहर जाने का मन करता मयंक हर प्रकार से प्रयास करता और स्वयं को उपलब्ध कराता क्योंकि आद्या सार्वजनिक वाहन से यात्रा करने में भी असमर्थ थी।

इसी बीच कोरोना महामारी ने जब सम्पूर्ण विश्व को जकड़ा हुआ था, कुछ लोग लॉकडाउन के कारण घरों में बन्द अकेलेपन के कारण मानसिक बीमारियों से ग्रसित हो रहे थे। आद्या ने उस समय सम्पर्क में आये कुछ ऐसे लोगों की सहायता भी की क्योंकि वह तो पिछले पाँच वर्षों से बन्द घर के अन्दर जीना सीख चुकी थी। लोगों से बात करती, उन्हें समझाती और उनका मनोबल बढ़ाती। मुझे बहुत गर्व का अनुभव होता कि परिस्थितियों ने मेरी बेटी को कितना मज़बूत बना दिया है, जो स्वयं कुछ वर्षों पहले मृत्यु को गले लगाने को तैयार थी वह आज दूसरों को जीने के लिए उत्साहित कर रही है।

बुद्धू का निरन्तर साथ और उसका अगाध प्रेम आद्या के लिए एक प्रेरणास्रोत बन गया। उसके साथ दूर से खेलते, उसको देखते पता ही नहीं चलता था कब रात होती कब दिन। बुद्धू चौबीस घण्टे जैसे आद्या की रखवाली में तैनात रहता, आद्या की घबराहट को तुरन्त भाँप लेता और उसके पास जाकर उसे प्यार करने की कोशिश करता जैसे आद्या की सारी चिन्ता, दुख, घबराहट को अपने अन्दर ले लेना चाहता हो, कभी कोई दरवाज़े को खटखटा देता तो ग़ुस्से में भौंक-भौंक कर उसे अन्दर से ही भगाने की कोशिश करता। आद्या के हृदय के किसी कोने में आगे पढ़ने की अभिलाषा अभी भी जाग्रत थी और अपने बुद्धू के इस प्यार को देखकर अपना जीवन जानवरों के हित के लिए समर्पित करने हेतु मुक्त विश्वविद्यालय से ऑनलाइन पढ़ाई आरम्भ कर दी। पढ़ाई के साथ-साथ निरन्तर खोज में लगी रही कि किस विश्वविद्यालय में प्रवेश मिल सकता है और अन्ततः सफल हुई।

इंग्लैंड के एक विश्वविद्यालय में वयस्क विद्यार्थी के रूप में उसे अपने इच्छित विषय में प्रवेश मिल गया। सात वर्षों के लम्बे अन्तराल के पश्चात आद्या पुनः बाह्य संसार में क़दम रखने वाली थी। ना जाने किस-किस की प्रार्थना, आशीर्वाद और दुआएँ आज उनके जीवन में प्रत्यक्ष रूप से दृष्टिगत हो रही थीं।

मैं और मयंक उत्साहपूर्वक आद्या के जाने की तैयारियों में लग गये। आद्या के लिए हवाई यात्रा कर दूर देश में जाकर रहना आसान नहीं था परन्तु शायद ओ.सी. डी. के सामने उसका पशुओं के प्रति स्नेह विजयी हुआ।

बुद्धू को साथ लिए सभी लन्दन के लिए हवाई अड्डे की ओर प्रस्थान करने वाले थे, मेरा सिंगापुर के इस गलियारे का प्यारा-सा, छोटा-सा क़स्बा एक बार फिर से छूट रहा था। सभी पड़ोसी आद्या के नए जीवन की शुरुआत के लिए प्रसन्न थे। मैं अश्रुपूरित नेत्रों से उनसे विदा ले गाड़ी में बैठ गयी। गाड़ी की तीव्र गति ने मुझे पुरानी स्मृतियों में घेर लिया जब मैंने अपनी 27 वर्ष की आयु में प्रथम उड़ान भरी थी और आज मेरी बेटी आद्या भी अपनी 27 वर्ष की ही अवस्था में प्रथम उड़ान भरने वाली थी, अन्तर बस इतना था कि आज मैं नहीं आद्या डरी और सहमी हुई थी और मैं उसका हाथ थामे उसकी हिम्मत बनी हुई थी।

सात वर्ष बन्द घर की बन्द खिड़की से झाँकते वे श्वेत बादल के टुकड़े जैसे आकाश में आज हमारा स्वागत कर रहे थे। मयंक की कर्मनिष्ठा और अभूतपूर्व प्रतिभा के कारण उसे अपने कार्यालय से सहयोग मिला और उसको लन्दन की शाखा में स्थानान्तरण मिल गया। पिछले दो वर्षों से हम और हमारा प्यारा बुद्धू सब एक साथ लन्दन में हैं।

आद्या अभी भी ओ.सी.डी. से ग्रस्त है और बहुत कम बाहर जाती है, परन्तु उसका बुद्धू, पशु कल्याण की भावना और उसकी सिंगापुर की सहेलियाँ आज भी उसके जीवन के आधार बने हुए हैं। उसकी सहेलियों ने उसका साथ तब भी नहीं छोड़ा था और आज भी उसके साथ हैं। सभी एक साथ ऑनलाइन दीवाली, चीनी नववर्ष, क्रिसमस और हरी राया (ईद) मनाते हैं, चलचित्र देखते हैं, एक-दूसरे का जन्मदिन मनाते हैं।

मेरा भी सिंगापुर के गलियारे के अपनों के साथ आज भी उसी प्रकार से सम्पर्क बना हुआ है। विदेशी धरती पर इतना अपार स्नेह जहाँ ना कोई धर्म की दीवार ना किसी रंग और किसी भाषा की, सोचने पर मजबूर कर देते हैं क्या हम सब एक ही नहीं? किसने ये सरहदें खींच डालीं, किसने इस धरा को देश और विदेश में विभाजित कर डाला? मानव की ही तो कृति है। धरा तो क्या, जल का भी बँटवारा कर डाला। ईश्वर ने तो एक अखण्ड विश्व दिया था। मानव का वश चलता तो आकाश और वायु को भी विभाजित कर डालता। एक ही धरती पर हम सब और एक ही आकाश की छत हमारे ऊपर, क्या हम सबका निवास स्थान एक ही नहीं? देखा जाये तो हम सब इस धरा पर एक प्रवासी, एक अतिथि ही तो हैं फिर ग्लोब पर या एक काग़ज़ के टुकड़े पर कुछ लकीरें उकेरकर पृथ्वी के किसी भाग पर यदि भारत या सिंगापुर या किसी और देश का नाम अंकित कर दिया गया है तो क्या

अन्तर पड़ता है? इसलिए इस बार मैं अपनी क़लम के सहारे एक प्यारा-सा-छोटा सा क़स्बा देश या विदेश में नहीं बल्कि लोगों के हृदय में स्थायी रूप से बसाना चाहती हूँ, जहाँ ना किसी पासपोर्ट की आवश्यकता होगी और ना सरहदों की दीवारें और ना ही उसे फिर कभी छोड़ना पड़ेगा।

मुझे प्रसन्नता है कि मेरी क़लम पाठकों के हृदय के द्वार को आद्या के जीते जी ही उसके इस सन्देश के साथ खटखटा रही है जो वह मृत्यु के बाद दिलवाना चाहती थी। हमारे समाज में मानसिक अस्वस्थता को लेकर जागरूकता की अत्यन्त आवश्यकता है। शारीरिक कष्ट दिखाई देते हैं और हम सहानुभूति से भर जाते हैं परन्तु लोगों की मानसिक अस्वस्थता के पीछे क्या घटित हो रहा है ना तो उसको समझने की कोशिश करते हैं और ना ही अनुभव कर पाते हैं और उनको विक्षिप्त समझकर या तो हेय दृष्टि से देखते हैं, या भय से कि कहीं ये हमें हानि ना पहुँचा दें। हमारे समाज में ऐसे लोगों के प्रति अपमानजनक व नकारात्मकता का भाव रहता है और उनको प्राय: बहुत आसानी से पागल का सम्बोधन भी दे दिया जाता है जबकि उन्हें बस हमारे स्नेह की, उनको समझने की और उनका मनोबल बढ़ाने की आवश्यकता होती है। मानसिक विकारों के प्रति अज्ञानता और जागरूकता में अभाव के कारण बहुत से रोगियों को अमानवीय व्यवहार भी झेलना पड़ता है। उन्हें समाज से भी अलग-थलग कर दिया जाता है जबकि वे भी पूरे सम्मान के अधिकारी हैं। कोरोना के कारण मानसिक विकारों से ग्रसित लोगों की संख्या में और अधिक वृद्धि हो गयी है। यदि मेरी और आद्या की इस कहानी ने आपके दिल को छुआ हो तो अगर कोई मानसिक विकार से ग्रसित व्यक्ति दिखाई दे उसकी हर सम्भव सहायता करने का प्रयास करें, क्या पता आप भी किसी आद्या या आद्या जैसे किसी व्यक्ति को मृत्यु की ओर जाने से रोक सकें और जीवन जीने को प्रेरित कर सकें।

मैं क़लम पर सवार हवाई पट्टी पर बहुत बेसब्री से उड़ान भरने के संकेत की प्रतीक्षा में हूँ, आपको क्या लगता है, क्या मेरी क़लम में इतनी शक्ति है कि मैं अपनी यह 'दूसरी उड़ान' भर पाऊँगी?

✍अनिल कुलश्रेष्ठ

एक शाकाहारी की सुराबाया यात्रा

अप्रैल 2023 का एक दिन, तारीख़ तो अब याद नहीं। मोबाइल की घंटी बजी तो मैंने आदत के अनुसार आराम से फ़ोन उठाया।

"हैलो, अनिल जी। मैं आशीष शर्मा बोल रहा हूँ, मेदान इंडोनेशिया से। आप कहाँ हैं आजकल?"

"अभी तो सिंगापुर में ही हूँ। अगले महीने भारत जाऊँगा।"

"अरे वाह, तब ऐसा है हम 30 अप्रैल को इंडोनेशिया में एक कवि-सम्मेलन रख रहे हैं, सुराबाया में। सिंगापुर से सीधी फ़्लाइट है और आपको पहुँचना है।"

अन्धे को क्या चाहिए–दो आँखें और कवि को क्या चाहिये–कविता सुनाने का अवसर। ऐसा अवसर और वह भी विदेश यात्रा के साथ हो तो भला कौन छोड़े। मैंने तुरन्त ही बेटे को इसकी सूचना दी तो उसने 29 अप्रैल के लिए मेरी टिकट बुक कर दी। मज़ा यह कि मेरे बेटे का ऑफ़िस सिंगापुर में ज़रूर था पर प्रोजेक्ट इंडोनेशिया में ही था तो उसे महीने में 2-3 सप्ताह जकार्ता में रहना होता था। उसने बताया कि सुरबाया से तीन-चार घण्टे की दूरी पर एक पहाड़ी स्थान है माउंट ब्रोमो जहाँ का सूर्योदय देखने योग्य होता है।

सुराबाया से सम्बन्धित और जानकारी एकत्र करने के लिए मैंने वहाँ रह रही एक कवयित्री मित्र मीनू संयोग जी से बात की तो मालूम हुआ कि वे ही कवि-सम्मेलन का संचालन करने वाली थीं। उन्होंने जो जानकारी दी वह बतौर भारतीय हमारे काम की थी। मीनू जी ने बताया कि सुराबाया में भारतीय भोजन मिलना आसान नहीं है। सिर्फ़ एक-दो रेस्टोरेंट में ही भारतीय भोजन मिलता है। ऐसे ही एक रेस्टोरेंट में कवि-सम्मेलन रखा गया था। मीनू जी का कहना था कि अगर माउंट ब्रोमो या कहीं और घूमने जाना है तो इसी भारतीय रेस्टोरेंट से खाना पैक कराकर ले जाना उचित होगा अन्यथा खाने के लिए तरस जायेंगे। मीनू जी की यह ज़रा-सी

बात यह सशक्त सन्देश देती थी कि उन्हें सम्मेलन के लिए पहुँचने वाले कवि मित्रों की सुख-सुविधा की किस हद तक चिन्ता थी।

29 अप्रैल को सुबह की फ़्लाइट के लिए मैं सिंगापुर एयरपोर्ट पहुँचा तो वहाँ मुलाक़ात हो गयी सुश्री आराधना सदाशिवम से। वे अपने पतिदेव (सदाशिवम जी) के साथ पहले से वहाँ मौजूद थीं और उसी प्रोग्राम में सम्मिलित होने जा रही थीं। रोचक बात यह थी कि सदाशिवम जी हिन्दी कवि-सम्मेलन सुनने जा रहे थे जबकि वह नाम मात्र को ही हिन्दी समझ या बोल पाते हैं। ख़ैर, इन लोगों के मिल जाने से अब यात्रा का आनन्द द्विगुणित हो गया।

सुराबाया हवाई अड्डे पर सुरक्षा व्यवस्था कुछ ज़्यादा ही कड़ी प्रतीत हुई। जीवन में पहली बार गन्तव्य एयरपोर्ट पर मेरा सूटकेस खुलवाकर देखा गया और शेविंग फोम पर आपत्ति जतायी गयी। सम्बन्धित कर्मचारी को समझाना भी मुश्किल लग रहा था पर उसके सीनियर के हस्तक्षेप से बात बन गयी। इंडोनेशिया में भाषा की थोड़ी-सी समस्या हो जाती है क्योंकि वहाँ अंग्रेज़ी का अधिक प्रचलन नहीं है। हो भी कैसे, इंडोनेशिया कभी भारत की तरह ब्रिटेन का ग़ुलाम रहा ही नहीं।

अंग्रेज़ी का प्रचलन न होने से टैक्सी ड्राइवर्स से बात करना भी थोड़ा कठिन हो जाता है। इस बात का ख़याल रखते हुए मेरे बेटे ने मेरे लिए ब्लू बर्ड ऑनलाइन टैक्सी बुक कर रखी थी और मुझे इस सम्बन्ध में पहले से समझा दिया था। इंडोनेशिया में टैक्सी का किराया सिंगापुर की तुलना में कुछ कम है, ऐसा मुझे लगा।

ठहरने की व्यवस्था भी बेटे ने ही फ़ेयर फ़ील्ड होटल में कर रखी थी। मैरियट द्वारा संचालित यह होटल साफ़-सुथरा, सुविधायुक्त और सुव्यवस्थित था। पर समस्या आयी शाम को डिनर के वक़्त। मीनू देखने पर मेरे लिए यह तय करना मुश्किल था कि कौन-सा आयटम मेरे लिए खाने योग्य है और कौन सा नहीं। शाकाहारी होने के कारण मुश्किल और भी ज़्यादा थी। ख़ैर, अन्ततः मैंने स्टाफ से यह अनुरोध किया कि किसी शैफ़ से मेरी बात करा दें। उन्होंने सहृदयता दिखाते हुए एक शैफ़ को बुलाया और मैंने उससे केवल सब्ज़ियों का प्रयोग करते हुये सौते वेजिटेबल की तरह कुछ बनाने का आग्रह किया। वह भी बिना लहसुन प्रयोग किए हुए। साथ में ब्रेड के स्लाइस देने को कहा। शैफ़ बहुत समझदार और सहयोगी प्रवृत्ति का था। उसने जो आयटम बनाकर खिलाया वह एकदम पसन्द आनेवाला था। हमारे भारतीय स्वाद का उसने पूरा ख़याल रखा था।

डिनर की यह समस्या मेरी तुलना में आराधना जी ने बेहतर तरीक़े से हल कर ली। वे चूँकि दूसरे किसी होटल में रुकी थीं तो इस विषय में तब तक मेरी उनसे कोई बात भी नहीं हुई थी। चूँकि उन्हें भी मीनू संयोग जी ने यह बता दिया था कि भारतीय भोजन के लिए सितारा रेस्टोरेंट, जहाँ अगले दिन कवि-सम्मेलन होना था, सुराबाया में सर्वोत्तम स्थान है अतः आराधना जी ने मैप के माध्यम से यह देखा कि, वह रेस्टोरेंट उनके होटल से कितनी दूर है। और समझदारी दिखाते हुए सितारा रेस्टोरेंट ही पहुँच गयीं, टैक्सी द्वारा। बाद में उन्होंने बताया कि रेस्टोरेंट में पहुँचने पर उनकी मुलाक़ात मीनाक्षी गांधी गुप्ता जी से हुई जो सुराबाया में ही रह रही थीं और अगले दिन के प्रोग्राम के आयोजकों में शामिल थीं। इस तरह आराधना जी ने मेरी तुलना में कहीं बेहतर वातावरण में सुस्वादु भारतीय भोजन का आनन्द लिया।

अगले दिन कवि-सम्मेलन का आयोजन था ही। सिर्फ़ सुराबाया ही नहीं इंडोनेशिया के अन्य शहरों से भी हिन्दी कविगण आए हुये थे। मेदान से आशीष जी और योगिता जी को तो आना ही था। जकार्ता से दोहा-सम्राज्ञी वैशाली रस्तोगी जी, सारिका जिठालिया जी, निधि देश जी, सरस्वती सुरेश जी और कई लोग थे जिनके नाम मुझे इस समय याद नहीं आ रहे।

मीनू संयोग जी का मंच संचालन हास-परिहास से भरपूर और सधा हुआ था। आयोजन स्थल की साज-सज्जा सुखद और दर्शनीय थी। व्यवस्था भी चौकस। कुल उपस्थिति 60-70 लोगों की रही होगी जिनमें कवि और श्रोता सभी शामिल थे। सभी की रचनाओं को सुनना और अपनी सुनाना भी अद्‌भुत अनुभव था। कवि-सम्मेलन के बाद शानदार डिनर भी हुआ।

इंडोनेशियाई भारतीयों का आतिथ्य भाव प्रशंसनीय था। आतिथ्य भाव को और प्रगाढ़ करते हुए यह घोषणा की गयी कि अगली सुबह एक बार फिर नाश्ते पर मिला जाये, इसी रेस्टोरेंट में। इस तरह अगली सुबह फिर एक अनौपचारिक गोष्ठी हो गयी जिसमें लिपिका दास जी ने गाना भी गाकर सुनाया।

महिलाओं की तमाम विशेषताओं में एक यह भी है कि कहीं भी क्यों न घूमने जायें जब तक वहाँ शॉपिंग न कर लें उनका पर्यटन पूरा नहीं होता। आराधना जी ने किसी मॉल में जाने का प्रस्ताव रखा। यद्यपि सिंगापुर में मॉल्स की कमी नहीं है पर सुराबाया से कुछ ख़रीदे बग़ैर उनकी यात्रा कैसे पूरी होती। पास में ही सुराबाया का एक बड़ा और प्रतिष्ठित मॉल था–चिपुत्रा। वहाँ पहुँचकर आराधना जी ने ख़रीदारी की–अपने लिए ड्रेस, चप्पलें और पर्स तो परिवार के लिए बेडशीट्स। इंडोनेशियाई

बुटीक प्रसिद्ध तो है ही पर आराधना जी का कहना था सिंगापुर से सस्ता भी था।

मेरे ओरिजनल प्रोग्राम के अनुसार यह तय हुआ था कि मेरा बेटा भी सुराबाया पहुँच जायेगा और कवि-सम्मेलन के उपरान्त हम माउंट ब्रोमो जायेंगे लेकिन उसकी कुछ कार्यालयीन व्यस्तता के चलते यह सम्भव नहीं हो पाया। अकेले माउंट ब्रोमो जाने की मेरी इच्छा और हिम्मत दोनों ही नहीं हुईं। मैंने सिंगापुर वापसी ही ठीक समझी।

होटल का बिल भुगतान करते समय एक बेहद सुखद और गौरवपूर्ण अनुभव और हुआ। विदेश यात्राओं के क्रम में यह पहली बार था जब होटल की ओर से यह पूछा गया–क्या आप भारतीय रुपये में भुगतान करना चाहेंगे?

मैं स्तम्भित था कि भारत के गौरव में कितनी वृद्धि हो चुकी है कि अब हम इंडोनेशिया में होटल का बिल चुकाने के लिए अमेरिकी डालर के मोहताज नहीं रहे।

वापसी टिकट किस एयरलाइन से ली थी यह तो याद नहीं रहा पर कोई छोटी बजट एयरलाइन थी। उसका भी एक अनुभव शेयर करने योग्य है। उड़ान के दौरान यात्रियों को कुछ हल्का-सा स्नैक्स वितरित किया गया। मेरे द्वारा वेजिटेरियन स्नैक्स माँगने पर विमान परिचारिका ने बताया कि शाकाहारी स्नैक्स की उनके पास कोई व्यवस्था नहीं थी। इसके लिए पहले से बुकिंग करना ज़रूरी था।

यद्यपि अपनी इस यात्रा में मैं पर्यटन तो अधिक नहीं कर पाया लेकिन मुझे लगता है कि भोजन, भाषा, होटल बिल का भुगतान आदि को लेकर मुझे जो अनुभव हुए वे औरों के लिए, विशेष तौर पर शाकाहारी भारतीयों के लिए उपयोगी सिद्ध हो सकते हैं।

✍ आराधना झा श्रीवास्तव

कहाँ गयी नीमा?

स्मृति के भंडार से निकालकर फ़ेसबुक ने आज चार साल पुरानी एक तस्वीर लाकर सामने रख दी। तस्वीरें, अतीत के संग्रहालय में घूमने की टिकट सरीखी होती हैं। इन्हें देखते ही, यादों के कई सिरे आपस में उलझते-सुलझते हमें वहाँ ले जाते हैं जहाँ से हमने एक लम्बा सफ़र तय कर लिया होता है। ये तस्वीर भी कुछ ऐसी ही थी जिसे देखते ही अतीत की डायरी के पन्ने फड़फड़ाने लगे और उनमें नीमा का चेहरा उभरकर आँखों के सामने आ गया। सिंगापुर के आवासीय परिसर के तरणताल के पास की कुर्सी पर काले रंग की जींस और सफ़ेद टीशर्ट पहने इतराकर बैठी नीमा। एक पहेली थी नीमा जो अपने पीछे कई सवाल छोड़ गयी। कहाँ से आयी थी ये तो पता था पर कहाँ गयी इसके बारे में मात्र अनुमान ही लगा सकती हूँ। दावे के साथ नहीं कह सकती।

नीमा, मेरी चौथी घरेलू सहायिका थी जिसके जाने के बाद मैंने मन-ही-मन में सोच लिया कि अब कोई और घरेलू सहायिका नहीं रखूँगी। मुझे आज भी वह दिन अच्छी तरह से याद है जब पहली बार वीडियो कॉल में उसे देखा था। अरुणाचल प्रदेश के एक छोटे-से गाँव में अपने पति और दो बेटियों के साथ सीधी-सादी ज़िन्दगी जी रही नीमा सिंगापुर आना चाहती थी। उसके पति ने सिंगापुर की मेड एजेंसी से सम्पर्क करके नीमा के लिए बात की थी। उसी समय मैं अपनी तीसरी घरेलू सहायिका सीरिंग के जाने के बाद उपयुक्त उम्मीदवार की तलाश में मेड एजेंसी की प्रोफ़ाइल खँगाल रही थी तभी मेरी नज़र नीमा की तस्वीर पर पड़ी। मैंने मेड एजेंसी से उसका नम्बर लिया और जब फ़ोन किया तो नीमा ने वीडियो कॉल के ज़रिये बात करने का आग्रह किया। मैंने उसे अपना सारा घर दिखाया और घर के सारे काम और नियमावली भी बतायी। नीमा 'हाँ' की जगह 'होगा होगा', कहा करती थी इसीलिए मैं उससे जो भी पूछती उसका जवाब मुझे "होगा मैम, होगा" में

ही मिलता। सम्भावित घरेलू-सहायिका के चयन के लिए जितने भी उम्मीदवारों से बात की थी उनमें नीमा का अन्दाज़ सबसे जुदा था। लम्बी-चौड़ी प्रश्नावली और माँग की शृंखला के बीच हर सवाल पर हाँ सुनना कानों के लिए सुखकारी अनुभव तो था पर आसानी से हज़म करने वाला भी नहीं था। मैंने नीमा से बार-बार कहा कि तुम नि:संस्कोच होकर मुझसे कोई भी सवाल पूछ सकती हो। पहले से सारी बातें स्पष्ट हो जायें तो बेहतर है ताकि अपेक्षा और वास्तविकता में अधिक अन्तर न हो। मैं नहीं चाहती कि तुम्हें यहाँ आने के बाद निराशा हो।

नीमा पहली बार घर और खेत की अपनी उस छोटी-सी परिधि को पार कर, परदेश में अपने परिवार के सुखद भविष्य को सुनिश्चित करने आने वाली थी। उसका उत्साह स्वाभाविक था पर मेरे लिए उसका यह अति उत्साह चिन्ता का कारण बन गया था। जो दीपक बहुत तेज़ी से फड़फड़ाता है वह उतनी ही तेज़ी से बुझ भी जाता है इसीलिए मैं उसके उत्साह के उफान पर सावधानीपूर्वक छींटे मारने का प्रयास करती रही पर नीमा तो किसी और ही मिट्टी की बनी हुई थी। उल्टे घड़े पर उड़ेले जा रहे पानी की तरह मेरी बातों का भी उस पर कोई असर न हुआ। उसे बार-बार कहा कि तुम अपने पति और बच्चों से सलाह करके ही सिंगापुर आना। ऐसा न हो कि यहाँ आने के कुछ दिन बाद तुम वापस जाने की ज़िद करने लगो क्योंकि गृहातुरता के आवेग को झेल पाना अनुभवी प्रवासियों के लिए भी कठिन चुनौती होती है।

उरी फ़िल्म में अभिनेता विकी कौशल द्वारा निभाये गये किरदार मेजर विहान शेरगिल की तरह यदि मैंने भी उससे पूछा होता कि 'हाउज़ द जोश' तो, मैं यक़ीन के साथ कह सकती हूँ कि हर बार वह उसी उत्साह से उत्तर देती–हाय मैम। इसी जोश-जोश में नीमा से एक गड़बड़ भी हो गयी। मेड एजेंसी ने उसकी बात किसी और नियोक्ता से करवायी और फिर उसकी मर्ज़ी पूछी तो उसने हाँ कह दिया। नीमा दुनियादारी नहीं जानती थी और भाषा के मामले में भी थोड़ी कच्ची थी इसीलिए शब्दों की भूलभुलैया में बहुधा उलझ जाया करती थी। उससे जब पूछा गया कि क्या मेरे घर आना चाहोगी तो उसने हाँ कह दिया। मुझ से भी उसने यही कहा। एजेंसी ने पुरानी जान-पहचान के कारण दूसरी नियोक्ता को वरीयता दे दी। मैंने नीमा को जब बताया तो उसे लगा कि मैं उसे अपने घर नहीं बुलाना चाहती हूँ। मुझे समझाना पड़ा कि उसने मुझसे पहले जिस मैम से बात करके हाँ की है एजेंसी उसी घर में उसे भेज रही बस फिर क्या वह अड़ गयी कि किसी और मैम के घर वह नहीं जायेगी। मैंने इसे उसका अपने प्रति स्नेह समझा पर यह उसकी ज़िद थी जो उसके स्वभाव

में रचा-बसा था। उसकी इच्छा का मान रखते हुए मैंने एजेंसी को अतिरिक्त रक़म देकर उसे अपने घर बुला लिया।

एक छोटे-से काले रंग के सूटकेस के साथ पारम्परिक परिधान में उसने घर की चौखट के भीतर क़दम रखे तो, उन्नीसवीं मंज़िल से स्वागत कक्ष की काँच की दीवार के पार का नज़ारा देखकर उसके पसीने छूट गये। उसे ऊँचाई से घबराहट होती है, ये बात उसने पहले नहीं बतायी थी। मैंने वीडियो कॉल में उसे पूरा घर दिखाया था पर उस समय तो उसके सिर पर सिंगापुर आने की धुन सवार थी इसीलिए वह सिर्फ़ "होगा मैम, होगा" कहकर चहकने में और खेत में साथ काम कर रही सहेलियों के सामने अपना रौब जमाने में ही लगी हुई थी। वह जब भी स्वागत कक्ष में खड़ी होती तो उसके पूरे शरीर में भय से कँपकँपी होंने लगती। उसे लगता था कि वह काँच के पास गयी तो इतनी ऊँचाई से नीचे गिर जायेगी। मैं उसे कई दिनों तक लगातार समझाती रही कि ये मज़बूत काँच है और मेरी छह साल की बेटी भी इस काँच के पास आकर इत्मीनान से खड़ी होती है इसीलिए डरने की कोई ज़रूरत नहीं है। तीन महीने तक वह इस डर से जूझती रही और धीरे-धीरे ऊँचाई से अभ्यस्त होने लगी।

ऊँचाई अक्सर ज़मीन से दूर ले जाती है और जब ऊँचाई की क़ीमत पैरों के नीचे की ज़मीन के खिसकने से चुकानी हो फिर ऐसी ऊँचाई से भली सपाट ज़मीन से जुड़ी वह पुरानी ज़िन्दगी जहाँ कम-से-कम गिरने का डर तो नहीं होता है। अरुणाचल प्रदेश के दूरदराज़ के गाँव में रहने वाली नीमा, अपनी दो बेटियों के साथ एक साधारण-सी ज़िन्दगी गुज़ार रही थी। पहाड़ों की सादगी और नैसर्गिक सौन्दर्य से भरपूर उस ग्रामीण परिवेश में घर से खेत की दूरी तय करते हुए उसने आधी ज़िन्दगी बिता दी। एक प्यार करने वाला पति और दो प्यारी-सी बेटियों के साथ वह ख़ुश थी मगर ख़ुशी जितनी मिले कम ही पड़ जाती है। अनदेखी ख़ुशी की मृग-मरीचिका दिखाकर उसके पति ने उसे सिंगापुर जाकर घरेलू सहायिका के रूप में कार्य करने के लिए मना लिया। डॉलर में आमदनी का सुख, परिवार के सुख पर भारी पड़ गया और वह पति की बातों में आकर अपनी जमी-जमायी सुखी गृहस्थी छोड़कर सिंगापुर आ पहुँची जहाँ ऐसी कोई रात नहीं बीती जब उसने अपने परिवार को याद न किया हो।

घर और घरवालों की याद में हर रात आँसू बहाती नीमा को मैं घण्टों समझाती रहती पर सुबह होते ही मेरी सारी बातें बेअसर हो जातीं। सिंगापुर आने से पहले नीमा, मुझे हर दिन सन्देश भेजा करती कि मैम मुझे जल्दी से आपके घर आना है

और मैं उसे यही समझाती कि जब तक वहाँ हो अपने परिवार के साथ भरपूर समय बिता लो क्योंकि यहाँ आने के बाद तुम्हें सबसे अधिक उन्हीं की याद आयेगी पर उसके उत्साह की दीवार से टकराकर मेरी बातें उसके दिमाग़ के भीतर प्रवेश ही नहीं कर पायीं। मानवीय स्वभाव है कि जो उसके पास हो वह उसकी क़द्र नहीं करता और जो दूर है उसे ही सबसे बहुमूल्य समझ उसे पाने के लिए दौड़ता-भागता रहता है। जिसे पाने की चाह होती है वहाँ पहुँचकर एहसास होता है कि इस भाग-दौड़ में उसने जिसे पीछे छोड़ दिया वही उसका सुकून, उसका सब कुछ था। नीमा को समझने और समझाने के लिए मैंने बरसों से संचित अपने धैर्य का सारा भंडार ख़ाली कर दिया । उसने आज तक रसोई गैस पर खाना नहीं बनाया था, न मशीन में कपड़े धोये थे और न ही कभी इस्त्री की थी। उसने कई बर्तन ज़िन्दगी में पहली बार देखे और भोजन के बारे में तो पूछे ही नहीं। तेल-मसाले और अन्य खाद्य-सामग्री से नीमा का प्रथम परिचय मेरी ही रसोई में हुआ। रोटी, पराँठा, पूड़ी, हलवा, खीर, पुआ, सब्ज़ी, दाल, चटनी...सब कुछ बनाना सिखाया। सफ़ाई से लेकर इस्त्री करने तक हर छोटे-बड़े काम को लेकर उसके प्रशिक्षण का लम्बा और थका देने वाला दौर चला और इन सबके साथ उसकी गृहातुरता के आवेग पर नियन्त्रण की कड़ी चुनौती भी बनी रही। कई बार मन में आया कि ये मेरे घर न आती और उस दूसरी नियोक्ता के पास चली जाती तो अच्छा होता। कई बार तो उसकी ग़लतियाँ ऐसी होतीं जिसे समय रहते न सुधारा गया होता तो कोई बड़ी अनहोनी हो जाती। खिड़की साफ़ करने के लिए मैंने उसे स्टूल पर चढ़ने से बार-बार मना किया था पर एक दिन जब मैं अपने कमरे में बैठकर किताब पढ़ रही थी तो रवि की तेज़ आवाज़ सुनाई पड़ी। जाकर देखा तो स्टूल पर चढ़ी हुई नीमा, खुली खिड़की को साफ़ करती दिखी। यदि समय रहते रवि ने नहीं देखा होता तो न जाने क्या हो जाता। मैं दौड़कर उसके पास आयी और उसे तुरन्त नीचे उतरने के लिए कहा। मुझे काम करते समय बार-बार किसी को टोकना या उसके पीछे-पीछे रहना अच्छा नहीं लगता है पर उसके साथ मुझे हमेशा चौकस होकर उसकी निगरानी करनी पड़ती थी।

उसकी रेल को पटरी पर लाने में मुझे छह महीने लग गये और तभी आ गयी कोरोना महामारी। अपने परिवार की सलामती के लिए नीमा परेशान हो गयी। उसका पति अक्सर बीमार रहता था इसीलिए उसकी बेचैनी बढ़ने लगी। उसे घर लौटना था मगर तालाबन्दी के कारण उड़ान-सेवाएँ स्थगित थीं सो प्रतीक्षा के अतिरिक्त कोई अन्य विकल्प न उसके पास था और न ही मेरे पास।

एक रात मैं अध्ययन-कक्ष में बैठकर अपनी अधूरी कविता को पूरी करने की कोशिश कर रही थी कि तभी मेरे फ़ोन की स्क्रीन पर नीमा का सन्देश चमका—मैम आप जाग रही हैं? मैंने उत्तर में हाँ लिखा फिर वह अपने कमरे से उठकर मेरे पास आयी और ज़ोर-ज़ोर से रोने लगी। घर वालों की याद में रोती तो वह पहले भी थी पर मैंने उसे इस तरह दहाड़ें मारकर रोते हुए पहले कभी नहीं देखा था। मैंने उसे गले से लगा लिया और शान्त होने के लिए बहुत देर तक समझाती रही। आधे घण्टे बाद उसने स्वयं को संयत किया और फिर भरे गले से कहने लगी कि उसके पति ने उसे धोखा दिया है। उसके गाँव की एक परिचित महिला के साथ पति के प्रेम सम्बन्ध के बारे में नीमा को उसके किसी रिश्तेदार ने बताया। साथ ही, यह भी बताया कि यह प्रेम-सम्बन्ध उसके सिंगापुर जाने से पहले से ही चल रहा है। ऊँचाई से डरने वाली नीमा के पैरों के नीचे से उसके सम्बन्धों की वह ठोस धरती खिसक चुकी थी जिसके भरोसे उसने परदेश आने का साहस जुटाया था। उसके भीतर की पीड़ा, आक्रोश और क्रोध सारे भाव एक साथ गडमड हो रहे थे। वह एक साँस में बोले जा रही थी, "तभी वह मुझे सिंगापुर भेजना चाहता था। ये प्रेम-सम्बन्ध बहुत पहले से चल रहा है और मैं तो उसे काँटे की तरह चुभ रही थी तभी वह मुझसे पीछा छुड़ाना चाहता था।" घड़ी में सुबह के तीन बज रहे थे और नीमा के चेहरे पर बारह। उसे समझा-बुझाकर सोने के लिए भेजना आसान नहीं था। नींद न उसे आने वाली थी और न मुझे पर उसका सोना ज़रूरी था अन्यथा भावनाओं के सैलाब को सँभालना सम्भव नहीं था। सुबह बिटिया को स्कूल के लिए तैयार करके भेजने के बाद मैंने उसे देर से जगाया। उसकी सूजी हुई आँखें और उतरा चेहरा आज भी भुलाये नहीं भूल पाती हूँ। एक रात में उसकी बरसों की बसी-बसाई गृहस्थी उजड़ गयी थी। विश्वास के इतने टुकड़े हुए थे कि समेटते-समेटते हथेली छिल गयी थी और दर्द रिसने लगा था। आँसुओं की नमी सूखी तो क्रोध की चिंगारी भड़क उठी। नीमा ने गाँव के प्रधान और अपने सभी रिश्तेदारों से कहकर अपने पति से गाड़ी की चाभी छीन ली और उसे घर से बाहर निकलवा दिया। अपनी दोनों बेटियों को अपने जेठ-जेठानी के घर भेज दिया।

"मैं घर की सारी चीज़ें जला दूँगी। उस बेशर्म महिला ने मेरे घर की जिस भी चीज़ को हाथ लगाया मैं उसे नहीं रखूँगी सबको जला दूँगी", नीमा अंगारे बरसाते हुए आवेश में बोलती जा रही थी। मैंने उसे शान्त करते हुए कहा कि उसने तो तुम्हारे पति को भी छुआ होगा और तुम्हारे पति ने तुम्हें तो क्या तुम सब कुछ जला दोगी? मेरी बात सुनकर चुप हो गयी और सोच में पड़ गयी। पति से सारे पैसे, घर, गाड़ी

छीनकर वह अपना बदला लेना चाहती थी। बदले की आग में जलने वाला इन्सान सबसे पहले ख़ुद जलता है और इस जलन के कारण नीमा अपने दिन का सुकून और रातों की नींद क़ुर्बान कर चुकी थी। उसका ग़ुस्सा जायज़ भी था पर पति-पत्नी के इस टकराव में उसकी बेटियाँ पिस रही थीं। उन्हें अपने पिता की आवश्यकता थी और उनके पिता को पैसों की। पैसा, प्यार, परिवार और पाप के जाल में उलझकर रिश्तों के सिरे खुलते जा रहे थे। परिवार बिखर रहा था और समझकर भी समझना आसान नहीं था। न नीमा के लिए और न ही मेरे लिए। नारी होकर यदि मैं उसके मन को नहीं समझती तो कौन समझता। वह अपनी जगह बिल्कुल सही थी पर मुझे कभी चाचा-चाची तो कभी मामा-मामी के घर में जाकर उपेक्षित जीवन जी रही उसकी बेटियों की चिन्ता हो रही थी। गाँव के प्रधान और रिश्तेदारों ने भी उसे समझाने की पूरी कोशिश की। आख़िरकार, मैंने उसे अपने पति से एक बार बात करने के लिए मना ही लिया। जब तक सिंगापुर से भारत की उड़ान-सुविधा बहाल नहीं हो जाती तब तक पति-पत्नी के बीच यह अस्थायी शान्ति-वार्ता होनी आवश्यक थी।

बेटियों की मनुहार मानकर उसने पति को वापस घर बुलाया और स्वयं के भारत लौटने तक उनकी अच्छी तरह से देखभाल करने की हिदायत दी। अक्टूबर माह में जब सिंगापुर सरकार द्वारा नियमों में ढील दी गयी तो हमने बिना देरी किये नीमा की वापसी की टिकट बुक कर दी। मैं चाहती थी कि दुख की इस लम्बी अँधेरी रात के बाद आने वाली दीपावली पर वह अपनी बेटियों के साथ रहे। नीमा ने भी लिटिल इंडिया के तेका बाज़ार से दोनों बेटियों के लिए सुन्दर-सुन्दर कपड़े ख़रीदें। जिस छोटे-से सूटकेस को साथ लेकर वह सिंगापुर आयी थी वह उसके सामान को समाहित करने के लिए पर्याप्त नहीं रहा। उसने एक बड़ा सूटकेस ख़रीदा जिसमें यहाँ से अपने साथ नमकीन, मिठाई, गरम मसाले भरकर ले गयी। जाने से पहले उसने मुझसे कहा कि मैंने उसे जो भी बनाना सिखाया है वह सब कुछ अपनी बेटियों को बनाकर खिलायेगी। भारत लौटने के बाद वह नए सिरे से अपनी रसोई सजायेगी और दोनों बेटियों को पढ़ा-लिखाकर इस क़ाबिल बनायेगी कि उन्हें फिर कभी किसी चीज़ की कमी नहीं रहे।

भारत जाने के बाद नीमा ने न सन्देश भेजा और न फ़ोन किया। मैंने बार-बार सन्देश भेजा तब जाकर उसका जवाब आया कि वह ठीक से पहुँच गयी है पर अपने घर नहीं जाना चाहती है। गाँव जाने से पहले उसे क्वारंटीन के लिए शहर में बने किसी निर्धारित स्थान पर एक सप्ताह रहना पड़ा। मुझे पूरी उम्मीद थी कि सप्ताह भर की जुदाई के बाद वह तुरन्त अपने गाँव के लिए विदा हो जायेगी ताकि बेटियों

के साथ दिवाली मना सके पर उसने तो क्वारंटीन की अवधि समाप्त होने के बाद भी गाँव जाने से साफ़ मना कर दिया।

मैंने बार-बार फ़ोन पर समझाया कि तुम्हारी दोनों बेटियाँ तुम्हारी राह देख रही होंगी, तब जाकर उसका हृदय-परिवर्तन हुआ और वह घर लौटने के लिए तैयार हुई। मैंने नीमा से कहा था कि जब वह घर पहुँच जाये और अपनी बेटियों से मिल ले तो बस मुझे एक छोटा-सा व्हाट्सअप सन्देश मात्र भेज दे ताकि मुझे तसल्ली हो जाये मगर उसका कोई सन्देश मुझे नहीं मिला। कई बार फ़ोन करने की कोशिश की, सन्देश भेजे पर कोई जवाब नहीं मिला। शायद उसने मेरा नम्बर ब्लॉक कर दिया था। दोबारा उससे मेरा सम्पर्क नहीं हो सका। उसके जाने के बाद उसके कमरे की सफ़ाई करते समय एक दिन मुझे अचानक महसूस हुआ मानो हवा का कोई तेज़ झोंका मेरे कान के पास से होकर गुज़रा हो। जैसे मैम कहकर किसी ने पुकारा हो। आशंकाओं के उमड़ते-घुमड़ते बादलों के बीच अनुत्तरित प्रश्नों की बिजली कौंधती रही। नीमा घर लौटी या नहीं? उसके पति से उसके झगड़े का परिणाम क्या सम्बन्ध-विच्छेद के रूप में हुआ अथवा गाँव के प्रधान और रिश्तेदारों के बीचबचाव ने दाम्पत्य की घिस चुकी डोर को गाँठ बाँधकर जोड़े रखने की कोई जुगत निकाली?

नीमा के जाने के बाद जब भी उसके कमरे में जाती तो ऐसा महसूस होता मानो उसका मन यहीं कहीं ठहरा हुआ हो और मुझसे कुछ कहने की कोशिश कर रहा हो। सिंगापुर से जाने से पहले आख़िरी दिनों में वह भावुक होकर मुझसे अक्सर कहा करती थी, "मैम, मैं आपको कभी नहीं भूलूँगी और जिस तरह आपकी पुरानी वाली हेल्पर अब भी आपसे बात करती रहती है न, मैं भी करती रहूँगी।" उसके कमरे की सफ़ाई कर मैंने बहुत-सी चीज़ें हटा दीं पर जब भी वहाँ जाती तो "होगा मैम, होगा" की आवाज़ मेरे कानों में गूँजने लगती। ये उसकी आत्मा की पुकार थी जो मुझ तक पहुँचने के लिए छटपटा रही थी। नीमा ज़िन्दा तो है न? कहीं ग़ुस्से में आकर उसने कोई ग़लत क़दम तो नहीं उठा लिया? ये सवाल मेरे ज़ेहन में बार-बार कौंधता रहता। फ़ेसबुक पर उसकी जो आख़िरी तस्वीर दिखी थी उसमें बायीं ओर से बाल मुड़े हुए थे और चलन में आयी सेल्फ़ी वाली तस्वीर में उसने अपने एक हाथ को पकड़ा हुआ था। उम्मीद है कि उसने ज़िन्दगी का हाथ भी इसी तरह पकड़े रखा होगा। तुम कहाँ हो नीमा? बस एक बार फ़ोन करके कह दो कि तुम ठीक हो फिर तसल्ली हो जायेगी। मेरे दिल पर पड़ा ये भारी बोझ उतर जायेगा कि काश! तुम सिंगापुर न आतीं तो आज अपने परिवार के साथ हँसी-ख़ुशी दिवाली मना रही होतीं।

✍ डॉ. आराधना सदाशिवम

ज़िन्दगी गुलज़ार हो गयी

हमने विदेश में रहने-बसने के बारे में कभी नहीं सोचा था। समय का पहिया घूमा और बस एक दिन हमने अपना बक्सा उठाया और एयरपोर्ट चल दिये—एक दूर, अनजाने शहर में अपने जीवन को तलाशने, तराशने!

पच्चीस साल के लम्बे अरसे के बाद वह शाम एक बड़ी ही दिल-तोड़ शाम लगती है, क्योंकि सोमेश अकेले ही सिंगापुर जा रहे थे। परिवार को छोटे-छोटे टुकड़ों में कौन बाँटना चाहता है? फिर, ज़िन्दगी को एक जगह से उखाड़कर दूसरी जगह बो देना आसान नहीं होता!

सोमेश ने अचानक ही एक दिन बताया कि उन्हें सिंगापुर जाना है, वे अब वहीं पर काम करेंगे। मुझे काफ़ी हैरानी भी हुई क्योंकि दो साल पहले ही हम वापी, गुजरात से सोमेश के माता-पिता के साथ रहने चेन्नै आये थे। मैंने पूरे एक बरस की दौड़-धूप कर चेन्नै में साइंटिफिक पब्लिशिंग के उभरते क्षेत्र में बड़ी अच्छी नौकरी पायी थी।

इतना बड़ा फ़ैसला लेना आसान नहीं था। यह ज़िन्दगी का एक ऐसा मोड़ था जिसके बारे में हमने पहले कभी नहीं सोचा था। ख़ैर, बहुत विचार-विमर्श करने के बाद, तय हुआ कि सिंगापुर जाना ही होगा। वैसे भी सिंगापुर कोई बहुत अनजान शहर या देश नहीं था, मेरे नानाजी 1940 में सिंगापुर में अपने लकड़ी के व्यापार के सिलसिले में आये थे। मतलब मैंने सिंगापुर के बारे में अपने मायके में पहले से ही सुना हुआ था। फिर भी वो तो बहुत पहले की बात थी। अब सिंगापुर कैसा है, उसके बारे में कोई पता सिरा नहीं था।

उन दिनों इंटरनेट नया-नया चला था। इंटरनेट पर कुछ भी करने के लिए इंटरनेट कैफे में जाना पड़ता था। मैंने आनन-फ़ानन में निकट के एक कैफे में जाकर ईमेल अकाउंट बनाया, सोमेश का ईमेल अकाउंट बनाया, और इंटरनेट के बारे

में बेसिक बातें जानीं-समझीं। आपको यह जानकर हैरानी होगी, आज भी, पच्चीस सालों के बाद भी मैं और सोमेश वही ईमेल अकाउंट इस्तेमाल करते हैं!

उस शाम जब मैं सोमेश को आशुतोष, हमारे तीन साल के बेटे और अन्य परिवारजनों के साथ एयरपोर्ट छोड़ने गयी, तो बड़ी दुखी हुई। ऐसा लगा जैसे दिल का एक टुकड़ा टूट कर चला जा रहा है! लेकिन उस वक़्त कोई दूसरा रास्ता न था! निर्णय लिया जा चुका था!

दिन बीतने लगे। मैंने अपनी ज़िन्दगी को परिवारजनों के साथ एडजस्ट किया। बेटे पर ध्यान दिया, उसको घुमाने ले जाती, पढ़ाती, खाना खिलाती, उसके साथ खेलती, ऑफ़िस के सहयोगियों के बच्चों के साथ उसको वंडलूर ज़ू या गिंडी पार्क ले जाती, पर वो भी अपने अप्पा के सिंगापुर जाने से बहुत दुखी था। बहुत बार उसको मनाना पड़ता था। तीन साल का बच्चा स्वयं को कैसे व्यक्त करता? वो बहुत ही संवेदनशील हो गया, कभी चुपचाप रहता, या छोटी-छोटी बात पर रोता, गुस्सा हो जाता था। इस बीच एक नवदम्पति जब हमारे घर हमसे मिलने आये, तो आशुतोष ने उन्हें वापस घर जाने ही नहीं दिया, और ख़ूब रोया! उसकी चीख़ें आज भी मेरे कानों में गूँजती हैं। अपने अप्पा को मिस कर रहा था वह उसके साथ खेलते जो थे! ख़ैर वह तो बच्चा था, जल्दी ही दादा-दादी के साथ हिल-मिल गया! दिन गुज़रने लगे। मैंने समय गुज़ारने के लिए टीवी ख़रीदा, और रोज़ शाम को उसके साथ बैठ कर पोपेयी शो देखती।

उन दिनों भारत में हमारे घर में फ़ोन नहीं था। पड़ोस के घर जाकर बात करनी होती थी। कभी फ़ोन मिल जाता, तो कभी नहीं। इतना ही नहीं, फ़ोन से बात करना बहुत महँगा भी था–करीब 10 मिनट के 10 डॉलर देने होते थे! हफ़्ते में सिर्फ़ एक बार ही बात हो पाती थी। फिर समय भी पहले से ही तय करना पड़ता था! उफ़, एक फ़ोन करने के लिए कितने पापड़ बेलने पड़ते थे!

सोमेश के सिंगापुर जाने के तीन महीने के अन्दर ही मुझे लगा कि हमने यूँ अलग-अलग रहने के लिए शादी नहीं की है। जो भी हो, जैसा भी हो, हम हमेशा साथ रहेंगे। सितम्बर आते-आते मैंने अपने मिडिल मैनेजमेंट की नौकरी से, जो मुझे बहुत दौड़-धूप के बाद चेन्नई में मिली, इस्तीफ़ा दे दिया!

दिसम्बर माह का मध्य आते-आते मैं भी सिंगापुर आ गयी। तय हुआ कि आशुतोष चेन्नई, भारत में ही रहकर अपनी पढ़ाई करेगा। इसका कारण यह भी था कि हमें सिंगापुर की स्कूली शिक्षा के बारे में कुछ पता नहीं था। ऐसे ही बच्चे को

स्कूल से निकालना हमें सही नहीं लगा। उसके दादा ने भी उत्साह बढ़ाया, "आशु की देखभाल वो कर लेंगे, आप सिंगापुर जाना चाहो तो जा सकती हो।" अन्धा क्या चाहे–दो आँखें! मैंने सोमेश से कहकर अपने सिंगापुर जाने का प्रबन्ध कर लिया, और एक दिन मैं भी फ्लाइट पकड़कर सिंगापुर आ गयी।

सिंगापुर आकर तो हमारी दुनिया ही बदल गयी थी। अब घण्टों बस का सफ़र नहीं था, न ही बस/ट्रेन के लम्बे-लम्बे इन्तज़ार, लेकिन फिर भी सब कुछ बड़ा अजनबी लगता था। किसी को भी नये परिवेश में ढलने में, अपनाने में समय लगता है। हमें भी लगा। लेकिन, थोड़े ही दिनों में हमने अपने आप को अपने नये परिवेश के अनुकूल बनाया। थोड़ी-बहुत कठिनाइयाँ आयीं, पर हम आगे बढ़ते ही गये। नौकरी के कारण, एक-दो बार पीछे मुड़ने का भी विचार आया, पर हर बार हमने आगे बढ़ने को ही उचित समझा।

मैं शायद अच्छे मुहूर्त में देश से चली थी। आने के एक महीने में ही नौकरी मिल गयी। और तो और, अपने ही क्षेत्र में नौकरी मिली! मैं तो बहुत ही ख़ुश थी। हाँ, शुरुआत में घर ऑफ़िस से थोड़ा दूर था। सेरंगून नॉर्थ (Serangoon North) से तोह टक लिंक (Toh Tuck Link) तक 22 किमी. ट्रेन से डेढ़ घण्टे का सफ़र तय कर के जाना पड़ता था! फिर काम पर जाने की सहूलियत के हिसाब से हमने घर बदला। सोमेश का ऑफ़िस रैफल्स प्लेस में था। उन्हें घर बदलने से घर-आफ़िस की दूरी में कोई फ़र्क़ नहीं पड़ता था। अब हम वेस्टर्न सिंगापुर यानी क्लेमेंटी में रहने आ गये। घर हमने ऐसा चुना जो कि बस स्टॉप के बिल्कुल क़रीब था। सड़क के एकदम किनारे का एचडीएफ ब्लॉक था। बस पकड़ने के लिए लिफ्ट से नीचे आना होता था। गिनती के 10 क़दम पर 10-सीढ़ी उतरकर बस पकड़नी होती थी। घर से ऑफ़िस तक की दूरी अब बहुत आसान हो गयी थी! यूँ कहे कि ज़िन्दगी गुलज़ार हो गयी थी!

सिंगापुर में भी मैं हर रोज़ भारत की ही तरह, सुबह उठती, नाश्ता और दोपहर का भोजन बनाती, लंच पैक कर, बस पकड़कर तोह टक में स्थित वर्ल्ड साइंटिफिक पब्लिशिंग (World Scientific Publishing) जाती। बीस मिनट की घर से ऑफ़िस की दूरी मेरे लिए बहुत ही नयी और आरामदेह बात थी। चेन्नई में भी मेरा ऑफ़िस बहुत दूर था–ताम्बरम से नुंगमबक्कम, लगभग 25 किमी. जाना होता था!

दो-ढाई महीने बहुत चैन से गुज़रे। सब ठीक चल रहा था कि अचानक ही सोमेश की कम्पनी बन्द हो गयी! उन दिनों रिसेशन शनैः-शनैः सिंगापुर में बैठ रहा

था। अमेरिका में 9/11 के कारण बहुत-सी कम्पनियाँ अचानक ही, लगभग हर रोज़ ही बन्द हो रही थीं।

दिल धड़क के रह गया! अब क्या होगा? ईश्वर की कृपा से मेरी नौकरी रिसेशन प्रूफ़ थी, मेरी नौकरी चल रही थी। लेकिन मैं भी ज़्यादा दिन काम नहीं कर पायी क्योंकि मैं डिपेंडेंट पास पर काम कर रही थी। हम दोनों की नौकरी एक साथ गयी! सोमेश को कुछ दिन की मोहलत मिली, लेकिन वो बहुत काम नहीं आयी।

उन दिनों सिंगापुर में बौद्धिक सम्पदा नया क्षेत्र उन्नति पर था, मेरी पीएच.डी. काम आयी, और मुझे एक लॉ-फर्म में नौकरी मिल गयी। मुझे पास मिल गया, लेकिन अपने पास पर मैं सोमेश को सपोर्ट नहीं कर सकती थी। अतः उन्हें कुछ समय के लिए भारत वापस जाना पड़ा। अब मैं सिंगापुर में अकेली रह गयी!

वो दिन मेरे लिए बहुत ही कठिन थे। व्यस्तता के कारण मेरी कोई सखी-सहेली नहीं थी। बस मैं और मेरा काम। विवशता में घर में भी एक अनजान भारतीय दम्पति को लेना पड़ा क्योंकि घर मेरे अकेले के नाम पर नहीं हो सकता था! बड़े असमंजस भरे दिन थे वो!

सोमेश ने भारत पहुँचकर कई कोर्सेज किये। हम किसी तरह से फ़ोन से कनेक्टेड रहे। क़िस्मत फिर चमकी। दो-तीन महीने बाद सोमेश को सिंगापुर वापसी पर सोशल पास के आख़िरी दिन नौकरी मिल गयी! साँस में साँस आयी! घर वापस हमारा हमारे पास आया। ज़िन्दगी फिर एक नियम से चलने लगी–सुबह नाश्ता–ब्रेड और कॉफ़ी, लंच बाहर, डिनर घर पर, 8-9 बजे घर आकर, खाना पकाकर! घर की सफ़ाई बस वीकेंड को ही हो पाती!

आशुतोष, हमारा साढ़े तीन वर्ष का बेटा, अभी भी भारत में ही था! लेकिन अब आशुतोष हर लम्बी छुट्टी में अपने दादा के साथ सिंगापुर आता, जन्मदिन मनाता, अपने अम्मा-अप्पा के साथ सेंटोसा जाता, स्नो सिटी जाता, साइंस पार्क जाता, और फिर चेन्नई वापस चला जाता। उसके साथ बीते दिन बहुत ही ख़ूबसूरत होते थे। उसके आते ही हम एक साधारण, अन्य परिवार की तरह हो जाते थे। उसके बिना हम लोग सिर्फ़ ऑफ़िस जाने वाले लोग होते थे। घर और ऑफ़िस-बस यही हमारा जीवन था व्यस्त जीवन में, नौकरी के आते-जाते हम उसे सिंगापुर नहीं ला सके। ख़ैर, चार साल ऐसे ही गुज़रे।

वो चार साल बड़े मुश्किल थे, बच्चा पास नहीं था, नौकरी को भी सँभालना था, और स्वयं को एक नये माहौल में भी ढालना था। वापस मुड़ने का विकल्प नहीं था।

क़िस्मत से 2003 में क्वीन्सटाउन में ग्लोबल इंडियन इंटरनेशनल स्कूल खुल गया। इस बीच परमानेंट रेजीडेंसी भी मिल गयी। चार साल में पहली बार हमारा परिवार एक बार फिर साथ आया। एक बार फिर हम पूर्ण हो गये!

सिंगापुर में मुझे अपना कार्य क्षेत्र भी बदलना पड़ा। छह साल के कार्यानुभव के बाद मैं फिर यूनिवर्सिटी गयी। नेशनल यूनिवर्सिटी ऑफ़ सिंगापुर से बौद्धिक सम्पदा में एक साल का सर्टिफिकेट कोर्स किया। भारत में वैज्ञानिक और वैज्ञानिक प्रकाशन के सम्पादन में कार्यरत मैं अब बौद्धिक सम्पदा के क्षेत्र में आयी–एक नया क्षेत्र अपनाया। विभिन्न परेशानियों का सामना कर हिम्मत से आगे बढ़ती गयी। स्वयं को अपने कार्यक्षेत्र में माँजते हुए, आगे बढ़ने का प्रयास किया, और बहुत हद तक सफल भी हुई। सिंगापुर में काम करते हुए, एक बार फिर मैं सिंगापुर मैनेजमेंट यूनिवर्सिटी गयी और बौद्धिक सम्पदा के प्रबन्धन से सम्बन्धित 6 महीने का कोर्स किया। कार्यक्षेत्र में काफी जद्दोजहद रही, लेकिन कारवाँ चलता रहा।

सांस्कृतिक दृष्टि से भारत और सिंगापुर में ज़्यादा भेद नहीं है। तमिल भाषा का थोड़ा-बहुत ज्ञान होने की वजह से और स्थानीय दक्षिण भारतीय मन्दिरों में नियमित रूप से जाने की वजह से मुझे सिंगापुर में एडजस्ट होने में काफ़ी आसानी हुई।

शुरू-शुरू में सिंगापुर में लोगों को हर समय रेस्तराँ, कॉफ़ी शॉप्स में देखकर हैरानी होती थी। लेकिन धीरे-धीरे मुझे पता चला कि काम की व्यस्तता /व्यवस्था के कारण, ज़्यादा लोग बाहर ही भोजन, चाय-नाश्ता आदि करते हैं। यह जानकर भी हैरानी हुई, कि जिनके पास सहायिका (maid) होती है, वो उनके घर पर ही रहती है, और खाना बनाने से लेकर घर के रख-रखाव तक, सभी काम करती है। इसके अलावा, उसके लिए सरकार को 'लेवी' भी देनी होती है। हमारे लिए यह एक बहुत ही अनोखी बात थी। शायद इन्हीं वजहों से, हमने बहुत समय तक सहायिका नहीं ली। लेकिन कालान्तर में काम की अधिकता के कारण, हमें सहायिका को लेना ही पड़ा!

सिंगापुर में रहने का सबसे बड़ा फ़ायदा है कि आस-पास के देश में जाना, घूमना-फिरना बहुत आसान हो जाता है। आप कुछ ही घण्टों में मलेशिया पहुँच जाते हैं, इंडोनेशिया का चक्कर लगा आते हैं, ब्रुनेई जा सकते हैं, फिलीपींस जा सकते हैं, और तो और एक ही दिन में ऑस्ट्रेलिया तक जा सकते हैं!

सिंगापुर भारत के चेन्नई शहर से सिर्फ़ 3000 किमी दूर है। हवाई जहाज़ से 4 घण्टे के अन्दर आप चेन्नई पहुँच जाते हैं। भारत में मिलने वाली लगभाग सभी

चीज़ें सिंगापुर में आसानी से मिल जाती हैं। भारत के लगभग हर प्रान्त में मिलने वाली हर वस्तु लिटिल इंडिया (Little India) में बहुत ही आसानी से मिल जाती है–जो यहाँ रहने वाले भारतीय प्रवासी के लिए बहुत मददगार साबित होती है–यहाँ तक कि फल-सब्ज़ी भी भारत के विविध प्रान्त/शहरों से हवाई जहाज़ के द्वारा यहाँ लायी जाती है।

सोने-चाँदी के भी लगभग सभी बड़े ब्रांड यहाँ मिलते हैं जो भारत में मिलते हैं। यहाँ से सभी शुभ प्रसंगों के लिए ख़रीदारी की जा सकती है। इन सभी ख़रीदारियों के लिए भारत जाने की आवश्यकता नहीं!

भारतीय तमिल भाषियों के लिए सिंगापुर स्वर्ग है। कला-संस्कृति, भाषा-भोजन सभी यहीं मिलते हैं। पोंगल, दिवाली, गणेश चतुर्थी, नव रात्रि त्योहार यहाँ उतने ही उत्साह से मनाये जाते हैं जितना कि भारत में।

सिंगापुर दक्षिण-पूर्वी एशिया में प्रशान्त महासागर में स्थिति एक छोटा-सा आइलैंड देश है। मुख्यतः तीन संस्कृतियों के लोग यहाँ मिल-जुलकर रहते हैं– चीनी, मलय, भारतीय मूल के लोग (जो शताब्दियों पहले यहाँ आये थे)–सभी आपस में एक-दूसरे के पूरक करते हैं, एक-दूसरे के खान-पान और संस्कृति का सम्मान करते हैं। दिसम्बर से फ़रवरी तक सिंगापुर की शोभा देखते ही बनती है। दिवाली के समाप्त होते ही, क्रिसमस का सीजन शुरू हो जाता है, चारों तरफ क्रिसमस की सजावट लग जाती है और सभी लोग क्रिसमस की ख़रीदारी में व्यस्त हो जाते हैं।

दिवाली के समय मुझे अपने पड़ोसी चाइनीज परिवार के साथ दिवाली के दीये जलाना अच्छा लगता है, उन्हें मुरुकु और दिवाली की अन्य मिठाइयाँ देनी अच्छी लगती हैं–जिसे वो बहुत ख़ुशी और चाव से खाते हैं।

चीनी नववर्ष के समय, हमारे पड़ोसी हमें बहुत सारे रंग-बिरंगे कुए देते हैं। अब तो मुझे भी अपने घर में चीनी नववर्ष की सजावट करनी अच्छी लगती है। मेरा मानना है कि ऐसा करने से आपसी सौहार्द बढ़ता है, एक-दूसरे की संस्कृति के बारे में जानने का अवसर मिलता है, और त्योहारों का मज़ा विदेश की धरती पर भी देश जैसा ही आता है!

अब तो सिंगापुर में रहने में बहुत मज़ा आता है, विविध संस्कृतियों और त्योहारों के साथ, हर साल का एक पैटर्न सा बन गया है। वर्ष के शुरू में चीनी नववर्ष आता है–साथ ही साथ लोहड़ी, बीहू, उत्तरायण, और बंगाली नबो बर्स, फिर राम

नवमी, तेलुगु, तमिल नववर्ष, थोड़ा सुस्ता कर फिर से अगस्त से, जन्माष्टमी, गणेश चतुर्थी, नवरात्रि, करवाचौथ, धनतेरस, दिवाली, और अन्त में क्रिसमस!

हर त्योहार अपना रंग लाता है–चीनी नववर्ष के समय सभी चाइना टाउन जाते हैं–लाल और सुनहरे रंगो में रंगे चाइना टाउन की ख़ूबसूरती ही कुछ और होती है, हमें उस समय वहाँ पर तरह-तरह के बीज, नारियल, चीनी बिस्किट, टॉफ़ी, चॉकलेट और चंगसम मिलता है। हर साल चाइना टाउन को चीनी बरस (जो की बारह जानवरों के नाम पर नामकारित किये जाते हैं) के हिसाब से रंग-बिरंगी बिजलियों, प्लास्टिक/काग़ज़ के फूलों से सजाया जाता है। सारा सिंगापुर चाइना टाउन उमड़ा पड़ता है। मैं भी बड़े चाव से चाइना टाउन जाती हूँ, और वहाँ हो रहे उत्सव का मज़ा लेती हूँ।

पोंगल-दिवाली को मैं लिटिल इंडिया का रुख़ करती हूँ। दिवाली की रोशनी में लिटिल इंडिया झिलमिला जाता है, तरह-तरह की मिठाइयाँ और फल-फूलों से लिटिल इंडिया भर-सज जाता है। दिवाली का स्पेशल बाज़ार भी लगता है वहाँ। लिटिल इंडिया स्थित भारतीय विरासत केन्द्र (Indian Heritage Centre) में तरह-तरह के कार्यक्रम आयोजित किये जाते हैं। सभी सिंगापुरवासी उनमें बढ़-चढ़ कर भाग लेते हैं।

दिसम्बर सिंगापुर में सबसे अच्छा महीना है। पूरा सिंगापुर ही मानो दुल्हन की तरह सज जाता है। जगह-जगह, मॉल्स में क्रिसमस की थीम से सजावट होती है–लाल, नीले, पीले, सुनहरे, रुप हले बाउबल्स (baubles) और क्रिसमस ट्री-कुछ सचमुच के और कुछ प्लास्टिक वाले क्रिसमस ट्री–सभी अपनी शोभा बिखेरते नज़र आते हैं।

सिंगापुर के क्रिसमस की भारत की दिवाली से तुलना की जा सकती है। लोग चॉकलेट, क्रिसमस की सजावटी सामान एक-दूसरे को भेंट करते हैं। हर जगह लोग क्रिसमस वाले रैपिंग पेपर और तोहफ़े लिए आते-जाते मिलेंगे। बड़ा समा बँध जाता है। अब तो मैं भी क्रिसमस ट्री रखने लगी हूँ और सभी को क्रिसमस पार्टी पर भी आमन्त्रित करती हूँ।

सिंगापुर में रहकर सिंगापुर की मिली-जुली संस्कृति को अपनाकर मैं भी सिंगापुर में रच-बस गयी हूँ। अब चीनी भाषा (mandarin) के कुछ शब्द जान गयी हूँ, मलय भाषा के कई शब्द भी आते हैं, तमिल तो मैंने 50-60% सीख ही ली है।

पच्चीस साल पहले मैं जिस संस्कृति से अजनबी थी, अब वह स्वाभाविक लगती है। भाषा, खान-पान को सहज ही अपना लिया है, चीनी शाकाहारी भोजन के बारे में भी बहुत कुछ जान गयी हूँ। अब मैं मलय कुए: (kueh) से भी मुँह मीठा करना जान गयी हूँ। चीनी-मलय मिठाइयों की तलब भी होती है! औंदे-औंदे, बटरफ्लाई, बादाम पेस्ट, तिल पेस्ट, हॉट-पॉट अब पसन्दीदा मिष्टान्न हैं। सिंगापुर के रास्ते में अब मैं खोती नहीं हूँ। आज आपको सिंगापुर में कुछ ख़रीदना है, या किसी जगह के बारे में जानना है, तो मुझे फ़ोन करना ना भूले, शायद मैं आपकी मदद कर सकूँ!

इन पच्चीस सालों ने बहुत कुछ सिखाया–अपने-परायों का भेद बताया, परायों को अपना बनाने का गुण सिखाया, अकेले रहने का हुनर सिखाया, और स्वावलम्बी बनाया। क्या कुछ नहीं सिखाया है! ज़िन्दगी जैसी मिली उसे वैसा ही अपनाया है मैंने। ख़ुद को परिस्थितिनुसार ढाला, जो रास्ता मिला, उसको अपनाया, और अपना रास्ता बनाते गये, आगे बढ़े। बस, यही मेरी ज़िन्दगी का फ़लसफ़ा है।

✍ ख़ुशबू मिश्रा 'ख़ुशी'

संजीवनी स्मृतियाँ : सिंगापुर में विवाह पंचमी

मार्गशीर्ष मास के शुक्ल पक्ष की पंचमी तिथि, विवाह पंचमी का शुभ दिन। सिंगापुर में रहने वाली दो सहेलियों वैदेही और विशाखा, जो मूल रूप से मिथिला से थीं ने अपने प्रवासी जीवन के दौरान विवाह पंचमी को सिंगापुर के सिद्धपीठ श्री लक्ष्मीनारायण मन्दिर में विशेष रूप से मनाने का निश्चय किया। सनातन संस्कृति में विवाह पंचमी विशेष महत्त्व रखता है। इसी दिन भगवान श्रीराम और माता सीता का शुभ विवाह सम्पन्न हुआ था। यह दिन केवल एक धार्मिक तिथि नहीं, बल्कि मिथिला और अवध की सांस्कृतिक एकता का प्रतीक भी है।

उन्होंने घर में प्रभातकालीन वेला में पूजा-पाठ सम्पन्न कर लेने के बाद मन्दिर की ओर प्रस्थान किया। लाल-पीली साड़ियों में सजी, हाथों में सोने के कंगन और कानों में झुमके पहनकर, जब वे टैक्सी के इन्तज़ार में खड़ी थीं, तो सूरज की पहली किरण उनके कंचनवर्ण और कनकमणि आभूषणों पर पड़ते ही उन्हें स्वर्णिम आभा से नहला गयी, उनका रूप दैदीप्यमान हो उठा। यह दृश्य ऐसा प्रतीत हो रहा था मानो उनके कंचनवर्ण शरीर पर स्वर्णिम आभा की वर्षा हो रही हो।

लगभग आधे घण्टे के सफ़र के बाद दोनों सखियाँ मन्दिर पहुँच गयीं। सिंगापुर में सनातन का विशाल वटवृक्ष है जो सबको सघन छाया और ज्योतिर्मय प्रकाश एक-साथ प्रदान करता है। सिंगापुर के इस मन्दिर में सनातन संस्कृति का अद्‌भुत वातावरण हर किसी को अपनी छाया में लेता है। इस जगह पर आकर वैदेही और विशाखा अक्सर ऐसा ही महसूस करती थीं, मन्दिर में श्री सीता-राम शुभ विवाहोत्सव की तैयारियाँ चल रही थीं। मन्दिर में विवाह पंचमी का उल्लास चरम पर था। मण्डप सज चुका था। अवध के बारातियों के स्वागत में मिथिला तैयार थी। सखियाँ सीता जी का साज-शृंगार कर रही थीं। किशोरी सीता जी के सादगी भरे शृंगार और सौम्य व्यक्तित्व की झलक पाकर दोनों सहेलियाँ भावविभोर हो उठीं। मिथिला और

अवध की अनोखी मिलनगाथा यहाँ प्रवासियों को भी अपनी मिट्टी की महक और संस्कारों की गहराई से जोड़े रखती है। विशाखा खड़ी हो निहार रही थी; मण्डप सज-धज कर तैयार। अवध वाले बारातियों के ताम-झाम में व्यस्त। मिथिला में सखियाँ सीता जी का शृंगार कर रहीं और किशोरी जी गिरिजा पूजन के लिए प्रस्थान करने की तैयारी में।

मन्दिर में बाल्यावस्था वाली यह किशोरी दुल्हन सीताजी बन जिस सादगी भरे वेशभूषा साज-सज्जा से शृंगारित थीं, वह अत्यन्त शोभनीय था। मिथिला के होनेवाले दामाद अयोध्या के राजकुमार पाहुन श्रीराम के आगमन को सकल समाज प्रतीक्षारत था। सब पुष्प, धूप, दीप, चन्दन, तिलक, इत्र लेकर आह्लादित नयनों से तैयारियों में जुटे हैं। यह अति जीवन्त दृश्य चित्रण विशाखा और वैदेही को कुछ अधिक ही रोमांचित कर रहा था क्योंकि ये दोनों सखियाँ उसी मिथिला की बेटी (धिया) हैं जहाँ माता सुनयना और पिता जनक हैं; जहाँ धरतीपुत्री के रूप में मिथिला की राजकुमारी श्री सीताजी अवतरित होती हैं।

मन्दिर परिसर खचाखच भीड़ से भरा गीत-संगीत से गुंजायमान हो रहा था। विदेश की धरती पर मिथिला और अवध धाम का यह अतुलनीय स्वरूप और भगवान के वैवाहिक कार्यक्रम का यह मंगलमय अद्‌भुत दृश्य देखते ही बनता था। मिथिला और अवध की अनोखी मिलनगाथा यहाँ प्रवासियों को भी अपनी मिट्टी की महक और संस्कारों की गहराई से जोड़े रखती है। भोजपुरी एवं मैथिली लोक संस्कृति में गीत-संगीत की रिमझिम फुहार बरस रही थी जिसे देख विशाखा और वैदेही ही नहीं बल्कि सभी दर्शकवृन्द मन्त्रमुग्ध हो रहे थे।

इस मन्दिर में बारहों महीने के सभी पर्व-त्योहार बहुत ही धूमधाम से मनाये जाते हैं और भारत से कोई न कोई विद्वत्‌जन सिंगापुर अपने ज्ञान, कला, साहित्य, संस्कारों से परिपूर्ण संस्कृति का प्रस्तुतीकरण देने आते ही रहते हैं। जिससे यहाँ रह रहे प्रवासी भारतीयों का उमंग और उल्लास बना रहता है! ममता, प्रेम, करुणा का यह शक्तिशाली स्थल, करुणानिधान स्वयं जिसका भार निर्वहण कर रहे थे, वहाँ उपस्थित होकर सबको आनन्द आता ही है। भोजपुरी और मैथिली के लोकगीतों की गूँज, शंख-ध्वनि, और मन्त्रोच्चार ने वहाँ उपस्थित हर व्यक्ति के मन को भक्तिभाव से भर दिया। हर कोई इस पावन अवसर का हिस्सा बनकर धन्य महसूस कर रहा था।

विशाखा और वैदेही भी फूल, प्रसाद, द्रव्य चढ़ा कर श्री लक्ष्मीनारायण के आगे नतमस्तक होकर विवाह आयोजन का हिस्सा बनने वहीं बैठ गयीं! मन्दिर में श्री

राम-सीता के विवाह की हर रस्म जीवन्त हो उठी; द्वार छेकाई, चुमाओन, ओठंगर कूटना, और वरमाला जैसे पारम्परिक रीति-रिवाज़ों के साथ पूरा आयोजन चल रहा था। वैदेही और विशाखा भावविभोर होकर इस दिव्य आयोजन का हिस्सा बनीं। सभी भगवद प्रेमियों के नयन और आत्मा जुड़ा रहे थे। जिसमें अवध के पण्डित जी महाराज विवाहोत्सव के भिन्न-भिन्न आयामों का पूरा ज़िम्मा सँभाले हुए बखूबी रस्म निभा रहे थे। विशाखा ने मुस्कुराते हुए कहा, "वैदेही, भले ही हम सिंगापुर में हैं, लेकिन आज यह जगह मिथिला के किसी गाँव से कम नहीं लग रही।"

वैदेही को इस शुभ दिन राम-जानकी की प्रतिमा के आगे मन्दिर में कुछ मधुर मिष्ठान भोग लगाना था, वह लेकर तो गयी थी, किन्तु भगवान के भोग लगने का समय निकल चुका था, पट बन्द था, जिससे वह मन-ही-मन मायूस हो रही थी कि ये विवाह सम्पन्न भी हो जायेगा और वह इतने शुभ अवसर पर अपने प्रिय इष्ट का मुँह भी मीठा न कर सकी! तभी अचानक भगवान का परदा खुला संकोची स्वभाव की वैदेही अब दौड़ कर अपने श्री सीता-राम-लक्ष्मण संग हनुमान जी सरकार को भोग लगाने तेज़-तेज़ क़दमों से चल कर पण्डित जी के पास पहुँची, शादी सम्पन्न होने से पूर्व भगवान ने भोग स्वीकार कर लिया। वैदेही फुल्लकुसुमित होकर विशाखा से कहने लगी विशाखा तुमने देखा कुछ चमत्कार! तबसे मेरा मन कितना व्याकुल हो रहा था, आज शायद देर हो जायेगी मेरे द्वारा लाया प्रसाद ईश्वर नहीं स्वीकारेंगे, अचानक मुझे ऐसा प्रतीत हुआ, श्री राघव मेरे हृदय की आकुलता जान गये। भगवान को भोग अर्पण करने का यह अवसर वैदेही के लिए किसी चमत्कार से कम न था। विशाखा मुस्कुरायी और बोली, "इसीलिए तो उन्हें अन्तर्यामी कहा जाता है।" वाक़ई हैरान हूँ मैं–क्या सचमुच ईश्वर हमारे मन की भाषा जान लेते हैं, बिना शब्द, बिना राग के, है न! विशाखा बोली तभी तो दुनिया कहती है, भाव ही तो प्रबल है केवल उन्हें।

सिंगापुर के चन्दर रोड में स्थित जिस लक्ष्मीनारायण मन्दिर को जिन्होंने सिद्धपीठ घोषित किया था; श्री रामभद्राचार्य जी महाराज, वह भी आज उपस्थित थे, उनकी गरिमामय उपस्थिति सबको हर्षातिरेक कर रही थी। हो भी भला क्यों नहीं? गीता और रामचरितमानस में निपुणता प्राप्त किये, गिरिधर मिश्रा से श्री रामभद्राचार्य बने महान सन्त का आचरण प्रेरणास्पद मंगलमय विधान है–सम्पूर्ण विश्व के निवासियों के लिए! है न वैदेही, विशाखा बोली। पाँच वर्ष की आयु में, गिरिधर ने अपने पड़ोसी पण्डित मुरलीधर मिश्रा की सहायता से 15 दिनों में लगभग

700 श्लोकों वाली पूरी श्रीमद्भागवत गीता याद कर ली हो, सोचो उस समय ही वह कितने दिव्यात्मा होंगे! राघवलला के अनन्य भक्त का तेज आज सिंगापुर वालों को पवित्र और अनुकूलता से भरपूर सूर्यवंशी का तेज और शुद्धता प्रदान कर रहा था। यह निर्मल वातावरण था।

जन्म से आँखों की रोशनी न होने के बावजूद उन्होंने अपनी आत्मा की आँखों का जो दिव्य दर्शन जगत को दिया था, वह तो जगदीश को भी मुग्ध और प्रभावित कर दे। आज का दिवस बड़ा पावन है वैदेही। हाँ विशाखा तभी तो आज हमें विद्वान्, शिक्षाविद्, बहुभाषाविद्, रचनाकार, प्रवचनकार, दार्शनिक और हिन्दू धर्मगुरु तुलसी पीठाधीश्वर गुरु रामभद्राचार्य जी महाराज से इतनी अच्छी रामकथा भी सुनने को मिली और भगवान के विवाह में सम्मिलित होने का पुनीत शुभ अवसर। आह्लादित मन, यह अमूल्य समय, इस परमधन के आगे संसार का हर सुख फीका...

बारातियों को भोजनोपरान्त मीठे पान के साथ विदा दी गयी, और मन्दिर आरती के साथ इस शुभ आयोजन का समापन हुआ। विशाखा और वैदेही, मन में रामकथा के रस और विवाह पंचमी के उल्लास की स्मृतियाँ लिए, गुनगुनाती हुई चल दीं मेट्रो स्टेशन अपने घर अपने गृहस्थान गन्तव्य की ओर मुस्कुराती, आनन्दित भाव और ख़ुशियों का ख़ज़ाना लेकर गुनगुनाती,...

बिनु सत्संग विवेक न होई।
राम कृपा बिनु सुलभ न सोई॥
जिनके कपट, दम्भ नहिं माया।
तिनके हृदय बसहु रघुराया॥

यह दिवस और इसकी स्मृतियाँ वैदेही और विशाखा के लिए एक अमूल्य धरोहर बन गयीं। जीवन का यह अनमोल क्षण उन्हें सदा के लिए अपने मूल से जोड़े रखेगा।

✍ गौरव उपाध्याय

मनीला : एक मुस्कुराता शहर

मैं एक कॉरपोरेट यायावर हूँ। पिछले एक दशक से सिंगापुर में रहना और काम करना ऐसा है जैसे एक वृत्त के केन्द्र पर बैठना जहाँ से दक्षिण पूर्वी एशिया के देशों की सीमाएँ हमेशा परिधि के भीतर रहती हैं। कई सालों तक लगभग सभी देशों और शहरों में घूमने के बाद, एक देश मुझसे कई सालों तक अछूता रहा, हालाँकि सिंगापुर में हमेशा इस देश की एक ख़ास छवि से अवगत होता रहा हूँ।

कोविड अभी-अभी ख़त्म हुआ था और ज़ूम मीटिंग्स अब व्यक्तिगत मीटिंग्स से धीरे-धीरे विस्थापित होने लगे थे, मैंने अभी-अभी कम्पनी में एक नया रोल लिया था और साथ ही पिछले कुछ सालों से लिखने-पढ़ने का सिलसिला पूरे उफान पर था। ऐसे में लास्ट मिनट प्लान बना कि कल मनीला जाना है, टिकट कर लो।

RT PCR टेस्ट नेगेटिव भी आ गया तो सिंगापुर एयरलाइंज़ की फ़्लाइट SQ 912 पकड़ने चांगी एयरपोर्ट पहुँच गये। चेक इन काउंटर से ही झलक मिल गई फ़िलिपींस की–कितना कुछ हमारे हिन्दुस्तान के जैसा। क़तार में खड़े होने पर एक शोर है, सन्नाटा नहीं, कुछ बच्चे बेहिसाब रो रहे हैं, एक परिवार अपने युवा बेटे को छोड़ने आया है, माँ लिपटकर रो रही है, बहन खाने का कुछ डब्बा पकड़ा रही है। मुझे बिहार से दिल्ली के लिए पकड़ी अपनी पहली रेलगाड़ी याद आती है, डब्बे में रखा आम का अचार याद आता है, माँ की उदास आँखें और पिताजी का सम्बल भरा हाथ याद आता है। ख़ैर फ़्लाइट में भी रौनक़ है, एक चिल्ल-पों है जिसमें अपनापन है, एक अस्त-व्यस्त माहौल जो मुझे सुकून देता है।

रात 10 : 55 पर फ़्लाइट लैंड करती है और मनीला के इंटरनेशनल एयरपोर्ट पर कोलाहल मचा हुआ है, बाहर निकलते ही "बाऊजी कहाँ जाना है?" वाला सीन। 1 घण्टे से खड़ा हूँ, टैक्सी नहीं मिल रही जिस पर यह भरोसा हो कि ठगे नहीं जायेंगे। जो मिलता है अंग्रेज़ी में बात करता है और जितना पूछता हूँ उससे ज़्यादा

बताता है। मेरे अपने पूर्वाग्रह हैं, मैं सहमा हुआ हूँ, बार-बार जेब में पर्स टटोल रहा हूँ। एकदम से लाल ड्रेस में डार्क लिपस्टिक और कृत्रिम बड़ी-बड़ी पलकें लगाये एक युवती क़रीब आकर खड़ी हो जाती है और पूछती है–"व्हेयर वुड यू लाइक टू गो सर?" मेरे पसीने छूट रहे हैं, कहीं नहीं जाना कहकर टाल देता हूँ। अब दो घण्टे हो गये हैं, वह युवती मेरे इर्द-गिर्द घूम रही है। फिर पास आती है और कहती है कि इस समय अब टैक्सी नहीं हैं यहाँ, जब थी आपने नहीं ली, रात भर यहीं इन्तज़ार करते बीत जायेंगे। मुझे कल सुबह मीटिंग में जाना है और अब टाँगें और धैर्य दोनों जवाब दे रहे हैं। मैं डरते-डरते हाँ कर देता हूँ। टैक्सी में बैठा हूँ और लड़की ख़ुद ड्राइवर सीट पर। गाड़ी ये चलायेगी? इस पोशाक में? कहाँ ले जा रही है? आगे कुछ लोग आ जायेंगे, मुझे लूट लेंगे, मार कर फेंक देंगे। सर, वाटर? मैं पानी की बोतल ले लेता हूँ फिर उसके कई सवाल–पहली बार मनीला आये हैं? क्या करते हैं? घर में कौन-कौन है? किस तरह के गाने सुनेंगे? मैं मनीला से 300 किलोमीटर दूर पैदा हुई थी इत्यादि! मैं सुनता रहता हूँ, कम बोलता हूँ। 50 मिनट में मेरा होटेल आ गया। 500 पेसो का बिल भरता हूँ और युवती प्यारी सी स्माइल के साथ विदा लेती है। मैं सकुशल हूँ, एक हल्की-सी मुस्कान है चेहरे पर। मुझसे 200 पेसो के बदले 500 पेसो लिया गया है, बस इतना लुटा हूँ मैं। यह है पहली छवि मनीला की–हँसमुख और बातूनी लोग, शौक़ीन, अतिथि सत्कार में विश्वास करने वाले और शायद ग़रीब।

इस देश में स्माइल मुफ़्त बँटती है, होटल के रिसेप्शन से लेकर लिफ़्ट तक एक शख़्स नहीं मिलता बिना एक बड़ी मुस्कान के। कितना मीठा बोलते हैं ये?

रात को नींद अच्छी आयी, मेरा होटल मकाती में है, यह जगह प्रसिद्ध और अप्रसिद्ध दोनों है, बिज़नेस सेंटर है और पब/बार से भरी सड़कें। रात भर चहल पहल सुनाई देती रही लेकिन मैं थका हुआ था।

सुबह मीटिंग के लिए दौड़ता हूँ, हर टैक्सी में दिलचस्प संवाद होते हैं और हर टैक्सी में 100 पेसो ज़्यादा भाड़ा दे रहा हूँ। जिस मीटिंग में जाता हूँ लगता है लोग पहले से जानते हैं। यहाँ लोग अपनी कहानियाँ सुनाते हैं और आपकी सुनते हैं। सिंगापुर से काफ़ी अलग–इतनी पर्सनल नहीं है लाइफ़ यहाँ–बहुत कुछ अपने हिन्दुस्तान जैसा। ट्रैफ़िक लाइट पर बच्चे भीख माँगने आते हैं, एक खिलौने बेचने वाला आता है, सड़कों पर जीपनी (अपने यहाँ के विक्रम जैसी एक गाड़ी) दौड़ती दिखती है जिसमें ठूँसे हुए हैं लोग। जीपनी मनीला की सड़कों पर चलने वाला एक

प्रसिद्ध और अनोखा परिवहन साधन है। यह फिलीपींस की सांस्कृतिक पहचान का एक महत्त्वपूर्ण हिस्सा है। जीपनी का डिजाइन दूसरे विश्व युद्ध के दौरान छोड़े गये अमेरिकी जीप से प्रेरित है, जिसे स्थानीय लोगों ने परिवर्तित करके सामूहिक परिवहन के रूप में उपयोग किया। यह चमकीले रंगों, आकर्षक चित्रों और पारम्परिक फिलीपीन कला से सजाया गया होता है। जीपनी मनीला की व्यस्त सड़कों पर सस्ता और आसान सफ़र प्रदान करता है, हालाँकि इसमें अक्सर भीड़भाड़ रहती है। यह न केवल एक परिवहन माध्यम है, बल्कि स्थानीय जीवनशैली और सामुदायिक भावना का प्रतीक भी है। बस स्टॉप पर लम्बी क़तारें हैं हाँ लेकिन ट्रैफ़िक का सिग्नल कोई नहीं तोड़ता। दिन भर की मीटिंग्स के बाद कुछ क्लाइंट डिनर है। एक स्पैनिश रेस्तराँ में बैठे हैं सब। फ़िलीपींस में मिक्स्ड जनसंख्या बहुत हैं, स्पैनिश कॉलोनी थी कभी। इनके अपने डिश भी हैं जैसे–अडोबो, सिसिग इत्यादि लेकिन स्पैनिश और जापानी खाने की ख़ूब माँग है। यहाँ का खाना विभिन्न सांस्कृतिक प्रभावों का अद्भुत मिश्रण है, जिसमें स्पेनिश, चीनी और स्थानीय फिलीपीन स्वाद शामिल हैं। स्ट्रीट फूड का आनन्द लेने के लिए आप 'बालूत' (अंडे का एक अनोखा व्यंजन) से लेकर 'इसाव' (ग्रिल्ड चिकन इंटेस्टाइन) तक का स्वाद ले सकते हैं। मनीला में प्रसिद्ध 'सिनिगांग' (खट्टा सूप), 'अदोबो' (मांस का मसालेदार व्यंजन), और 'लेचोन' (रोस्टेड पिग) जैसे पारम्परिक व्यंजन भी ज़रूर चखने चाहिए। मनीला का इतिहास सोलहवीं सदी में स्पेनिश उपनिवेशों के समय से शुरू होता है। जब 1571 में स्पेनिश गवर्नर मिगेल लोपेज़ डी लेगाज़पी ने इसे अपने उपनिवेश का केन्द्र बनाया, तब से यह शहर एक सांस्कृतिक और व्यापारिक हब बन गया। स्पेनिश वास्तुकला का प्रभाव आज भी यहाँ देखने को मिलता है। पानी से ज़्यादा बीयर पी रहे हैं ये लोग और हर जगह रॉक म्यूज़िक का माहौल है। ये लोग ऐसे जी रहे हैं जैसे कल हो ना हो, मस्ती से। रेस्तराँ से एक कलीग के साथ पैदल ही होटल लौट रहा हूँ। जगह-जगह लड़कियाँ और किन्नर खड़े हैं, यदा-कदा फिकरे कसते हैं। यह आम है, यहाँ की जीवनशैली है, यहाँ ग़रीबी भी। दिन में बहुत अमीर लोगों से भी मिला, शाम होते ही ग़रीबी कम कपड़ों में सड़क पर उतर आयी है। अब मैं थोड़ा सहज हूँ, इतना डर नहीं लगता। एक दिन ही हुआ, होटल वाले सब पहचान गये हैं– हाउ वाज योर डे मिस्टर कुमार?

एक अजीब सा अपनापन है इस शहर में।

आज रात फिर नींद अच्छी आयी।

अगले दिन मीटिंग के लिए एक और जगह जाता हूँ जिसका नाम बीजीसी है। यह एक तरह से नया मनीला है, गगनचुम्बी इमारतें, बड़े होटल, बड़े माल, बड़ी गाड़ियाँ, कुत्तों के साथ सैर पर निकले लोग और सूट में इधर ऊधर भागते कॉरपोरेट चाकर। बीजीसी (बोनिफाशियो ग्लोबल सिटी) मनीला, फिलीपींस का एक आधुनिक और उभरता हुआ व्यापारिक और आवासीय क्षेत्र है। यह स्थान अपनी गगनचुम्बी इमारतों, प्रीमियम शॉपिंग मॉल, उच्च गुणवत्ता वाले रेस्टोरेंट और हरे-भरे पार्कों के लिए जाना जाता है। बीजीसी में जीवनशैली अत्यधिक आधुनिक और सुविधा-प्रदान है, जिससे यह स्थानीय निवासियों और पर्यटकों दोनों के लिए आकर्षण का केन्द्र बन गया है। यहाँ की सड़कों पर कला और संस्कृति की झलक मिलती है, और यह क्षेत्र शिक्षा, स्वास्थ्य और व्यापार के क्षेत्र में भी तेज़ी से विकसित हो रहा है। बीजीसी को उसकी सुव्यवस्थित इंफ्रास्ट्रक्चर और सुरक्षित माहौल के लिए 'द फोर्ट' भी कहा जाता है। दिन में लंच मीटिंग में पिज़्ज़ा खा लिया अब कुछ अच्छा देसी खाने की तलब हो रही है। सहकर्मी जो पहले आ चुका है बड़े-बड़े वादे करता है। तुझे ऐसा देसी खाना खिलाऊँगा तूने भारत में भी नहीं खाया होगा। थके होने के बावजूद ना नहीं कर पाया और लगभग दो किलोमीटर चल कर अब हम ढूँढ़ते-ढूँढ़ते इस अलौकिक रेस्तराँ में पहुँचे हैं–द इंडस। माहौल फ़ाइन डाइनिंग का है। घुसते ही एक युवती अभिनन्दन करती है, काले रंग का सूट पहना है और माथे पर बड़ी सी बिन्दी। जब कोई ग़ैर-भारतीय स्त्री भारतीय परिधान पहनती है तो कितना ख़ूबसूरत लगती है ना। मुझे एक गर्व का एहसास है, मैं भारतीय हूँ जहाँ से बिन्दी का प्रचलन है। सब लोग नमस्ते कर रहे हैं और फिर मित्र की ऑर्डर की बड़ी-सी थाली आती है। अद्भुत। 16 पकवान हैं और एक–से बढ़कर एक-पनीर पसन्द, अचारी टिक्का, पालक मेथी, सरसों का साग, कलाकन्द, गुलाब जामुन, रबड़ी और मलाई क़ुल्फ़ी। आत्मा तृप्त हुई, सहकर्मी ऐसा ताक रहा जैसे मैं अभी पीठ थपथपा दूँ। सच में बहुत अच्छा खाना था यार और साथ में भर-भरकर बड़ी-बड़ी मुस्कुराहटें। पेट और जी दोनों भर गये। धन्यवाद करके बाहर निकले और टैक्सी का इन्तज़ार कर रहे हैं कि रेस्तराँ से एक युवक दौड़ता हुआ बाहर आता है। सर, आप पान लेना भूल गये। अब टैक्सी में बैठे पीली पत्ती की पान चबा रहे हैं–थोड़ा सौंफ, गरम लौंग, गुलकन्द और कत्थे के साथ। जीवन का स्वाद आ गया। सोचा नहीं था यह अनुभव भी होगा मनीला में।

अगले दिन आधा दिन कोई मीटिंग नहीं है तो फिर दो-तीन टूरिस्ट प्लेस देख लिया सहकर्मियों के साथ। एक-दो जगहें छाप छोड़ती हैं। मनीला बे का सुन्दर

बहुरंगी सूर्यास्त और डिविसोरिया बाज़ार का सस्ता मार्केट। कुछ माल भ्रमण और शॉपिंग भी हुई। 'मॉल ऑफ़ एशिया', दुनिया के सबसे बड़े मॉल में से एक, यहाँ के शॉपिंग प्रेमियों का प्रमुख केन्द्र है। यह सिर्फ़ एक मॉल नहीं, बल्कि एक अनुभव है। मॉल के पीछे स्थित बे वॉक से सूर्यास्त का नज़ारा अद्भुत होता है। अगर आप ख़रीदारी के शौक़ीन नहीं हैं, तो भी यहाँ का वातावरण और खाना आपका मन मोह लेगा।

शहर का एक ख़ास आकर्षण है–रिज़ल पार्क, जिसे लुनेटा पार्क भी कहा जाता है, मनीला, फिलीपींस का एक ऐतिहासिक और सांस्कृतिक स्थल है। यह पार्क राष्ट्रीय नायक डॉ. जोस रिज़ल के सम्मान में बनाया गया है, जिन्हें स्पेनिश उपनिवेशवाद के ख़िलाफ़ स्वतन्त्रता संग्राम का प्रतीक माना जाता है। यहाँ एक भव्य स्मारक स्थित है, जो डॉ. रिज़ल के प्रति देशवासियों की श्रद्धांजलि है। यह स्थल केवल एक पर्यटन आकर्षण ही नहीं, बल्कि इतिहास, स्वतन्त्रता और राष्ट्रीय एकता का प्रतीक भी है। पार्क में सुन्दर बग़ीचे, फ़व्वारे और पैदल चलने के रास्ते हैं, जो इसे परिवारों और पर्यटकों के लिए एक आदर्श स्थान बनाते हैं। इसके अलावा, यह ऐतिहासिक रूप से महत्त्वपूर्ण स्थल है, क्योंकि यहीं पर डॉ. रिज़ल को 1896 में फाँसी दी गयी थी, जो फिलीपींस के स्वतन्त्रता आन्दोलन का महत्त्वपूर्ण मोड़ साबित हुआ।

शाम को सड़कों पर भटकते हुए थोड़ी नाइटलाइफ़ भी देख ली। मनीला की नाइटलाइफ़ एक अलग ही अनुभव प्रदान करती है, जो इसकी जीवन्तता और विविधता के लिए जानी जाती है। शहर की रोशन सड़कों पर बार, क्लब, और लाइव म्यूज़िक वेन्यू रात को जीवन्त कर देते हैं। यहाँ के लोकप्रिय इलाक़ों जैसे मकालती, बोनिफाशियो ग्लोबल सिटी, और क्वेज़ोन सिटी में लोग डांस फ्लोर पर मस्ती करते हैं, कराओके में गाते हैं, या दोस्तों के साथ बैठकर स्वादिष्ट फिलीपीन व्यंजनों और ड्रिंक्स का आनन्द लेते हैं। मनीला के नाइट मार्केट्स भी ख़ास आकर्षण हैं, जहाँ आप स्ट्रीट फूड का स्वाद ले सकते हैं और स्थानीय शिल्प ख़रीद सकते हैं। मनीला की रातें न केवल मनोरंजन से भरी होती हैं, बल्कि यह शहर की संस्कृति और गर्मजोशी को क़रीब से महसूस करने का भी अवसर देती हैं।

चार दिन कब गुज़र गये पता नहीं चला। वापिस एयरपोर्ट पर खड़ा हूँ और सोच रहा हूँ बिटिया के लिए कुछ ले लूँ। एक लकड़ी का छोटा-सा खिलौना लेता हूँ, पत्नी के लिए कान की बालियाँ और फ्रिज के लिए एक मैग्नेट। अपने लिए तो

इतना कुछ लिया है मैंने–मुस्कुराते चेहरे, ज़्यादा दिये गये पेसो, वो लाल ड्रेस वाली टैक्सी ड्राइवर और वो बिन्दी वाली रेस्तराँ की वेटर। मकाती की कीचड़ वाली और रौशन सड़कें और बीजीसी की आधुनिकता।

"थैंक यू, पो"–एक मीठी-सी आवाज़ फिर से और मैं भारी क़दमों से अपने बोर्डिंग गेट की ओर। अब पिछले तीन सालों में पच्चीस से ज़्यादा बार मनीला जा चुका हूँ। अब भी वही कोलाहल, वही शोर, वही संगीत, वही मुस्कुराहटें। कुछ शहर आपके भीतर बस जाते हैं, हमेशा के लिए।

चित्रा गुप्ता

थाईलैंड का एक प्रमुख पर्यटन स्थल : कोह समुई

पर्यटन की बात करूँ तो सहसा मुझे राहुल सांकृत्यायन का स्मरण हो आता है। उन्होंने लद्दाख, लंका, तिब्बत, एशिया के दीरगं भूखण्डों में, देहरादून आदि मे समय बिताया, उनको आत्मसात कर अपनी लेखनी से सजाकर पाठकों के समक्ष परोसा। एक तरह से पर्यटन की चाह उनके विषय में पढ़कर ही तीव्र हुई। सीमित साधन थे फिर भी हम अपने रिश्तेदारों के साथ आसपास के स्थानों पर कुछ दिन ठहरने के लिए चले जाते थे। भाई-बहन, माता-पिता के साथ जाने का आनन्द अनोखा था। हमारा पर्यटन हरिद्वार-ऋषिकेश या नैनीताल तक सीमित था। इससे आगे की दुनिया नहीं देखी थी। नैनीताल की वादियाँ, नौका विहार, माल रोड की सैर तथा प्राकृतिक दृश्य मन को मोहित करते थे। हरिद्वार में गंगा घाट पर और आसपास के स्थान पर हलवाई की दुकान पर बैठकर जलेबी-कचौरी खाना और मन्दिरों की आरती सुनना हमारे लिए सबसे बड़ा आनन्द था। घर आकर भी आपस में महीनों तक उन स्थानों की बातें करके बहुत खुश होते थे, खिलखिलाते थे। केवल इतना देखने पर मेरे मन में कहीं-न-कहीं असंतुष्टि थी।

विवाह हुआ, विवाह के बाद दुनिया कुछ बड़ी हो गयी। भारत की राजधानी दिल्ली में पहली बार कुतुबमीनार देखी। देखकर बहुत आश्चर्यचकित हुई। ख़ासतौर से मुझे बुद्धा गार्डन बहुत पसन्द आया क्योंकि मैं प्रकृति प्रेमी हूँ। कहीं भी पेड़-पौधे या छोटा बग़ीचा होता था तो मैं ठहरकर उसे देखती थी। सहज ही कोई कविता भी बन जाती थी। पिताजी और नानाजी साहित्य प्रेमी थे उनसे जब मुझे प्रशंसा मिलती तो ख़ुशी का ठिकाना न रहता। हमारे घर में भी एक बग़ीचा था जिसमें माली तो आता ही था पर मैं भी थोड़ी गुड़ाई-निराई का काम करती थी। कोई छोटा-सा अंकुर फूटता था तो आप सोच नहीं सकते मैं कितनी प्रसन्न होती थी।

सिंगापुर आने के बाद लगभग प्रतिवर्ष कहीं-न-कहीं घूमने जाते। पतिदेव और

दोनों बच्चों के साथ बहुत मस्ती होती। पूरा परिवार साथ होता है तो घूमने का एक अनोखा आनन्द होता है। मैंने लन्दन, फ्रांस, थाईलैंड, बैंकॉक, हांगकांग, मलेशिया और इंडोनेशिया के कुछ स्थान देखे। इसी शृंखला में 2023 में जून 8 से 13 तक मैं बच्चों के साथ कोह समुई गयी। यह थाईलैंड का एक प्रमुख पर्यटन स्थल है, जो अपने ख़ूबसूरत समुद्र तटों, आलीशान रिसर्ट्स और जीवन्त नाइटलाइफ़ के लिए जाना जाता है। इसके सफ़ेद रेतीले तट और फ़िरोज़ा पानी यहाँ के मुख्य आकर्षण हैं, यहाँ पर्यटक धूप सेंकने, तैरने और विभिन्न जलक्रीड़ाओं का आनन्द लेने आते हैं। चावेंग और लमाई तट सबसे ज़्यादा लोकप्रिय हैं, जहाँ आपको स्वादिष्ट सीफ़ूड रेस्त्रां, बाज़ार और विभिन्न सांस्कृतिक कार्यक्रम देखने को मिलेंगे। यह 23 एकड़ के उष्णकटिबन्धीय वन क्षेत्र के बीच स्थित एक आलीशान रिसॉर्ट है।

स्कूट से हमारी विमानयात्रा थी। विमान में खाना ख़रीदकर खाना होता है। वह महँगा होता है यह सोचकर घर से सैंडविच बनाकर ले गयी थी। मेरे पास मेरी नाती-नातिन बैठे थे। मेन्यू पढ़कर दोनों ने कहा कि दाल-मखानी और राइस लेंगे। क़ीमत पढ़ी...12 सिंगापुर डॉलर में एक व्यक्ति के लिए खाना...बड़ा महँगा था। अभी मैं उनके लिए सैंडविच निकाल रही थी, नातिन समझ गयी। नानी ऑर्डर करेंगे। मैंने सोचा जब दोनों खा रहे हैं तो मैं क्यों पीछे रहूँ। हम तीनों ने दालमखानी के साथ राइस का स्वाद लिया। घर से लाये चिप्स भी चटखारे लेकर खाये। चिप्स मेरी कमज़ोरी भी है। विमान से उतरने के बाद अप्रवासन की औपचारिकताएँ पूरी कर बाहर आए तो जिस होटल में हमें ठहरना था उसकी टैक्सी खड़ी थी। टैक्सी चालक विनम्र था। अंग्रेज़ी जानता था। मेरे दामाद बातूनी हैं वे उससे को-समुई के बारे में अधिक जानकारी लेने के लिए बातें कर रहे थे। हम लगभग 25 मिनट में चावेंग रीजेंट बीच रिसॉट पहुँच गये। स्वागत में फ्रूट पंच दिया। कमरे मिलने में समय था। सामान होटल के रिसेप्शन पर रखवाकर खाने चल दिये। होटल के एकदम सामने खाने की अनेक दुकानें थीं। उस दिन हमने थाई फ्राइड राइस खाये। सिरके में पड़ी हरी मिर्च से खाने का ज़ायक़ा दुगुना हो गया था। गरम-गरम चाउमीन सूप का भी क्या कहना। सामने नाइट बाज़ार लगता था। थोड़ा आराम करके शाम को बाज़ार गये...मोल-भाव कर दो थैले और रंग-बिरंगे मोतियों वाला चाबी का गुच्छा लिए। पोशाक अंग प्रदर्शन करने वाली थीं तो लेना बेकार था इसलिए हम सब थाई मसाज कराकर और पर्यटन की दुकान से अगले दिन की योजना के बारे में जानकारी लेकर होटल आ गये। होटल बहुत बड़ा और हरियाली से भरा था। कमरे भी बड़े थे।

दरवाज़े, स्नान कक्ष में 90% लकड़ी का इस्तेमाल हुआ था। सम्भवत: पर्यावरण के प्रति सचेत होंगे। मैं प्रतिदिन नाश्ते से पहले सुबह सैर के लिए जाती थी। उस समय कुछ पर्यटक तैरने जाते, कुछ सूर्य स्नान करते। दूर तक फैला समुद्र ... मैं रेत पर बैठ जाती। प्रकृति मेरी सहचरी हो गयी थी वैसे भी रिज़ॉर्ट हमेशा से मेरा सबसे प्रिय स्थान रहा है।

अगले दिन नाश्ते के बाद हम चारों टैक्सी में बैठकर शान्ति और अध्यात्म की प्रतीक बुद्धा की विशाल मूर्ति, जिसे बिग बुद्धा के नाम से जाना जाता है, देखने गये। विशालकाय मूर्ति को नीचे से देखा जा सकता था फिर भी मैं ऊपर जाने का लोभ संवरण न कर सकी। बेटी के मना करने पर भी न रुकी। लगभग आधी सीढ़ियाँ चढ़कर लौट आयी। टाँगों ने जो जवाब दे दिया था। नीचे वृक्ष की छाया में बैठकर मैंने अपने बच्चों की प्रतीक्षा की और ताज़े नारियल का पानी पिया। आस-पास की दुकानों में ताका-झाँकी और मोलभाव कर एक कफ्तान ले लिया। अन्य महिलाओं की तरह ख़रीदारी की थोड़ी सी सनक मुझमें भी है। बच्चों ने भी नीचे आकर कुछ पोशाकें ख़रीदीं। स्थान से परिचय बनाने के लिए हमने वहाँ पर फ़ोटो भी लिए। दोपहर का भोजन भारतीय रेस्टोरेंट में किया, जो हमें बिग बुद्धा जाते समय दिखा था। कमरे में कुछ देर आराम कर सूरज के थोड़ा ढलने पर हम फुटबॉल गोल्फ मैदान में गये खेलने के लिए। धूप अभी भी थी खुले मैदान में खेलना था इसलिए हम सबने टोपी पहन ली। मुझे बरबस 'टोपी पहनाना' मुहवरा याद आ गया। मन-ही-मन मुस्करा उठी। बहुत बड़ा मैदान पेड़ों के बीच में से निकलते हुए बड़े छेद बनाए हुए थे। बड़ी ज़ोर से किक मारकर गेंद उसमें डालनी थी। दो बार मेरी गेंद भी छेद में चली गयी। अरे वाह नानी...कमाल कर दिया मेरी नातिन बोली। मैंने भी अपनी आँखों की चमक से प्रसन्नता अभिव्यक्त की, स्वयं को शाबाशी दी। गोल्फ मैदान के जलपान गृह में कुछ परिवारों के चित्र लगे थे। हमारा भी एक ग्रुप फ़ोटो लिया गया तुरन्त ही उन्होंने कलर फ़ोटो एक फ्रेम में लगाकर अपने कैंटीन में लगा दिया। हमने अनेक तस्वीरें लीं। खेल की अवधि समाप्त होने पर हमारे सामने नारियल से बनी बर्फी की तरह की एक मिठाई और नारियल पानी परोसा गया। नारियल पानी पीकर ऊर्जा भी आयी। आनन्द में सराबोर होकर टैक्सी से होटल के पास आ गये। रात्रि भोजन पास ही एक चाइनीस रेस्टोरेंट था, में किया। रेस्टोरेंट में लाउड म्यूज़िक चल रहा था, देश-विदेश के लोग बैठे हुए थे। महिलाएँ वहाँ पर वेटर थीं, जो बहुत मुस्तैदी से अपना काम कर रही थीं। हमारे होटल के सामने ही कई मसाज

पार्लर थे वहाँ जाकर हम सबने पैरों की मसाज करायी और अपने कमरों में आकर कम्बल में घुस गये।

दूसरे दिन आंग-थोग मरीन नेशनल पार्क गये। 2 घण्टे जंक बोट में बैठकर हम अपने गंतव्य पर पहुँचे। इसे जंक बोट इसलिए कहा जाता है क्योंकि यह स्पीड बोट से धीरे चलती है। मुझे यह इसलिए अच्छी लगी क्योंकि इसमें बम्पिंग नहीं होती थी और हाई टाइड और लो टाइड का कोई अधिक फ़र्क़ नहीं पड़ता था। वहाँ से उतरकर समुद्र के किनारे पहुँचने के लिए फिर एक बहुत बड़ी कसरत थी। जंक बोट से उतरकर एक छोटी-सी नाव जो बहुत गहरी नहीं थी। जिसमें मल्लाह की मदद से सबको धीरे-धीरे बैठाया गया। मुझे बहुत डर लग रहा था पर मेरे पास कोई विकल्प नहीं था वहाँ जाकर बैठ गयी। उसके बाद हमें समुद्र तट पर पहुँचने के लिए प्लास्टिक के बॉक्स से बने हुए पुल को पार करना था। अब तो मेरी जान निकल गयी। मैंने बोट चलाने वाले मल्लाह का कसकर हाथ पकड़ लिया उसे शायद पता था कि भारत में बूढ़ी औरत को अम्मा कहते हैं वह बार-बार कह रहा था–अम्मा लीव मी लीव मी...लेकिन मेरी तो बन्दर की पकड़ थी। मैं कैसे उसका हाथ छोड़ती? ऐसा लग रहा था जैसे रामसेतु पर राम-राम करते हुए मैं जाती जा रही थी। मेरे बच्चे और नाव के कुछ साथी भी मन्द-मन्द हँस रहे थे। मैंने इसकी परवाह नहीं की। भय में राम नाम ही एक मात्र सहारा होता है। पुल पार करने के बाद हम आओ का बीच पर पहुँचे। वहाँ एक ओर बहुत ऊँची सीढ़ियाँ थीं। जाने कितनी थी कोई अन्दाज़ा नहीं...उन पर चढ़कर कोह समुई का सुन्दर दृश्य देख सकते थे। जैसा कि मैंने पहले ही बताया था कि मेरी टाँगें तो जवाब दे रही थीं तो मैंने चढ़ने का दुस्साहस भी नहीं किया। मैं समुद्र तट की रेत में समुद्र के किनारे से थोड़ी दूर लेट गयी। समुद्र की लहरों की एक आदत है कि जितनी भी दूर लेटे हों, लहरें छूने के लिए चली आती हैं। मैं थोड़ी सी खिसककर ऊपर गयी, लहरें भी दौड़ती हुई आ गयीं। मैंने सूर्य स्नान किया और साथ ही समुद्र के खारे पानी में अपने पैर डाल दिये क्योंकि घर में भी गरम पानी में नमक डालकर सिंकाई करती हूँ। मेरी बेटी और मेरा नाती तो सबसे ऊपर तक गये लेकिन बीच में से ही मेरी नातिन की तबीयत ख़राब हो गये, वह वापस आ गयी। वहीं पर एक नारियल पानी की दुकान थी। मैंने वहाँ से नारियल खरीदे और हम दोनों ने बैठकर नारियल पानी पिया। कोह समुई में जगह-जगह पर नारियल पानी मिलता है। नारियल पानी स्वास्थ्य के लिए बहुत अच्छा होता है और इसे पीने से शरीर में पानी की कमी महसूस नहीं होती।

समुद्र तट पर हमें डेढ़ घण्टे के लिए छोड़ा गया। डेढ़ घण्टे के बाद फिर से वही चढ़ाई प्लास्टिक के बक्सों का पुल और छोटी-सी नाव में बैठकर हम अपनी जंक बोट में गये। इस बार मेरे दामाद और बेटी ने पुल पार करवाया। मैंने पुनः राम-राम का जाप शुरू कर दिया। हँसते-हँसते रास्ता तय हो गया। बोट में हमारे भोजन का प्रबन्ध था। कुछ ही पर्यटक शाकाहारी थे वरना ज़्यादातर वहाँ पर शाकाहारी और मांसाहारी दोनों तरह का खाना खाने वाले थे। चावल और हरे पत्तों की सब्ज़ियाँ थीं। हमें स्वादिष्ट शाकाहारी भोजन मिला, साथ में शीतल पेय और फ्रूट्स सलाद भी। खाने के बाद बोट फिर से चल पड़ी। भोजन के स्थान को बोट के कर्मचारियों ने बड़ी तत्परता से भली-भाँति साफ़ कर दिया। स्वच्छता देखकर मन गद्गद हो रहा था। जंक बोट दो मंज़िला थी। मंज़िलों के ऊपर खुला स्थान था। सीढ़ी से चढ़कर पर्यटक वहाँ से प्राकृतिक दृश्यों का मज़ा ले रहे थे। तीन नवविवाहित युगल में से दो भारतीय थे। वे तो स्वयं में मगन थे। उन्हें देखकर मन से आशीर्वाद निकल रहा था। दो घण्टे की हमारी होटल जाने की वापसी की यात्रा थी। लौटते समय लोग जागे सोये से हो रहे थे। लगभग पूरा दिन बीत गया था। आनन्द तो आया लेकिन थकान भी बहुत थी। सीधे होटल में पहुँचे। मैंने अपने कमरे के बाथ टब में गरम-गरम पानी का आनन्द लिया। निस्सन्देह कुछ दिनों के लिए घर से दूर निश्चिन्त होकर रहना भी अनोखा लगता है।

तीसरे दिन सब आराम से उठे नाश्ता किया और कमरे में आकर आराम किया। आंग-थोग मरीन नेशनल पार्क की थकान अभी भी शरीर में थी। समय क़ीमती है यह सोचकर तालिंग नगम गये। यह एकान्त और शान्तिपूर्ण जगह है, और दूर तक फैला नीला सुरम्य समुद्र था। यहाँ नारियल के सघन वृक्ष थे। नारियल के वृक्षों के मध्य धूप-छाँव की आँखमिचौनी मोहक लग रही थी। स्थानीय लोग नारियल बेच रहे थे।

मन्दिर वाट खुनाराम–यहाँ भिक्षुकों की ममी संगृहीत है। काँच के ताबूत में धूप और फूलों के रूप में उपहार देने की प्रथा है। यह स्थान पर्यटन की सूची में जोड़ने के लिए कह सकते हैं। यहाँ से जल्दी निकलकर हम फिशरमैन्स विलेज गये। यह भी नाइट बाज़ार है। इस बाज़ार में बहुत रोशनी नहीं थी किन्तु यहाँ स्थानीय सामान मिलता था। जगह-जगह खाने की दुकानें और रेस्टोरेंट थे। नारियल के कठोर छिलकों को तराशकर बनाई गयी ख़ूबसूरत चीज़ें थीं। कुछ कटोरे और छोटे थैले उपहार में देने के लिए खरीदे। यह मोलभाव का बाज़ार है। एक मज़ेदार बात-हमने दोपहर का भोजन देर से किया था तो मेरी नातिन को छोड़कर सबने कह दिया

बहुत पेट भरा है डिनर नहीं करेंगे। चलते-चलते भारतीय भोजनालय देखा। देखते ही सबकी भूख खुल गयी। सबने छककर भोजन किया। रात काफ़ी हो गयी थी। टैक्सी कर मुल्ला की दौड़ मस्जिद तक यानी हम होटल आ गये।

चौथे दिन नाश्ता कर हम इजी कार्ट गो कारटिंग करने गये। सुरक्षा के लिए हेलमेट पहनाये गये, बैठने पर बेल्ट से बाँधा गया। बेटी ड्राइव कर रही थी मैं आराम से बैठकर बड़े से ट्रैक और कुदरत के नज़ारों का रसपान कर रही थी। कार्ट बहुत नीची होती है बहुत लोग इसमें बैठे होंगे। होटल में आराम कर सामने जाकर मसाज करायी, नाइट बाज़ार, जो होटल के सामने था घूमे, खाना खाया और घोड़े बेचकर सो गये। कुल मिलाकर मैंने कोह समुई में बहुत मौज-मस्ती की।

कोह समुई में देखने के लिए अनेक स्थान थे। यहाँ के झरने, जैसे नमुआंग, और आन्तरिक भाग में स्थित हरे-भरे वन। चावेंग का इलाक़ा विशेष रूप से अपने नाइटक्लबों, बारों और कैबरे शो के लिए मशहूर है। यहाँ की रातें संगीत, नृत्य और मनोरंजन से भरपूर होती हैं, जहाँ पर्यटक पूरी रात पार्टी कर सकते हैं। पर हम सन्तुष्ट हो चुके थे।

पाँचवे दिन सिंगापुर की उड़ान थी। सुबह के 11:30 बजे हवाई अड्डे पहुँच गये। फ्लाइट दो घण्टे विलम्ब से थी। हवाई अड्डे पर नि:शुल्क चाय, कॉफ़ी, पानी और बिस्कुट मिल रहे थे। सब लोग खा-पी रहे थे। हम भी पीछे क्यों रहते? थाईलैंड की कुछ मुद्रा हमारे पास थी। बच्चों ने सोविनीयर और मैंने बाम ख़रीदा...कहीं पढ़ा था जब शरीर से इत्र की जगह बाम की महक आने लगे तो समझो बुढ़ापा आ गया। मुझे तो बुढ़ापा रोकने के लिए बाम लगाना था। मुझे एहसास हुआ कि इस दुनिया में कितनी विविधता है, हमारी और दूसरों के लोक जीवन और संस्कृति में भले ही अन्तर है किन्तु हँसना, मुस्कराना और कृतज्ञता, अभिव्यक्ति तो सबकी समान है। यात्राओं से हमारे दिमाग़ का दायरा बढ़ता है और सोचने-समझने की एक गहरी समझ विकसित होती है। मेरा ऐसा मानना है। तो यह थी मेरी कोह समुई की यात्रा...

•

✍ दिव्या माथुर

मायाजाल

सुबह के 6 भी नहीं बजे थे कि हम घर से निकल पड़े। बेटे ने कार की सीट को गर्म कर दिया था पर फिर भी मुझे काफ़ी ठण्ड लग रही थी। अल्लसुबह, अच्छी तरह से नहाने और फिर गरमाये हुए घर से एकदम ठण्ड में बाहर निकल आने के कारण मेरी नाक बहने लगी।

"मम्मी, कहीं आपको ज़ुकाम तो नहीं हो गया, ऑपरेशन कैंसिल न करना पड़ जाये?" मेरी बेटी ने आशंका प्रकट की।

"हॉस्पिटल पहुँचते ही मम्मी का पूरा चेक-अप एक बार फिर से होगा, ज़रा-सी भी गड़बड़ निकली तो ऑपरेशन नहीं कर सकते," बेटे ने वस्तुस्थिति से अवगत करवाया। यूँ तो डॉक्टर्स ने ये सब बातें हमें कई बार बतायी हैं, पचासियों दस्तावेज़ दिये हैं, हमारे हस्ताक्षर लिए हैं, पर फिर भी दसियों आशंकाएँ हम सभी को घेरे रहती हैं; जिनसे निजात पाना आसान नहीं।

घर से निकलने के पहले, मैंने अपने घर को, बच्चों को, पोती को, हरीभरी ख़ूबसूरत प्रकृति को, आसमान आदि को अच्छे से आत्मसात कर लिया है; जिन्हें शायद मैं दोबारा न देख पाऊँ।

"मैं बिल्कुल ठीक हूँ," मैंने मुस्कुराते हुए उन्हें तसल्ली दी। मेरी ख़ामोशी उन्हें हमेशा विचलित करती है, वे पूछते रहते हैं कि मैं क्या सोच रही हूँ। मेरे दिमाग़ में बहुत कुछ चल रहा है, जिसे व्यक्त करना असम्भव है। ख़ुश हूँ कि बच्चे साथ हैं, जिनके लिए मैंने अपने प्रेमरहित जीवन में बहुत पापड़ बेले हैं; वे आज मेरी कल्पना से कहीं अधिक सक्षम हैं, सबसे बड़ी बात कि वे दुख की घड़ी में मेरे साथ हैं।

कुछ ही समय बाद मेरा 12-घण्टे का लम्बा ऑपरेशन तय है, जिसके लिए पाँच विशिष्ट सर्जन्स की टीम हैरो में स्थित एक बड़े हॉस्पिटल में इकट्ठी हो रही होगी और मैं भी तैयार हूँ; मुझे कोई ख़ास घबराहट नहीं हो रही जबकि होनी चाहिए;

जैसे बच्चे और दोस्त कहा करते हैं; मैं सचमुच बहुत अजीब हूँ। ख़ैर, जीवन में पहले भी दो बार मेरा मौत से आमना-सामना हो चुका है; ड्रिल जानती हूँ, इसलिए आश्वस्त हूँ।

बचपन में जब मैं अपने दादा-दादी को अपने पूर्व जन्म की बातें बताती तो वे मुझे यह कहकर चुप करा देते थे कि यह अपशुकन है। उन धुँधली पड़ती यादों की परछाइयाँ आज भी मेरे मन-मस्तिष्क से नहीं गयीं। लोग कहते हैं कि ये सब दिमाग़ की ख़ुराफ़ाते हैं, और कुछ नहीं। कुछ का कहना है कि यह सब "पावर ऑफ़ सजैशन" का कमाल है। भला इतनी छोटी उम्र में कब, कैसे और किसने मेरे दिमाग़ में ऐसे रंग-बिरंगे दृश्य भर दिए होंगे? जिस तन लागे सो तन जाने; मैं ऊपरी तौर पर उनके तर्क को स्वीकार कर लेती हूँ क्योंकि प्रमाण के अभाव में ऐसे तर्कों को अस्वीकार करना राई को पहाड़ बनाना है।

लगभग तीन साल पहले, जब पहली बार मैक्सिलोफैशियल-विशेषज्ञ ने हमें बताया था कि मेरे हलक़ में कैंसर है, जो गले तक फैल चुका है और इसका ऑपरेशन जल्दी से जल्दी करना होगा। उसने बड़े विस्तार और स्पष्टता से हमें बताया था कि मेरे चेहरे, गले और हाथ को कहाँ-कहाँ से और कितना-कितना काटा जायेगा, कितना और कैसा रिस्क है, मौत की क्या सम्भावना है इत्यादि। बेटी इतनी हिल गयी थी कि उसके लिए बोलना असम्भव था, उसने अपनी आँखों में आँसू रोक रखे थे; अगर मैं कमज़ोर पड़ी तो इसका क्या होगा। मैं चुपचाप सुनती रही जैसे कि मेरी नहीं, किसी और के बारे में बात हो रही थी। डॉक्टर हैरान था कि रोने-धोने के बजाय मैं इतनी शान्त कैसे थी।

"आप स्थिति की गम्भीरता को समझ रही हैं न," उसने अचम्भे से पूछा और मैंने हाँ में सिर हिला दिया। प्रारब्ध में मेरा अडिग विश्वास ही शायद इस सन्तुष्टि का कारण हो कि मैं किसी भी परिस्थिति में ढह नहीं जाती।

अस्पताल में पहुँचते ही, टेस्ट्स शुरू हो गये, बच्चे मुझे चूम कर बाहर जा खड़े हुए; मैंने उनसे अनुरोध किया कि वे अब घर चले जायें क्योंकि कल सुबह से पहले तो मुझे होश आने वाला नहीं। उन्होंने हामी में सिर हिला दिये पर जब भी मेरी नज़र शीशे से बाहर गयी, वे वहीं बैठे थे।

नर्स मुझसे पचासियों प्रश्न पूछे चली जा रही थी; मैं किस करवट सोती हूँ, कितना मोटा और पतला तकिया इस्तेमाल करती हूँ, ऑपरेशन के दौरान क्या मैं अपने आराध्य देवता की छोटी-सी मूर्ति या माला अपने सिरहाने रखना चाहती हूँ,

इत्यादि। मेरे चेहरे की किसी अवांछित हरकत को सँभालने के लिए खड़िया के विशेष ब्लॉक्स अग्रिम रूप से बनवा लिए गये थे, ऑपरेशन-टेबल पर लेटते ही जिन्हें फिट कर दिया गया था, बड़ी मात्रा में एनैस्थीसिया के प्रबन्धन के लिए एक विशेषज्ञ मौजूद था, ऑपरेशन थिएटर के बाहर जिसने मुझसे दुनिया भर के सवाल पूछे थे। जब मुझे स्ट्रेचर पर लिटा कर ऑपरेशन-थिएटर में ले जाया जा रहा था तो मुझे छत पर लगी ट्यूब-लाइट्स तेज़ी से भागती हुई नज़र आयी थीं।

शायद मेरा ऑपरेशन हो चुका होगा; पर मैं आश्वस्त नहीं थी। शायद न हुआ हो; कैसे पता लगे? दीवार पर लगी घड़ी से मैं अन्दाज़ा नहीं लगा पाती; कभी बारह और कभी चौबीस घण्टे आगे पीछे हो जाती है। कमरे के बाहर शायद एक मीटिंग चल रही है, हरे और नीले गाउन पहने बहुत से डॉक्टर्स और कुछ अन्य लोग गोल दायरे में खड़े हैं और बहस कर रहे हैं। अजीब बात यह है कि मैं भी उनमें शामिल हूँ पर जैसे एक सिकुड़ी हुई प्रतिछाया के रूप में, छत पर लगी ट्यूबलाइट सिर्फ़ मुझे ही आलोकित नहीं कर पा रही। अधिकतर को तो पहचानती हूँ, पर मेरा अपना डॉक्टर ग़ायब है जो इस मुहिम का इंचार्ज भी है। उसकी सहायक एक ख़ूबसूरत युवती डॉक्टर, कैंसर विशेषज्ञ, शल्य-चिकित्सक और एनेस्थेटिस्ट आदि; इन सबसे बातचीत कर चुकी हूँ।

"इस ऑपरेशन की ज़रुरत ही नहीं थी," एक ने कहा तो अन्य दो ने असहमति दिखाई।

"ऐसा आप किस बिना पर कह सकते हैं?" सहायक डॉक्टर ने पूछा। लगा कि अधिकतर लोग कुछ भी कहने से क़तरा रहे थे।

"हम चाहें तो इसे 'इंडस्ट्रियल हैज़र्ड' घोषित किया जा सकता है, इसमें हम सबका ही फ़ायदा है," एक-दूसरे ने कहा जो डॉक्टर नहीं है पर इसे मैंने पहले की परामर्श-बैठकों में कभी नहीं देखा; इन बैठकों में डॉक्टरों और नर्सों के अलावा, डाइटिशियंस, भौतिक चिकित्सक और वाक्-चिकित्स्क आदि, सब एक जगह रहते हैं।

"मैं अपने इंचार्ज के निर्णय को बिलकुल उचित मानती हूँ," सहायक डॉक्टर बोली और बहस गर्म होने लगी।

"ठीक है तो वोट ले लेते हैं," अस्पताल के वरिष्ठ डॉक्टर, जो इस अस्पताल का मुख्य मैक्सिलोफ़ेशल सर्जन भी है, ने कहा। न जाने क्यों, मेरे अपने मैक्सिलोफ़ेशल सर्जन से अधिक मेरा इस बड़ी उम्र के गोरे गोलमटोल सर्जन पर अधिक विश्वास है। काश कि यह मेरे ऑपरेशन का इंचार्ज होता।

कुछ ने झिझकते हुए हाथ खड़े किये, कुछ ने वोटिंग में भाग ही नहीं लिया। मैंने अपना हाथ नहीं उठाया; वे शायद मुझे देख भी नहीं पा रहे थे; मेरा वोट काउंट नहीं हुआ। केवल एक वोट से सहायक डॉक्टर के हक़ में फ़ैसला हो गया यानी कि ऑपरेशन करने का निर्णय ठीक था।

पर मामला क्या था? क्या सचमुच मेरे ऑपरेशन की ज़रूरत नहीं थी। शायद मुझे काटने-पीटने के बाद वे जान पाये कि मुझे कैंसर था ही नहीं। डॉक्टर्स की मीटिंग के दौरान, मुझे चिकित्सा सम्बन्धी शब्दावली अच्छी तरह से समझ आ रही थी; मैंने स्वयं एक बड़े अस्पताल में पन्द्रह लम्बे वर्ष वरिष्ठ सर्जन्स के साथ काम किया है पर कुछ ही देर बाद, मैं मीटिंग्स में हुई बातों को ठीक से याद नहीं कर पा रही थी। जाने मुझे सुबह तक कुछ भी याद न रहे; मैं जल्दी से इसे किसी को बताना चाहती थी; लिख लेना चाहती थी।

जिस ऑपरेशन-थिएटर में मैं थी, वो दो आइडेंटिकल हिस्सों में बँटा था, एक में होता है वो रोगी जिसका ऑपरेशन होने को है और एक में वो जिसका हाल ही में हो चुका है, ताकि डॉक्टर्स दोनों पर ध्यान रख सकें। उत्तम प्रबन्धन का आधुनिक उदाहरण–समय और धन दोनों की बचत। इस तरह, आजकल हॉस्पिटल-मैनेजमेंट डॉक्टर्स और नर्सेस का पानी तक निचोड़ लेते हैं।

मेरे सामने वाले हिस्से में एक बूढ़ी पारसी औरत थी, जिसके दिमाग़ में ट्यूमर था, उसके बच निकलने के चान्सेस पाँच प्रतिशत थे। दो दिन पहले ही ऑपरेशन के पहले एक आख़िरी परामर्श के लिए यह वृद्धा और मैं एक ही वेटिंग रूम में बैठे डॉक्टर्स का इन्तज़ार कर रहे थे, उसके बहुत से रिश्तेदार आपस में उसके ऑपरेशन के बाद बच जाने की सम्भावना के विषय में बातें कर रहे थे और उन्हीं में से एक ने यह भी बताया कि वृद्धा ऑपरेशन के पहले अन्तिम संस्कार की रस्में अपने जीते जी निपटा लेना चाहती थी। शायद पारसियों में यह रिवाज़ हो क्योंकि उनमें से किसी ने इस बात पर हैरानी प्रकट करने की बजाय अपनी सहमति में अपने सिर हिलाये थे।

जीते जी अपनी मौत का जश्न मना लेना मुझे एक बेहतरीन आइडिया लगा। काश कि मैं ऐसा कर सकती! हालाँकि तैयारी तो मैंने भी की है, अपने लैपटॉप पर मैंने सब लिख दिया है–ताबूत को किन फूलों से सजाया जायेगा, अन्तिम संस्कार के वक़्त कौन-सा संगीत बजाया जायेगा, कौन मन्त्रोच्चारण करेगा, मातमियों को अल्पाहार में स्नैक्स क्या होंगे और कौन-सी शराब, इत्यादि। यह सब मुझे अपने सामने कर लेना चाहिए था; एक रिहर्सल ही हो जाती।

ख़ैर, ऑपरेशन के दौरान, मैं उस महिला के बदन को देख सकती थी पर उसका चेहरा नहीं, क्योंकि डॉक्टर्स उसे घेरे खड़े थे। उसके पलंग के बायीं ओर एक बड़ा-सा टीवी लगा था जिस पर निर्देश बदल रहे थे, जैसे ही डॉक्टर्स एक क्रिया पूरी करते, दूसरा निर्देश आ जाता; ऑपरेशन के दौरान ग़लती नहीं हो सकती; यह सब आधुनिक वैज्ञानिक प्रबन्धन का कमाल है। दायीं ओर के टीवी मॉनिटर पर एक तालिका थी जिस पर रोगी की नब्ज़, रक्तचाप, हृदयगति इत्यादि के अलावा दो खाने और थे, जिसमें लिखा था 'लाइव' और 'मृत'। मैं चाह रही थी कि आराम करूँ पर मेरा ध्यान बार-बार उस तालिका पर चला जाता, यह देखने के लिए कि वह कितनी जीवित थी। अपनी बन्द होती हुई आँखों को मैं फाड़-फाड़ कर देख रही थी कि एकाएक ऑपरेशन थिएटर के बाहर कुछ हलचल दिखाई दी, सफ़ेद लिबासों में लिपटे और सिर पर छोटी-सी गोल टोपी लगाये बहुत से पारसी लोग खड़े थे। मुझे लगा कि वृद्धा शायद मरने वाली है। 'मृत' वाले कॉलम में '98%' दिखाई दे रहा था और जीवित में '2%'।

न चाहते हुए भी मुझे तेज़ नींद आ रही थी पर मैं कुछ भी मिस नहीं करना चाहती थी। फिर आँख खुली तो देखा कि कमरे में एक पारसी नर्स भी आ गयी थी जो वृद्धा के बिस्तर के आसपास घूमते हुए जैसे कुछ रस्मों को अंजाम दे रही थी। मुझे लगा कि जैसे उस वृद्धा को अपने दायीं ओर कोई खड़ा दिखाई दिया; जिसे देखते ही उसने नर्स को इशारे से बताया कि 'वो आ गये हैं'; नर्स झट से एक उपहार जैसे सुन्दर डिब्बे को वृद्धा के पास ले गयी, जिसे वृद्धा ने छुआ, चूमा और उस अदृश्य उपस्थिति को भेंट कर दिया। यह प्रक्रिया एक लम्बे समय तक चलती रही, न जाने कितने उपहार साइड-बोर्ड पर इकट्ठे हो गये थे। मैं थककर चूर थी, न जाने कब नींद आ गयी।

आँख खुली तो देखा सामने वाला बिस्तर ख़ाली था, मैंने नर्स से इशारे में पूछा कि क्या हुआ तो उसने मुझे अपनी बात लिखने के लिए एक काला बोर्ड और चाक दिया, जिस पर मैंने लिखकर पूछा कि क्या सामने वाली महिला की मृत्यु हो चुकी थी। मैंने देखा कि जो मैंने लिखा था, उसकी स्पेल्लिंग्स ग़लत थी, मिटाकर मैंने फिर ठीक से लिखा पर फिर वही ग़लती। नर्स समझेगी कि शायद मैं कम पढ़ी-लिखी थी।

"नहीं तो, यह आइडिया तुम्हें कहाँ से आया, वो ठीक है और वार्ड में भेज दी गयी है," नर्स ने बताया पर उसके हावभाव कुछ और ही कह रहे थे। वैसे भी मुझे इस नर्स पर बिल्कुल भरोसा नहीं था। पूरी रात वह अपने मोबाइल पर अपने

ब्वॉय-फ्रेंड/पति से बतियाती रही थी, यह सब अस्पताल के नियमों के विरुद्ध है पर मैं उसकी शिकायत नहीं करना चाहती क्योंकि वह गर्भवती है।

एक बार फिर मुझे होश आया तो सामने वाले हिस्से में एक टीवी इंटरव्यू जैसा चल रहा था। कमरे में तीन तरफ़ ट्रॉलीज़ पर रखे शटर वाले बड़े-बड़े काले कैमरे लगे थे। पहियेदार कुर्सी पर बैठी एक अपाहिज लड़की उपकरणों के शोर के बीच अपनी अक्षमता और ऑपरेशन के विषय में बता रही थी, उसके शरीर का मुझे केवल आधा हिस्सा ही दिखाई दे रहा था और कोशिश करने के बावजूद मैं उसका पूरा चेहरा नहीं देख पा रही थी। यह साक्षात्कार जैसे समाप्त होने का नाम ही नहीं ले रहा था। मैं अपनी नींद से लड़ते हुए इसे देखती रही।

मैं उस लड़की को पहचानने की ज़बरदस्त कोशिश कर रही थी; मैंने इसे कहीं देखा है पर कहाँ? मैंने अपनी निगाह उसके चेहरे पर गड़ा दी और कुछ ही देर बाद मुझे लगा कि कुर्सी पर बैठी हुई वो लड़की कोई और नहीं, मैं ही थी? क्या; मैं अपाहिज हो गयी? किसी ने मुझे बताया था कि ऐसे समय में महामृत्युंजय मन्त्र का जाप कारगर होता है, पर कोशिश करने पर भी मुझे उसका एक शब्द याद नहीं आया। सोचा कि इस मन्त्र से सम्बन्धित देवता ही याद आ जायें तो मन्त्र भी ध्यान में आ जायेगा पर नहीं। फिर याद आया कि बेटे ने मेरे तकिए के नीचे यह मन्त्र एक काग़ज़ पर लिखकर रखा था। निकालकर पढ़ा तो कुछ शान्ति हुई पर जैसे ही मैं उसे वापिस तकिए के नीचे रखती, सब कुछ भूल जाती, इसी पसोपेश में जैसे सदियाँ गुज़र गयीं।

मेरी बाँह में लगे कैथिटर में जब नर्स औषधियाँ उड़ेल रही थी; मेरी नींद खुल गयी। मन हुआ कि उससे कहूँ कि इन ढेर सारी औषधियाँ डालने के मध्य एक मिनट का अन्तर तो होना ही चाहिए। इशारे से मैंने उसे बताया कि मुझे उल्टी आने वाली है पर वह मेरे शरीर में लगी ढेर सारी ट्यूब्स में उलझी थी; उसने दूसरी नर्स को इशारे से बुलाया जो एक तीसरी नर्स से किसी अहम मुद्दे को लेकर वार्ता में लीन थी। ख़ैर, जब तक उल्टी-बरतन मुझ तक पहुँच पाता, मेरा चेहरा, गला और सीना भीग चुके थे। वमन से तरबतर मेरे नये हलक़, जो मेरी बाँह से ली गयी मज्जा-तन्त्रिकाओं से निर्मित हुआ था, को लगे इस धक्के का अन्दाज़ा मेरे सिवा और किसी को नहीं हो सकता। ग़ुस्से को क़ाबू रखने के अलावा मैं क्या कर सकती थी। दोनों नर्सों ने मेरी अच्छी सफ़ाई कर दी और मैं शायद फिर सो गयी।

आँख खुली तो कमरे के एक कोने में मैट्रन और नर्स में गम्भीर वार्ता चल रही थी। मैट्रन उसे बता रही थी कि ऑपरेशन थिएटर में उसके मोबाइल के उपयोग पर

उसे नौकरी से निलम्बित कर दिया गया था। नर्स के अनुरोध पर कि उसे आज की ड्यूटी पूरी करने दी जाये, मैट्रन मान गया था। उदास नर्स की आँखों में आँसू देख कर मेरा दिल पिघल गया। मैंने तख़्ती पर उसे लिख कर दिया 'तुम्हें बहुत दुखी नहीं होना चाहिए क्योंकि जो होता है अच्छे के लिए ही होता है।' जिसे पढ़कर वह और परेशान और पशेमान-सी दिखी।

"आपने ऐसा क्यों लिखा?" कहते हुए वह बाहर चली गयी। अरे, मैं तो उसे तसल्ली देना चाहती थी; ऐसी हालत में उसे घण्टो खड़े नहीं रहना चाहिए और जब बच्चा हो जायेगा, तब भी तो उसे नौकरी छोड़नी ही पड़ेगी।

रात को आँधी, बारिश और तूफ़ान के बीच डॉक्टर्स और नर्सेस अपने पानी से भीगे और चमकते हुए हरे और नीले गाउन्स सँभाले ज़ॉम्बीज़ की तरह वार्ड में आ जा रहे थे। एक नर्स मेरे कैथिटर में औषधियाँ उड़ेले जा रही थी। मैंने उसे थोड़ा रुकने के लिए इशारा किया पर जैसे उसने देखा ही नहीं। मैंने डॉक्टर का ध्यान खींचा तो उसने मुझे अनदेखा कर दिया। वो नर्स जैसे मुझे मार देना चाहती है। उसे रोकने के लिए मैं हाथ-पाँव मारने की कोशिश कर रही हूँ पर मैं हिल भी नहीं पाती। अन्ततः मैं यह सोच कर कि जो होगा ठीक होगा; मैं आराम से सोने की चेष्टा करती हूँ; मुझे बहुत शान्ति मिलती है।

अगले दिन सुबह जब मेरी आँख खुली तो मुझे बेटा-बेटी और दामाद शीशे के उस पार दिखाई दिये, जो मुस्कुरा रहे थे पर उनके चेहरों पर पुता हुआ भय मुझे दिखाई दे रहा था; फिर देखा कि मेरी लुढ़कती हुई बेटी को जैसे दामाद सँभाल रहा था। कोई मुझे बताए कि मेरा ऑपरेशन हो गया था या होने को था? दीवार-घड़ी में शाम के साढ़े पाँच बज रहे थे; बेटी-बेटा और दामाद क्या आये भी थे; या वो मेरा स्वप्न था। फिर आँख खुली तो घड़ी वहीं की वहीं अटकी थी। ऐसा कैसे हो सकता है? घड़ी रुक गयी है क्या?

दस दिन के बाद जब मैंने पहली बार अपना चेहरा देखा तो समझ में आया कि बेटी चक्कर खाकर क्यों गिर पड़ी थी–पचासियों टाँकों/स्टेपल्स से जुड़ा, नाक-गले-सिर के पिछले भाग में नलियों से बिंधा, काले-नीले रंग के धब्बों से सुसज्जित, अपने चेहरे को देखकर मैं स्वयं स्तम्भित रह गयी थी। दाये नथुने में एक छोटा-सा पहिया फिट किया गया था जो मेरे ख़याल में सबसे भद्दा आभूषण था। एक मूविंग-स्टैंड से मेरी पट्टी की गयी बाँह लटकी थी। यकायक फ्रैंकेंस्टाइन की याद आ गयी; मेरी पोती कहीं डर न जाये।

“इतना बहुत बुरा नहीं लग रहा, मम्मी, कुछ ही दिनों में जब ये नील और स्टेपल्स हट जायेंगे तो सब ठीक हो जायेगा,” बेटी ने मुझे तसल्ली दी।

बेटे ने बताया कि जब-जब मुझे होश आता था, मैं तख़्ती पर बहुत-सी बातें लिखकर उसे बताती रही थी, विशेषतौर पर थिएटर के बाहर हुई डॉक्टर्स की मीटिंग, पारसी वृद्धा, अपाहिज लड़की के इंटरव्यू और नर्स वाली घटनाओं के विषय में। चिन्तित बेटे ने जब ये बातें डॉक्टर्स को बतायीं तो उसने कहा कि ये सिर्फ़ 'हैलुसिनेशंस' हैं जो शरीर में एनैस्थीसिया की भारी मात्रा से उपजती हैं।

क्या सचमुच? और अगर यह सच है तो ऑपरेशन थिएटर के बाहर हुई डॉक्टर्स की मीटिंग में मैं उस व्यक्ति को कैसे देख पायी जिसे मैंने पहले कभी नहीं देखा था, जिसने कहा था कि मेरा ऑपरेशन एक 'इंडस्ट्रियल हैज़र्ड' था? ऐसे 'आउट ऑफ़ बॉडी एक्सपीरियंस' से मैं दो बार पहले भी गुज़र चुकी थी जब मुझे लगा था कि कहीं छत पर मँडराते हुए मैं अपने ही शरीर को देख रही थी।

बहुत दिनों के बाद जब मैंने उस व्यक्ति को आपत-वार्ड में देखा तो एक बार फिर उस पूरी मीटिंग का दृश्य मेरी आँखों के सामने घूमने लगा।

अब मुझे पूरा यक़ीन हो गया कि यह केवल मायाजाल नहीं था।

निजी अनुभवों पर आधारित

22 जून 2020

✍ पूनम चुघ

शान्ति और सौन्दर्य का संगम : मन्दिर भ्रमण की अनमोल यादें

सैर कर दुनिया की ग़ाफिल, ज़िन्दगानी फिर कहाँ!
ज़िन्दगानी ग़र रही तो, नौजवानी फिर कहाँ!!

इसी सोच को केन्द्र में रखते हुए, हम हर साल किसी-न-किसी नये देश की यात्रा पर निकल पड़ते हैं। हर बार सवाल बस यही होता है–इस बार छुट्टियों में कहाँ जायें? इसी जद्दोजहद से जूझ ही रहे थे और सवाल मन में घूम रहा था, तभी अचानक सिद्ध पीठ श्री लक्ष्मीनारायण मन्दिर द्वारा क्वालालम्पुर, ईपोह, और ताइपिंग (मलेशिया) के 'हिन्दू टेम्पल टूर' का विज्ञापन देखा। फिर क्या था, तुरन्त ही तय कर लिया कि इस बार कुछ अलग किया जाये–क्यों न एक आध्यात्मिक यात्रा का अनुभव भी लिया जाये!

'सिद्ध पीठ श्री लक्ष्मीनारायण मन्दिर' सिंगापुर में उत्तर भारतीय हिन्दुओं का प्रमुख पूजा स्थल है। इसके मुख्य देवता धन की देवी लक्ष्मी और समस्त ब्रह्माण्ड के संरक्षक भगवान विष्णु हैं। इस यात्रा का फ़ैसला एक नयी आध्यात्मिक दिशा में क़दम बढ़ाने जैसा था, और इसी विचार ने हमारे मन को नयी ऊर्जा और उत्सुकता से भर दिया। यह चार दिनों की यात्रा थी, हर दिन की योजना व्यवस्थित और क्रमबद्ध लग रही थी। यात्रा सड़क मार्ग से होनी थी। हालाँकि आरामदायक बसों की व्यवस्था थी, फिर भी मन में एक हल्का-सा तनाव था–क्या इतनी लम्बी बस यात्रा थकान भरी या नीरस तो नहीं होगी? क्या शरीर इस यात्रा को सहजता से झेल पायेगा? इन सवालों ने थोड़ी चिन्ता ज़रूर पैदा की, लेकिन साथ ही यह भी महसूस हो रहा था कि यह एक आध्यात्मिक यात्रा है, और इसका आनन्द लेने की उत्सुकता भी मन में कहीं गहराई से उमड़ रही थी। बिना ज़्यादा सोचे-समझे टिकट ख़रीद ली और यात्रा की तैयारी में जुट गये। मानो मन ने फ़ैसला कर लिया हो कि अब सोचना नहीं, बस चल देना है।

पहला दिन : सिंगापुर

यात्रा की शुरुआत मन्दिर से ही होनी थी, जहाँ दोपहर 3 बजे पंजीकरण किया जाना था। हम ख़ुशी-ख़ुशी समय से पहले ही मन्दिर पहुँच गये, जहाँ यात्रियों के लिए जलपान की भी व्यवस्था थी। माहौल काफ़ी जीवन्त था, और कई लोग पहले से ही वहाँ मौजूद थे। हमारी यात्रा के लिए दो बसों की व्यवस्था की गयी थी। धीरे-धीरे सभी से मुलाक़ात होती गयी, और एक सुखद माहौल बनने लगा।

जब यात्रा आरम्भ करने का समय आया, तो उससे पहले पण्डित जी ने सभी यात्रियों को एकत्रित कर पूजा-आरती करवायी। सभी ने मिलकर पूजा-अर्चना और आरती की, और उस भक्तिमय क्षण का वर्णन करना कठिन है—पूरे वातावरण में एक अलग ही ऊर्जा और शान्ति का संचार हो चुका था। हल्की-हल्की धूप और मन्दिर की पवित्रता ने माहौल को और भी सौम्य और मधुर बना दिया।

आध्यात्मिक भाव से ओतप्रोत होकर हमने मन्दिर से प्रस्थान किया। बसें आ चुकी थीं, और हम सब उत्साह और श्रद्धा के साथ अपनी यात्रा पर निकल पड़े। हम बस में सबसे आगे बैठ गये, ताकि रास्ते के सुन्दर दृश्य अच्छे से देख सकें। ईश्वर का नाम लेकर यात्रा शुरू की, लेकिन वही हुआ जिसका अन्देशा था। सड़क मार्ग द्वारा सिंगापुर से मलेशिया जा रहे हों और वुडलैंड चेक पॉइंट के ट्रैफ़िक जाम में न फँसें, ऐसा भला कैसे हो सकता है! यात्रा की शुरुआत इस रोमांचक मोड़ के साथ हुई। क़रीब डेढ़-दो घण्टे के लम्बे जाम के बाद आख़िरकार हम कस्टम पार कर पाये। हालाँकि यह देरी थी, लेकिन उत्साह और नये अनुभवों के प्रति उत्सुकता ने इसे एक अलग ही अन्दाज़ में देखने पर मजबूर कर दिया।

सिंगापुर से क्वालालम्पुर की यात्रा लम्बी थी, इसलिए रास्ते में थोड़ी देर के लिए चाय-पानी के लिए एक स्थान पर रुके। यात्रा की थकान धीरे-धीरे महसूस होने लगी थी। आख़िरकार, हम थके-मांदे क्वालालम्पुर पहुँचे, निर्धारित समय से कुछ देरी हो गई थी। होटल में चेक-इन का काम सुचारु रूप से हुआ, क्योंकि सभी व्यवस्थाएँ पहले से की गयी थीं, जिससे ज़्यादा समय नहीं लगा। लेकिन उस वक़्त हमारा ध्यान केवल एक ही चीज़ पर था–भूख! लम्बे सफ़र के बाद पेट में चूहे कूद रहे थे। कमरे में सामान रखते ही हम तुरन्त रात्रि-भोज के लिए दौड़ पड़े। शुद्ध शाकाहारी भोजन की व्यवस्था थी, जिसने थकान मिटाने के साथ-साथ दिन का सुखद अन्त किया।

दूसरा दिन : क्वालालम्पुर

सुबह 8 बजे हमें होटल से चेक आउट करके यात्रा पर निकलना था, इसलिए जल्दी उठना पड़ा। थोड़ी देर होटल के कमरे की बालकनी में खड़े होकर प्रात:काल की अद्‌भुत छटा का आनन्द लिया–नीला आसमान, हल्की ठण्डी हवा मन को शान्ति प्रदान कर रही थीं। इसके बाद, जल्दी से तैयार होकर नाश्ते के लिए पहुँचे। मज़ेदार नाश्ता और गरमा-गरम कॉफ़ी पीने के पश्चात, हम पूरी तैयारी के साथ अपनी यात्रा के अगले चरण के लिए निकल पड़े। हमारे सामने मन्दिरों की एक लम्बी सूची थी, और हर एक के दर्शन की उत्सुकता मन में गहराई से बसी हुई थी। सर्वप्रथम पहुँचे क्वालालम्पुर के प्रसिद्ध श्रद्धा और आस्था के प्रतीक श्री लक्ष्मीनारायण मन्दिर में। श्री लक्ष्मीनारायण मन्दिर, क्वालालम्पुर का एक प्रसिद्ध हिन्दू मन्दिर है। यह मन्दिर हिन्दू धर्म के प्रमुख देवता भगवान विष्णु और उनकी पत्नी देवी लक्ष्मी को समर्पित है। इस मन्दिर का निर्माण पारम्परिक द्रविड़ शैली में किया गया है। मन्दिर में ख़ूबसूरत नक़्क़ाशी की गयी सुन्दर मूर्तियाँ हैं जो इसे और भी भव्य बनाती हैं। मन्दिर की बाहरी दीवारों पर धार्मिक कथाओं और देवी-देवताओं से जुड़ी मूर्तियाँ और दृश्य बनाये गये हैं, जो श्रद्धालुओं को आध्यात्मिकता का अनुभव कराते हैं। यहाँ हिन्दू धार्मिक त्योहारों जैसे दीपावली, नवरात्रि और रामनवमी के दौरान विशेष पूजा और अनुष्ठान आयोजित किये जाते हैं, जिनमें बड़ी संख्या में श्रद्धालु भाग लेते हैं। साथ ही, यह मन्दिर सामुदायिक सेवा में भी महत्त्वपूर्ण भूमिका निभाता है, जहाँ ग़रीबों और ज़रूरतमन्दों को सहायता प्रदान की जाती है। श्री लक्ष्मीनारायण मन्दिर क्वालालम्पुर के एक प्रमुख धार्मिक स्थल के रूप में न केवल आध्यात्मिक शान्ति प्रदान करता है, बल्कि भारतीय संस्कृति और वास्तुकला का सुन्दर संगम भी दिखाता है, जो इसे श्रद्धालुओं और पर्यटकों दोनों के लिए आकर्षण का केन्द्र बनाता है। श्री लक्ष्मीनारायण मन्दिर में पहुँचते ही एक विशेष सुकून और अपनत्व का अनुभव हुआ। सिंगापुर के श्री लक्ष्मीनारायण मन्दिर की ओर से मन्दिर में विशेष रूप से फल-फूल और पूजन सामग्री भेंट की गयी, जो इस यात्रा को और भी आध्यात्मिक बना गयी। पूजा-अर्चना के दौरान मन को शान्ति मिली, और पूरे वातावरण में दिव्यता का अनुभव हुआ। पूजा के बाद, सिंगापुर के मन्दिर के अध्यक्ष ने ससम्मान उन्हें भी सिंगापुर के मन्दिर में भी आने का निमन्त्रण दिया।

हमने मन्दिर के प्रांगण में एक बुजुर्ग जोड़े को देखा, जो मन्दिर की दीवार के पास बैठे हुए थे। मैंने उनसे बातचीत शुरू की। उन्होंने बताया कि वे मूल रूप से

तमिलनाडु के रहने वाले हैं और पिछले 30 सालों से मलेशिया में रह रहे हैं। उन्होंने बताया, "जब हम मलेशिया आये थे, तो हमारे पास कुछ भी नहीं था। इस मन्दिर ने विदेश में अपने देश का अहसास कराया। धीरे-धीरे हमारी ज़िन्दगी बेहतर होती गयी। अब यह मन्दिर हमारी श्रद्धा का केन्द्र है। हम हर शुक्रवार को यहाँ आते हैं और भगवान का धन्यवाद करते हैं।" उनकी कहानी ने मुझे प्रभावित किया।

वहाँ से सभी ने प्रसाद ग्रहण किया, और मन में शान्ति और सन्तोष लिए हम अपनी यात्रा के अगले पड़ाव, मुरुगन मन्दिर की ओर रवाना हो गये। मुरुगन मन्दिर पहुँचकर तो आँखें खुली की खुली रह गयीं! यह मन्दिर क्वालालम्पुर का एक प्रसिद्ध और प्रतिष्ठित हिन्दू मन्दिर है। यहाँ भगवान मुरुगन की विशाल मूर्ति है। यह मन्दिर भगवान मुरुगन (कार्तिकेय), जो युद्ध और विजय के देवता हैं, को समर्पित है। यह मन्दिर हिन्दू धर्म के तमिल श्रद्धालुओं के लिए विशेष महत्त्व रखता है। थाईपुसम नामक त्योहार के दौरान, श्रद्धालु काँवड़ लेकर मन्दिर की सीढ़ियाँ चढ़ते हैं और भगवान मुरुगन से आशीर्वाद प्राप्त करते हैं। मुरुगन मन्दिर की सबसे प्रसिद्ध विशेषता यह है कि यह बटु गुफाओं (Batu Caves) के परिसर में स्थित है। यह मन्दिर एक पहाड़ी के ऊपर बना हुआ है। बटु गुफाओं के प्रवेशद्वार पर भगवान मुरुगन की विश्व की सबसे ऊँची मूर्तियों में से एक स्थित है, जिसकी ऊँचाई लगभग 42.7 मीटर है। यह मूर्ति सोने की चमक से अलंकृत है और यह मन्दिर की प्रमुख पहचान है। इसे दूर से ही देखा जा सकता है, और यह श्रद्धालुओं को अपनी ओर आकर्षित करती है। बटु गुफाओं की प्राकृतिक संरचना, चट्टानों पर की गयी कलात्मक नक़्क़ाशी और मन्दिर के आस-पास के सुन्दर दृश्य इसे मलेशिया के सबसे प्रमुख पर्यटक स्थलों में से एक बनाते हैं। मन्दिर की विशालता और भव्यता का वर्णन करना वाकई कठिन था। कुछ क्षणों तक हम बस चारों ओर निहारते रहे—दायें-बायें, ऊपर-नीचे। मन्दिर की ऊँचाई और सामने दिख रही 272 सीढ़ियों को देखकर पसीने छूट रहे थे, लेकिन श्रद्धा और उत्साह में कोई कमी नहीं थी! दुर्भाग्य से, थोड़ी देर पहले बारिश हुई थी, जिससे सीढ़ियाँ गीली और फिसलन भरी हो गयी थीं, और इस वजह से चढ़ाई कुछ ज़्यादा कठिन लग रही थी। फिर भी, बच्चे और बड़े, सभी ने जयकारों के साथ सीढ़ियाँ चढ़ना शुरू कर दिया। बच्चे तो दौड़ते हुए आगे बढ़ रहे थे, जबकि कुछ लोग धीरे-धीरे, सँभलकर क़दम रख रहे थे। सीढ़ियाँ चढ़ते समय मैंने देखा कि यहाँ बड़ी संख्या में बन्दर घूम रहे थे। ये बन्दर वहाँ आने वाले श्रद्धालुओं से प्रसाद, पानी की बोतलें, और यहाँ तक कि

चिप्स के पैकेट तक झपट रहे थे। मैंने भी अपनी पानी की बोतल कसकर पकड़ ली। तभी एक बन्दर तेज़ी से मेरी ओर दौड़ा और मेरे हाथ से प्रसाद का थैला छीनने की कोशिश करने लगा। पहले तो मैं घबरा गयी, लेकिन फिर मैंने शान्ति से उसे थैला दे दिया। आसपास के स्थानीय लोग मुस्कुराकर कहने लगे, "यहाँ के बन्दर हमेशा मेहमानों का स्वागत करते हैं!"

चढ़ाई का अनुभव अनोखा था। चारों ओर फैली प्राकृतिक सुन्दरता, ऊँची चट्टानों की अद्वितीय संरचनाएँ, और मन्दिर का वातावरण–सब कुछ मनमोहक था। इस बीच, तस्वीरें खींचने का तो हम कोई मौक़ा नहीं छोड़ रहे थे! फिसलते-पड़ते, थकते-हारे, किसी तरह हम अन्ततः ऊपर पहुँचे। लेकिन जब मन्दिर में भगवान मुरुगन के दर्शन किये, तो सारी थकान मानो छूमन्तर हो गयी। ऊपर से चारों ओर फैली नैसर्गिक सुन्दरता अद्‌भुत थी-मानो धरती का स्वर्ग हो। हमने इस अद्वितीय क्षण को यादगार बनाने के लिए ख़ूब सारी तस्वीरें लीं। फिर, केले के पत्ते पर परोसे गये इडली, वड़ा और नारियल चटनी का स्वादिष्ट प्रसाद ग्रहण करके कुछ समय वहाँ बैठकर सुकून का अनुभव किया। अब जितनी सीढ़ियाँ चढ़ी थीं, उन्हें वापिस भी उतरना था, लेकिन दर्शन के बाद मन में सन्तोष इतना गहरा था कि उतराई उतनी कठिन नहीं लगी। नीचे आकर, सबने स्मृति चिह्न ख़रीदे और इस यादगार यात्रा की कुछ निशानियाँ अपने साथ ले लीं।

इसके बाद हमने दोपहर के भोजन का आनन्द लिया। समय बचाने के लिए हमने जल्दी से खाना खाया और वहीं से क़रीब 12-13 किलोमीटर दूर स्थित श्री थेंदयूथपानी मन्दिर की ओर रवाना हो गये। यह मन्दिर भी भगवान मुरुगन को समर्पित है और क्वालालम्पुर में तमिल समुदाय के लिए विशेष धार्मिक स्थल है। मन्दिर का प्रवेशद्वार रंग-बिरंगी और भव्य मूर्तियों से सजा है, जो विभिन्न देवी-देवताओं और धार्मिक पात्रों का सुन्दर प्रतिनिधित्व करती हैं। मन्दिर का गर्भगृह विशेष रूप से आकर्षक है, जहाँ भगवान मुरुगन की भव्य मूर्ति स्थापित है। यह मूर्ति श्रद्धालुओं के लिए अपार आस्था का केन्द्र है। थाईपुसम के अवसर पर इस मन्दिर से भक्तों की यात्रा आरम्भ होती है, जहाँ से वे कावड़ लेकर बटु गुफाओं तक पहुँचते हैं। इस अनोखी परम्परा के कारण श्री थेंदयूथपानी मन्दिर को तमिल समुदाय की धार्मिक और सांस्कृतिक धरोहर का प्रतीक माना जाता है। हमने हमेशा की तरह यहाँ भी ख़ूब सारी तस्वीरें लीं और उसके बाद हम क्वालालम्पुर के लिटिल इंडिया क्षेत्र में स्थित श्री शक्ति विनयागर मन्दिर पहुँचे। यह एक प्रसिद्ध हिन्दू मन्दिर है, जो भगवान

गणेश को समर्पित है। गणेश जी को भगवान शिव और पार्वती के पुत्र और ज्ञान, बुद्धि, और बाधा निवारण के देवता के रूप में पूजा जाता है। मन्दिर का प्रवेशद्वार एक आकर्षक और रंगीन गोपुरम से सजा है, जिसमें विभिन्न देवी-देवताओं और पौराणिक कथाओं से सम्बन्धित मूर्तियाँ हैं। गोपुरम के साथ ही, मन्दिर का गर्भगृह बहुत सुन्दर और शान्त है, जहाँ भगवान गणेश की प्रमुख प्रतिमा स्थापित है। यह प्रतिमा सजावटी आभूषणों, पुष्प मालाओं, और विशेष अलंकरणों से सजी होती है। लिटिल इंडिया में स्थित होने के कारण यह मन्दिर पर्यटकों के बीच भी लोकप्रिय है। मन्दिर में मेरी मुलाक़ात एक युवा व्यापारी से हुई, जो वहाँ नियमित रूप से पूजा करने आते थे। उन्होंने मुझे बताया कि कुछ साल पहले उनका कारोबार बुरी स्थिति में था। उन्होंने हर मंगलवार और शुक्रवार को इस मन्दिर में आकर भगवान गणेश की आराधना शुरू की। धीरे-धीरे उनकी स्थिति सुधरने लगी। उन्होंने मुस्कुराते हुए कहा, "यह सब बप्पा की कृपा है। मैंने यहाँ आकर सीखा कि समस्याओं से भागने के बजाय उनका समाधान ढूँढ़ने का प्रयास करना चाहिए। भगवान गणेश विघ्नहर्ता हैं, लेकिन वह हमें ख़ुद पर भरोसा करना भी सिखाते हैं।"

उसके बाद हमने अगले लोकप्रिय मन्दिर, श्री वीर हनुमान मन्दिर, की ओर रुख किया। श्री वीर हनुमान मन्दिर क्वालालम्पुर, का एक प्रमुख प्रसिद्ध हिन्दू मन्दिर है, जो भगवान हनुमान को समर्पित है। यह मन्दिर लिटिल इंडिया के ब्रिकफील्ड्स क्षेत्र में स्थित है। इस मन्दिर का वास्तुशिल्प द्रविड़ शैली में बना है, जिसमें आकर्षक नक़्क़ाशी और रंगीन मूर्तियाँ देखने को मिलती हैं। मुख्य द्वार पर भव्य गोपुरम सुसज्जित है, जिसमें हनुमान जी की मूर्तियाँ और पौराणिक दृश्य उकेरे गये हैं। भगवान हनुमान के प्रति भक्ति को प्रकट करने के लिए प्रतिमा को पुष्पों, चन्दन और आभूषणों से अलंकृत किया जाता है। जब हम मन्दिर पहुँचे, तो मुख्य द्वार पर बनी भगवान हनुमान की विशाल प्रतिमा ने मुझे प्रभावित किया। यह प्रतिमा हनुमान जी के वीर स्वरूप को दर्शाती थी, जिसमें उनका गदा और उनका आशीर्वाद देने वाला हाथ स्पष्ट रूप से दिख रहा था। मूर्ति को देखकर ऐसा लगा जैसे वह अपने भक्तों की सभी बाधाओं को दूर करने का वादा कर रहे हों। मन्दिर के अन्दर का वातावरण भक्तिमय था। चारों ओर सुन्दर तेल के दीपक जल रहे थे और हनुमान चालीसा के पाठ की गूँज हो रही थी। यहाँ भक्तों की ऐसी अपार भीड़ उमड़ी हुई थी कि मानो पाँव रखने की भी जगह न हो। हर ओर श्रद्धालुओं की भक्ति उमड़ रही थी। मन्दिर का माहौल बेहद प्रभावशाली था। दायें-बायें, ऊपर-नीचे, जहाँ भी नज़र जाती, वहाँ

हनुमान जी की एक से बढ़कर एक भव्य और अद्भुत प्रतिमाएँ देखने को मिल रही थीं। मन्दिर के गर्भगृह में भगवान हनुमान की सुन्दर और विशाल प्रतिमा स्थापित है। यह विशेष मूर्ति अपनी अनोखी विशेषता के लिए प्रसिद्ध है—यह मूर्ति उनकी संसार में सबसे लम्बी पूँछ वाली मूर्ति मानी जाती है, जो उनकी शक्ति और वीरता का प्रतीक है। इतना भव्य और इतनी आकर्षक एवं अनोखी मूर्तियों से सजा हुआ हनुमान मन्दिर पहले कभी नहीं देखा था। यदि आप हनुमान जी के प्रति गहरी आस्था रखते हैं और उनके मन्दिर के दिव्य दर्शन करना चाहते हैं, तो श्री वीर हनुमान मन्दिर की यात्रा अवश्य करें। यहाँ की भक्ति और आध्यात्मिक ऊर्जा एक अद्वितीय अनुभव है, जो मन को शान्ति और आत्मिक शक्ति प्रदान करता है। मन्दिर से बाहर निकलते समय मैंने भगवान हनुमान के चरणों में प्रणाम किया और वहाँ से प्रसाद के रूप में पवित्र जल, तिल के लड्डू, और हनुमान चालीसा की छोटी पुस्तिका प्राप्त की। इस मन्दिर में कुछ देर बिताकर हमने वहाँ की पवित्र और ऊर्जावान अनुभूति को आत्मसात किया, जो अद्भुत और अविस्मरणीय थी।

मन्दिर से निकलते समय मुझे ऐसा महसूस हुआ कि भगवान ने मेरे मन की सारी चिन्ताओं को हर लिया है। इसी तरह शाम ढलने लगी और समय हो गया रात्रि भोज का। दिनभर की हलचल और घूमने-फिरने के बाद भूख भी ज़ोर से लग रही थी। मन्दिर के पास ही एक रेस्तराँ में हमने दक्षिण भारतीय भोजन का भरपूर आनन्द लिया। इसके बाद शुरू हुआ सिटी टूर का सिलसिला। समय सीमित था, फिर भी हमने वहाँ का मशहूर ट्विन टावर देखा और कुछ ख़रीदारी भी की। आख़िर घूमने जायें और ख़रीदारी न करें, ऐसा हो ही नहीं सकता! इसके बाद हमने क्वालालम्पुर से ईपोह शहर की ओर अपनी यात्रा का रुख़ किया, जहाँ से अगले दिन हमारी मन्दिर यात्रा की शुरुआत होनी थी।

तीसरा दिन : ईपोह

एक और ख़ूबसूरत सुबह का आगाज़ हुआ। मन शान्त और पवित्र था। नाश्ता करने के बाद हम होटल से चेकआउट कर अपनी यात्रा के अगले पड़ाव की ओर रवाना हो गये। सबसे पहले हम ईपोह में स्थित भगवान श्रीकृष्ण को समर्पित सनातन धर्म श्री कृष्ण मन्दिर पहुँचे। यह मन्दिर हिन्दू धर्म और संस्कृति के संरक्षण और प्रचार का एक महत्त्वपूर्ण केन्द्र है, जहाँ भगवान श्रीकृष्ण के साथ-साथ अन्य देवी-देवताओं की भी पूजा-अर्चना की जाती है। मन्दिर में राधा-कृष्ण की सुन्दर और मनमोहक मूर्ति विराजमान है, जो श्रद्धालुओं को आध्यात्मिक शान्ति से भर देती है।

पारम्परिक हिन्दू वास्तुकला के अनुरूप बने इस मन्दिर में नक़्क़ाशीदार गुम्बद, शिखर और सुन्दर मूर्तियों की भव्यता देखने लायक है। मन्दिर का वातावरण पूर्णतः भक्तिमय और शान्तिपूर्ण था, जहाँ भक्तजन प्रार्थना, ध्यान और पूजा में मग्न थे। श्रीकृष्ण जन्माष्टमी, नवरात्रि, दीपावली जैसे प्रमुख हिन्दू त्योहारों पर यहाँ विशेष अनुष्ठान और कार्यक्रमों का आयोजन होता है, जो श्रद्धालुओं को विशेष आध्यात्मिक अनुभव प्रदान करते हैं। मन्दिर के भीतर प्रवेश करते ही भगवान श्रीकृष्ण की मूर्ति ने मुझे आकर्षित किया। मूर्ति को पीताम्बर धारण कर, मोरपंख मुकुट और बाँसुरी के साथ सजाया गया था। मूर्ति के चारों ओर दीपक जल रहे थे और पुष्पमालाएँ अर्पित की गयी थीं। मन्दिर में हमारा स्वागत बड़े अपनत्व और आदर के साथ हुआ, जिससे हमारे दिल को छू लेने वाली अनुभूति हुई। मन्दिर में मेरी मुलाक़ात एक वृद्ध महिला से हुई, जो वहाँ नियमित रूप से पूजा करती थीं। उन्होंने मुझे अपनी कहानी सुनाई। उन्होंने कहा, "जब मैं यहाँ पहली बार आयी थी, तब मैं अपने जीवन में एक कठिन दौर से गुज़र रही थी। मैंने श्रीकृष्ण से प्रार्थना की और यहाँ हर गुरुवार को दीपक जलाना शुरू किया। धीरे-धीरे मेरी परेशानियाँ कम होने लगीं। अब मैं यहाँ केवल अपनी आस्था के कारण नहीं, बल्कि भगवान के प्रति धन्यवाद देने के लिए आती हूँ।" उनकी आँखों में भक्ति का भाव देखकर मैं समझ गयी कि यह मन्दिर भक्तों के लिए केवल पूजा का स्थान नहीं, बल्कि आध्यात्मिक सुकून का केन्द्र भी है। मन्दिर में पूजा करने के साथ-साथ हमने इसके परिसर की भव्यता और आध्यात्मिक शान्ति का भी आनन्द लिया। परिसर में ही हनुमान जी की एक प्रतिमा भी स्थापित है। हमारे समूह में एक छोटी बच्ची भी थी, जो हमारे साथ पूजा में शामिल थी। जैसे ही पूजा चल रही थी, उस बच्ची ने धीरे-से हनुमान-चालीसा की पहली पंक्ति बोलनी शुरू की। फिर क्या था! पूरे 60-65 लोगों का समूह एक साथ पवित्र हनुमान-चालीसा का सस्वर पाठ करने लगा। उस भक्तिमय वातावरण की महिमा अद्वितीय थी, जिसने हम सभी को एक अनोखी आध्यात्मिक ऊर्जा से भर दिया। मन्दिर से बाहर निकलते समय मेरी नज़र बगीचे में लगे तुलसी के पौधों पर पड़ी। वहाँ उपस्थित पुजारी ने मुझे बताया कि ये पौधे भगवान श्रीकृष्ण की पूजा में उपयोग किये जाते हैं और इन्हें विशेष रूप से मन्दिर परिसर में उगाया जाता है। मैंने तुलसी का एक पत्ता लेकर अपने साथ रखा, जो मुझे इस पवित्र स्थल की याद दिलाता रहेगा। अन्त में, मन्दिर के प्रसाद का आनन्द लेने का अवसर मिला। प्रसाद में पंचामृत, फल, और मलेशियाई भारतीय समुदाय द्वारा तैयार किया गया विशेष

व्यंजन–पायसम (चावल और गुड़ से बना मीठा) शामिल था। प्रसाद में भक्ति और श्रद्धा की मिठास महसूस हुई।

इसके पश्चात हम एक और प्रमुख हिन्दू मन्दिर, श्री महा मरियम्मन मन्दिर गये जो कि देवी मरियम्मन को समर्पित है। देवी मरियम्मन को दक्षिण भारतीय संस्कृति में एक शक्ति देवी और बीमारी से रक्षा करने वाली देवी के रूप में पूजा जाता है। यह मन्दिर मलेशिया के तमिल समुदाय और अन्य हिन्दू भक्तों के लिए आस्था और सांस्कृतिक धरोहर का एक महत्त्वपूर्ण केन्द्र है। मन्दिर की वास्तुकला पारम्परिक द्रविड़ शैली में है, जिसमें सुन्दर नक़्क़ाशीदार गोपुरम और देवी-देवताओं की आकर्षक मूर्तियाँ हैं। प्रवेशद्वार पर कई रंग-बिरंगे चित्र और मूर्तियाँ देवी मरियम्मन और अन्य देवी-देवताओं की दिव्यता को दर्शाते हैं। मन्दिर का मुख्य गर्भगृह देवी मरियम्मन की प्रतिमा से सुशोभित है, जहाँ भक्तजन श्रद्धा और भक्ति के साथ प्रार्थना करते हैं। पुजारी ने मुझे कुमकुम और चन्दन का टीका लगाया और केले के पत्ते में प्रसाद दिया। वहाँ मुझे एक परिवार मिला जो तमिलनाडु से आया था। उन्होंने मुझे मन्दिर के आसपास की विशेषताओं और वहाँ के रीति-रिवाजों के बारे में बताया। यहाँ की भक्ति से भरी हुई और शान्तिपूर्ण वातावरण में हमने भी आध्यात्मिक शान्ति का अनुभव किया। देवी जी के दर्शन के पश्चात हम भगवान शिव को समर्पित शिव मन्दिर में गये। मन्दिर के मुख्य द्वार पर पहुँचते ही ॐ नमः शिवाय की ध्वनि कानों में गूँजने लगी। इस मन्दिर का विशेष महत्त्व उन हिन्दू श्रद्धालुओं के लिए है जो भगवान शिव के प्रति अपनी श्रद्धा व्यक्त करने के लिए यहाँ आते हैं। अपने छोटे आकार और साधारण स्वरूप के बावजूद, यह मन्दिर भक्तों के बीच अपनी आस्था और पवित्रता के लिए जाना जाता है। मन्दिर की स्थापत्य शैली में सादगी है, लेकिन शिवलिंग और भगवान शिव की अन्य प्रतिमाओं की उपस्थिति इसे विशेष बनाती है। यहाँ पर नियमित रूप से भक्तजन भगवान शिव की पूजा करते हैं और सोमवार के दिन विशेष पूजा-अर्चना होती है, जिसमें शिवलिंग पर जल और बेलपत्र अर्पित किये जाते हैं। मन्दिर में मेरी भेंट एक स्थानीय मलेशियाई भारतीय महिला से हुई, जो हर सोमवार को यहाँ पूजा करने आती थीं। उन्होंने मुझे बताया कि कुछ साल पहले उनके परिवार को एक कठिनाई का सामना करना पड़ा था। उन्होंने भगवान शिव से प्रार्थना की और पूरे महीने ॐ नमः शिवाय का जाप किया। उन्होंने मुस्कुराते हुए कहा, "मैंने महसूस किया कि भगवान शिव न केवल हमारी प्रार्थनाएँ सुनते हैं, बल्कि हमें मानसिक शक्ति भी देते हैं। उन्होंने मुझे धैर्य और साहस दिया, और मेरे

परिवार की समस्याएँ धीरे-धीरे हल हो गयीं।" मन्दिर से बाहर निकलते समय मैंने भगवान शिव के चरणों में प्रणाम किया और मन-ही-मन यह प्रार्थना की कि उनकी कृपा सदैव मेरे जीवन में बनी रहे। मन्दिर से लौटते समय मैंने महसूस किया कि भगवान शिव के इस पवित्र स्थल ने मुझे नयी ऊर्जा और शान्ति प्रदान की।

दोपहर हो चली थी। वैसे तो हर मन्दिर में प्रसाद ग्रहण करने के बाद भूख उतनी महसूस नहीं हो रही थी, लेकिन भोजन का समय था। इसलिए हम वहाँ से निकलकर सीधे 'एंडरसन क्लब करी हाउस' पहुँचे, जहाँ हमने स्वादिष्ट भोजन का आनन्द लिया। भोजन के पश्चात सीधा रुख़ किया अपने अगले पड़ाव की ओर, और पहुँचे महापरशक्ति पंचायम्मन मन्दिर में, जो कि एक प्रमुख हिन्दू मन्दिर है, जो देवी पंचायम्मन को समर्पित है। पंचायम्मन देवी को शक्ति और साहस की प्रतीक के रूप में पूजा जाता है, और उन्हें विभिन्न ग्राम देवियों के रूप में भी जाना जाता है। इस मन्दिर में देवी की पूजा के साथ-साथ ग्रामीण और तमिल संस्कृति का प्रभाव स्पष्ट रूप से दिखाई देता है। मन्दिर की वास्तुकला पारम्परिक शैली में है, जिसमें देवी की भव्य और आकर्षक मूर्ति मुख्य गर्भगृह में स्थापित है। भक्तजन विशेष रूप से शक्ति की देवी के रूप में पंचायम्मन से सुरक्षा, समृद्धि और अच्छे स्वास्थ्य की कामना के साथ आते हैं। यहाँ के वातावरण में भक्ति और शान्ति का अनुभव होता है, जहाँ लोग प्रार्थना, ध्यान और पूजा-अर्चना में लीन रहते हैं। महापरशक्ति पंचायम्मन मन्दिर न केवल धार्मिक दृष्टि से महत्त्वपूर्ण है, बल्कि यह समुदाय को एकजुट करने और भारतीय संस्कृति को सँजोने का भी एक प्रमुख केन्द्र है। मन्दिर के भव्य परिसर के अन्दर और बाहर हमने कई यादगार तस्वीरें लीं। मन्दिर के बाहर कुछ छोटी-छोटी दुकानें भी थीं, जहाँ से हमने कुछ स्मृति-चिह्न और अन्य आवश्यक वस्तुएँ ख़रीदीं, जो हमारी यात्रा को और भी ख़ास बना रही थीं।

देवी जी के दर्शन और आशीर्वाद प्राप्त करने के बाद अब कुछ घूमने-फिरने की बारी थी। हमने ईपोह के अन्य लोकप्रिय पर्यटन स्थलों में से रेनट्री जंक्शन लैज़र टूर का चयन किया, जो अपने मनोरंजक और आरामदायक माहौल के लिए जाना जाता है। वहाँ कई प्रकार की गतिविधियाँ, ख़रीदारी, खाने-पीने के विकल्प और मनोरंजन के साधन उपलब्ध थे। रेनट्री जंक्शन अपने ख़ूबसूरत वातावरण, हरियाली और आधुनिक सुविधाओं के लिए प्रसिद्ध है, जो इसे परिवारों, दोस्तों और सभी उम्र के लोगों के लिए एक आकर्षक स्थल बनाता है। रेनट्री जंक्शन शहर की आधुनिकता और प्रकृति का अनूठा मेल प्रस्तुत करता है। यहाँ स्थानीय हस्तशिल्प,

वस्त्र, और स्मृति-चिह्न की कई दुकानें हैं, जहाँ हमने कुछ दिलचस्प ख़रीदारी की। इसके अलावा, यहाँ अनेक कैफे और रेस्टोरेंट भी हैं, जो मलेशिया के स्थानीय और अन्तरराष्ट्रीय स्वादिष्ट व्यंजनों का आनन्द प्रदान करते हैं। रेनट्री जंक्शन में बिताया गया हर पल मुझे रोमांच और सुकून दोनों का अनुभव कराता रहा। वहाँ कुछ लोग कैम्पिंग के लिए तैयारियाँ कर रहे थे। मैंने महसूस किया कि रेनट्री जंक्शन का यह हिस्सा न केवल रोमांचक गतिविधियों के लिए, बल्कि परिवार और दोस्तों के साथ समय बिताने के लिए भी एक आदर्श स्थान है। यह जगह हर उम्र के लोगों के लिए एक अद्भुत डेस्टिनेशन है। जैसे ही दिन ढलने लगा, हमने वहीं पर रात्रिभोज का आनन्द लिया और फिर ईपोह से विदा लेकर अपनी यात्रा का रुख़ ताइपिंग की ओर किया।

चौथा दिन : ताइपिंग

एक और ख़ूबसूरत सुबह, और हमारी यात्रा का अन्तिम दिन भी आ पहुँचा! सुबह-सुबह तैयार होकर नाश्ता किया, होटल से चेक-आउट किया, और नये उत्साह के साथ अपनी यात्रा के लिए रवाना हो गये। सबसे पहले हम ताइपिंग शहर की ओर गये, जहाँ शहर की कुछ प्रसिद्ध दुकानों से स्थानीय स्वादिष्ट खाने-पीने के सामान की ख़रीदारी की, जो यहाँ की विशेषता है। इसके बाद हमारी अगली मं ज़िल थी श्री सुब्रमण्यियर हिल मन्दिर, जहाँ पहुँचकर हमने भक्तिपूर्ण वातावरण का अनुभव किया और देवता के दर्शन किये। श्री सुब्रमण्यियर हिल मन्दिर ताइपिंग का एक पवित्र और लोकप्रिय हिन्दू मन्दिर है, जो भगवान मुरुगन को समर्पित है। यह मन्दिर ताइपिंग की पहाड़ियों पर स्थित है, जिससे यहाँ का वातावरण भक्तिमय और प्राकृतिक सुन्दरता से भरपूर है। मन्दिर तक पहुँचने के लिए भक्तों को सीढ़ियाँ चढ़नी होती हैं, और इस मार्ग में पहाड़ी दृश्य और हरे-भरे पेड़ यात्रा को और भी आनन्दमय बना देते हैं। श्री सुब्रमण्यियर हिल मन्दिर में विशेष रूप से थाईपूसम पर्व के दौरान भक्तों की भारी भीड़ उमड़ती है। थाईपूसम के अवसर पर भक्त कावड़ यात्रा करते हैं और भगवान मुरुगन के प्रति अपनी श्रद्धा व्यक्त करते हैं। इस दौरान कई भक्त कठिन व्रत का पालन करते हैं और पैदल चलकर मन्दिर तक पहुँचते हैं।

यहाँ की नैसर्गिक सुन्दरता मन को मोह रही थी। हम पहाड़ी चढ़ाई को रुक-रुककर, ठहर-ठहरकर पूरा कर रहे थे। चारों ओर बिछी हरी-भरी वादियाँ और ऊँचाई से दिखते दृश्य अद्वितीय थे, मानो हर मोड़ पर प्रकृति का नया रूप खुल रहा हो। यह स्थान तस्वीरें लेने के लिए भी अत्यन्त सुन्दर था; हर कोण से एक अलग

ही दृश्य उभरता था। सभी लोग आनन्दित होकर, मस्ती में सराबोर होते हुए ऊपर चढ़ रहे थे। मन्दिर में दर्शन करने के बाद ऐसा लगा जैसे पूरी यात्रा का सार मिल गया हो। सारी थकान मानो ग़ायब हो चुकी थी। सौभाग्यवश उस समय मन्दिर में विशेष आरती का आयोजन किया गया था। पुजारियों ने भगवान मुरुगन को दूध और पंचामृत से स्नान कराया और भजन-कीर्तन के साथ आरती की। पूरे मन्दिर परिसर में 'वेल वेल मुरुगन'; के जयकारे गूँज उठे। यह अनुभव बेहद दिव्य और आत्मा को छू लेने वाला था। मन्दिर से लौटते समय मैंने भगवान मुरुगन से मन-ही-मन प्रार्थना की और वहाँ से पवित्र भस्म और वेल का छोटा प्रतीक (स्मृति चिह्न) अपने साथ लायी। यहाँ की प्राकृतिक सुन्दरता और आध्यात्मिक ऊर्जा का अद्‌भुत संगम एक अनोखा अनुभव दे रहा था।

अब हमारी यात्रा अपने अन्तिम चरण में थी, और भोजन का समय हो चुका था। हम सभी ने दोपहर के स्वादिष्ट भोजन का आनन्द लिया और फिर सिंगापुर की ओर रुख़ किया। मार्ग थोड़ा लम्बा था, इसलिए रास्ते में 1-2 स्थानों पर चाय-पानी के लिए थोड़ी देर रुककर विश्राम किया, फिर आगे बढ़ते गये। जैसे-जैसे हम वापसी के लिए बढ़ रहे थे, ऐसा लगा मानो यहाँ से केवल बाहर निकल रहे हों, लेकिन दिल के किसी कोने में इस यात्रा की अनमोल यादें हमेशा के लिए बस गयी हों। वापसी पर मन में एक हल्की उदासी भी छायी हुई थी। बस के सफ़र के दौरान सभी के साथ एक अपनापन सा हो गया था, और अब उनसे बिछड़ने का समय आ गया था। यह यात्रा केवल सुन्दर दृश्यों और नयी जगहों का अनुभव ही नहीं, बल्कि नयी दोस्तियों और यादों का ख़ज़ाना भी थी। मन में एक अनोखी शान्ति और सन्तोष का अनुभव हो रहा था। आध्यात्मिक ऊर्जा का असर अब तक हमारे मन-मस्तिष्क पर छाया हुआ था। मन्दिरों के दर्शन और पूजा-अर्चना के बाद एक नयी ऊर्जा का संचार महसूस हो रहा था, जैसे यहाँ की पवित्रता ने सभी चिन्ताओं को धो दिया हो। मन में एक अद्‌भुत कृतज्ञता का भाव उमड़ रहा था। यह यात्रा न केवल आध्यात्मिक रूप से समृद्ध थी, बल्कि जीवन के कुछ अविस्मरणीय पलों को समेटने का अवसर भी थी।

✍ डॉ. प्रतिभा गर्ग

कंगारुओं का देश ऑस्ट्रेलिया

इस बार सिंगापुर की उमस और गर्मी से निज़ात पाने के लिए हमने कंगारुओं के देश ऑस्ट्रेलिया का भ्रमण करने का प्रोग्राम बनाया। बच्चों की अक्टूबर की छुट्टियाँ जैसे ही शुरू हुईं हम सभी ने अपने बैग पैक किये और चांगी एयरपोर्ट से सिंगापुर एयरलाइन्स की सिडनी तक की उड़ान भरी। बच्चे बहुत उत्साहित थे इसलिए सात घण्टे 50 मिनट का सफ़र खाते-पीते, मूवी देखते और सोते हुए कैसे बीत गया पता ही नहीं चला। फ्लाइट की सिडनी एयरपोर्ट पर लैंडिंग की उद्घोषणा सुनकर मैंने जैसे ही बाहर झाँका, ख़ूबसूरत सफ़ेद सीप-सा सिडनी ओपेरा हाउस और हार्बर ब्रिज चमकते हुए दिखने लगे और मेरे उत्साह को द्विगुणित कर दिया। ओपेरा हाउस को मैंने कैमरे में क़ैद कर लिया और इस दृश्य को देखते ही सारी थकान ग़ायब हो गयी।

सिडनी किंग्सफोर्ड स्मिथ एयरपोर्ट पहुँचकर हमने टैक्सी ली और अपने होटल के लिए प्रस्थान किया जो सिडनी बिज़नेस डिस्ट्रिक्ट में स्थित, पहले से आरक्षित करवा रखा था। होटल रिसेप्शन से रूम का कार्ड ले हम कुछ आराम कर फिर तैयार हो खाने के लिए बाहर निकल गये। बाहर का तापमान कम था तो हम सभी ने जैकेट डाल ली। हम सिडनी हार्बर ब्रिज की ओर निकल पड़े जो हमारे होटल से 15 मिनट के ड्राइव पर था। जैसे ही मैंने पहला दृश्य क़रीब से देखा तो मैं ओपेरा हाउस और बन्दरगाह पुल को बस एकटक देखती ही रह गयी। अद्भुत दृश्य सामने से तैरते क्रूज आसमान की नीली स्पष्ट छटा और गुलाबी सी ठण्ड पूरे अनुभव को और भी मनोरम और आनन्ददायी बना रही थी। ठण्डी हवा का अहसास और सुन्दर अलौकिक नज़ारा जैसे सोने पे सुहागा। बस फिर क्या था हमने शाम तक वहीं समय बिताया और पूरा ब्रिज पैदल ही घूमा। यह सिडनी बन्दरगाह पर बना इस्पात का चाप के आकार का पुल है जिस पर हर तरह का यातायात जैसे रेल, वाहन, साइकिल और पैदल यात्री, सभी के लिए पर्याप्त जगह है। और इस पुल के नीचे

टूरिस्ट क्रूज से लेकर लोकल क्रूज और डाइनर क्रूज भी लगातार चलते हैं। यह हार्बर पुल ऑस्ट्रेलिया की गौरवशाली विरासत का प्रतीक है। इस पुल को इसके डिज़ाइन के कारण 'द कोट हैंगर' भी कहा जाता है। सच में इस विराट ब्रिज को देखकर मन रोमांच और विस्मय से भर गया। यह इंजीनियरिंग का एक उत्कृष्ट निर्माण है। गिनीज़ विश्व रिकार्ड्स के अनुसार, यह विश्व का सबसे चौड़ा लम्बे फैलाव वाला पुल है। यहाँ देर शाम तक घूमने के बाद हम ओपेरा हाउस की तरफ़ चल पड़े। ऑस्ट्रेलिया में सब दुकानें मॉल आदि शाम 5 बजे तक ही खुलते हैं। अँधेरा होने पर ओपेरा हाउस लाइट्स के कारण और चमकने लगा, एक तरफ़ यह विहंगम विराट ब्रिज और दूसरी तरफ़ सफ़ेद टाइल्स से चमकता सफ़ेद कमल की पंखुड़ी सा खिला ओपेरा हाउस हृदय को रोमांचित करता रहा।

ठण्ड बढ़ गयी वहीं एक शॉप से हॉट कैपेचीनो और हॉट चॉकलेट लिया। पास ही एक होमलेस व्यक्ति बैठा था जो बड़ी आस से हमें देख रहा था, ठण्डी सर्द हवा थी, मन में आया इसको भी एक हॉट कॉफ़ी ख़रीद के पकड़ा दूँ। बस मैंने उसके लिए भी एक कॉफ़ी ली और उसे पकड़ा दी। उसने जैसे विस्मित आँखों से देख कुछ आशीर्वाद दिया। एक आन्तरिक सुखद अनुभूति हुई जैसे प्रभु आशीर्वाद दे रहे हों। रात को वहीं पास में एक इटैलियन रेस्टोरेंट में डिनर कर हम वापस होटल पहुँचे। सभी थक चुके थे बच्चे लेटते ही नींद की आग़ोश में जा पहुँचे।

सूरज की पहली किरण से मेरी आँख खुली, आज ओपेरा हाउस में हमारा गाइडेड टूर पहले से ही आरक्षित था। मेरा ओपेरा हाउस को अन्दर से देखने का सपना सच होने वाला था। हम सब उठकर तैयार हुए और होटल में ब्रेकफास्ट के बाद सीधे ओपेरा हाउस के निश्चित स्थल पर पहुँच गये जहाँ 11 बजे टूर गाइड का इन्तज़ार करने लगे। टूर गाइड अपनी असिस्टेंट के साथ ठीक समय पर आ गया और उसने पूरे टूरिस्ट दल को हेडफ़ोन दिये जिससे हम सभी उनकी बातों और जानकारी को ध्यान से सुन सकें। सच में ओपेरा हाउस 20वीं सदी का एक बेहतरीन वास्तुशिल्प और संरचनात्मक डिजाइन का अद्‌भुत नमूना है जो रचनात्मकता और नवीनता के कई पहलुओं को एक साथ लाता है। इसके वास्तुकार प्रसिद्ध डैनिश आर्किटेक्ट जॉर्न उत्जॉन थे। सिडनी ओपेरा हाउस पर 14 सीपियाँ हैं। वे समुद्री सीपों के आकार और सिडनी शहर और सिडनी हार्बर के समुद्री इतिहास से प्रेरित थीं। इसका 1 घण्टे का पैदल दौरा था जिसमें उसके मेन हॉल और सीटिंग टेक्नीक और स्टेज पर तरह-तरह के लाइट और साउंड सिस्टम की विस्तारित जानकारी मिली।

अन्दर का हॉल बहुत विशाल और शाही लग रहा था। कुर्सियाँ भी ख़ास लकड़ी की बनी थीं जो साउंड को अब्सोर्ब करती हैं और तरह-तरह के लाइट और स्पीकर सिस्टम स्टेज के ऊपर लगे थे जो हर शो के अनुरूप बदले या बढ़ाये-घटाये जा सकते हैं। ओपेरा हाउस टूर में समूह का आकार लगभग 12 रखा गया है और आप वास्तुकार जोर्न उत्ज़ोन, नाटकों और संघर्षों, तब की बड़ी निर्माण चुनौतियों, उस समय सिडनी की जनता की प्रतिक्रिया और यूनेस्को सूचीबद्ध लैंडमार्क की अन्तिम विजय के बारे में सभी आकर्षक कहानियाँ पता चलती हैं। ओपेरा हाउस के बाहर की टाइल्स भी विशिष्ट हैं जिनका आयात स्वीडन से हुआ और इसकी हर टाइल पर उसका साल और कम्पनी व देश का नाम अंकित है। हमने बहुत-सी तस्वीरें लीं। इसमें 2,679 सीटों वाला कॉन्सर्ट हॉल, जिसमें सिम्फनी संगीत समारोहों, और लाइव म्यूज़िकल शो का आयोजन होता है। इसके शिल्प को जितना देखो उतना ही ये आपको अपनी ओर और आकर्षित करता है। अनगिनत तस्वीरों के बाद भी मन का एक कोना वहीं रह गया। फिर बाहर निकल बहुत से कैफ़े, रेस्टोरेंट, खुदरा शॉप्स थीं उन्हें घूमा कुछ ख़रीदारी भी की। ओपेरा हाउस के ही रेस्टोरेंट में बाहर बैठ के लंच और ड्रिंक्स का आनन्द उठाया। बाद में जब बाहर निकलने लगे तो उसी होमलेस व्यक्ति ने जो वहीं रहता है मुझे प्यार से बुला के सिडनी ओपेरा हाउस का एक सुन्दर मोमेंटो तोहफ़े के रूप में दिया। उनका उदार हृदय देखकर मन अभिभूत हो गया और मानवीय संवेदनाओं की उत्कृष्टता देखने को मिली। यह मेरे लिए अमूल्य अहसास था। शाम को सिडनी के मेन स्ट्रीट्स को ट्रैम्स द्वारा घूमा जो मुझे बहुत सुविधाजनक लगा और साथ ही वहाँ की स्थानीय सुन्दर इमारतों, प्रसिद्ध स्ट्रीट्स और चर्च आदि घूमे। यह शहर बहुत जीवन्त, आधुनिकता और रचनात्मकता का उत्तम संगम है। महँगाई कुल मिलाकर सिंगापुर जैसी ही लगी किन्तु खाना-पीना शायद थोड़ा उच्च स्तर पर था।

तीसरे दिन का प्रोग्राम था ऑस्ट्रेलिया के पूर्वी न्यू साउथ वेल्स में स्थित ब्लू माउंटेन जो कि बहुत लोकप्रिय पर्यटक स्थल है। ये पहाड़ प्राचीन हैं, इनकी चट्टानें लगभग 470 मिलियन वर्ष पुरानी हैं। ब्लू माउंटेन असल में एक नेशनल पार्क का हिस्सा है। हम सभी सुबह तड़के 6:15 बजे ही एक प्राइवेट टूर द्वारा 20 सीटर वैन में ब्लू माउंटेन और थ्री सिस्टर्स के टूर पर निकल गये। इसे ब्लू माउंटेन इसलिए कहते हैं क्योंकि क्षेत्र के चारों ओर विशिष्ट नीलगिरी के पेड़ों के कारण उसके तेल के कणों से हवा में नीले धुन्ध की परत फैल जाती है। इसकी चट्टानें, हरी-भरी घाटियाँ

और जगमगाते झरने यात्रियों, प्रकृति प्रेमियों और फ़ोटोग्राफ़रों के लिए एक स्वर्ग प्रदान करता प्रतीत हुआ। न्यू साउथ वेल्स के ब्लू माउंटेन के ही रास्ते में प्रतिष्ठित थ्री सिस्टर्स देख मन रोमांचित हो उठा। ये रॉक फॉर्मेशन है जो हवा और पानी द्वारा ब्लू माउंटेन के नरम बलुआ पत्थरों के टूटने से थ्री सिस्टर्स का निर्माण हुआ। एक स्थानीय किंवदन्ती के अनुसार, एक समय में यहाँ तीन ख़ूबसूरत बहनें थीं जिनका नाम मेहनी, विमला और गुनेडू था। बहनों को पड़ोसी जनजाति के तीन भाइयों से प्यार हो गया–ऐसा कुछ जो आदिवासी क़ानून के तहत निषिद्ध था। उन्हें बचाने के लिए वहाँ के एक स्थानीय डॉक्टर ने उन्हें जादू से पर्वतों में तब्दील कर दिया किन्तु दोनों ओर के पक्षों को ये बात मंज़ूर नहीं हुई और युद्ध छिड़ गया, जिसमें यह डॉक्टर मारा गया और ये तीनों बहनें तब से ऐसे ही तीन पर्वत शृंखलाएँ बनकर खड़ी हैं। हमारी वैन लेउरा, वेंटवर्थ फॉल्स और ग्लेनब्रुक इस इलाक़े के क्षेत्रीय गाँव से होकर गुज़री। लेउरा बहुत ज़्यादा सुन्दर लगा, साथ सुन्दर सड़कें, पहाड़ियों पर और सभी ओर सुन्दर गुलाबी और नारंगी फूलों से ढके वृक्षों ने मेरा मन मोह लिया। ऐसा लग रहा था किसी स्वर्ग में फूलों के बिछे गलीचे पर घूम रहें हों।

अगला गन्तव्य था ब्लू माउंटेन का सीनिक वर्ल्ड, यह दुनिया की सबसे खड़ी रेलवे है, जिसका इस्तेमाल मूल रूप से 1878 में खनन के लिए किया गया था। ब्लू माउंटेन के किनारे स्थित ये गुफाएँ एक अनूठा अनुभव प्रदान करती हैं और इस क्षेत्र के प्राकृतिक और सांस्कृतिक महत्त्व में योगदान देती हैं। यहाँ पहुँचने के तीन स्टेजस थे, पहले एक घाटी को पार करने के लिए हमने केबल कार रोपवे का प्रयोग किया, जो पारदर्शी और बहुत बड़ी केबल रोप वे थी जिसमें एक साथ 100 लोग जा सकते हैं। इसमें खड़े होकर जाना और गहरी घाटियों को देखना बहुत ज़्यादा रोमांचकारी था। एक छोटी-सी बच्ची इतने लोगों के बीच वादियों का मज़ा नहीं ले पा रही थी, जब मैंने ये देखा तो उससे पूछा, क्या हुआ, "व्हाय आर यू सैड?" उसने कहा मैं वैली झरने और नज़ारे नहीं देख पा रही तो मैंने उसे अपनी गोदी में उठा लिया और सब उस पारदर्शी केबल कार से दिखाया तो वो बच्ची 'स्टेफ़नी' बहुत ख़ुश हो गयी। उसने अपने मम्मी-पापा से कहा, "शी इस वैरी नाइस, शी हेल्पेड मी सी द ब्यूटीफुल व्यू" उसकी माँ हेनरी ने मुझे बहुत धन्यवाद किया और कहा नाउ वी आर लाइक थ्री सिस्टर्स फ्रॉम ब्रिसबेन एंड सिंगापुर। मुझे बहुत ख़ुशी हुई कि एक छोटी सी मदद के बदले एक अच्छे परिवार से दोस्ती हो गयी। उन्होंने हमें अपने घर आने के लिए भी आमन्त्रित किया इस तरह एक नयी दोस्ती का तार यूँ मिनटों में जुड़ गया। फिर दुनिया की सबसे स्टीप रेलवे में बैठे जिसका एंगल बहुत

स्टीप 45 डिग्री की ढलान पर था। ऐसा लगा जैसे सीधा नीचे ही गिरेंगे किन्तु इसमें बैठना एक रोलर कोस्टर राइड जैसा रोमांचकारी था। वहाँ भी हम सब साथ में बैठे और मिलकर एडवेंचर्स राइड का लुत्फ़ लिया। वहाँ से पैदल जंगल को घूमते हुए हम वापस केबल रोप वे से वापस आ गये। इस तरह ब्लू माउंटेन का सफ़र नयी अनुभूतियों और दोस्ती से भरा एक यादगार दिन बन गया।

रास्ते में एक जगह हमें यूकेलिप्टस के पेड़ पर कोआला भालू भी दिखाई दिया जो बड़े मज़े से पेड़ की शाखा को पकड़कर सो रहा था, इसे देख सभी ख़ुश हो गये। लौटते समय एक छोटे-से ज़ू में हमने कंगारुओं को गाजर खिलायी। कंगारुओं को छलाँग लगाते देख और उनके पेट के पाउच में एक बेबी कंगारू जो झाँक के देख रहा था, मैंने पहले सिर्फ़ चित्रों में देखा था, किन्तु जब साक्षात् देखा तो इसका आनन्द अविस्मरणीय था।

अगले दिन सुबह सिडनी के विश्व प्रसिद्ध क्रिकेट ग्राउंड का टूर था। आज सबसे ज़्यादा उत्साहित मेरे पतिदेव थे क्योंकि क्रिकेट से उनको विशेष जुड़ाव है और यह उनका पसन्दीदा खेल भी है। एससीजी टूर 90 मिनट का निर्देशित पैदल दौरा है जो आपको ऐतिहासिक सिडनी क्रिकेट ग्राउंड एससीजी संग्रहालय के पीछे के दृश्यों से रूबरू कराता है। यहाँ 45,000 दर्शक एक साथ बैठकर मैच का आनन्द उठाते हैं।

हमें गाइड ने जो वहाँ के क्रिकेट बोर्ड क्लब के बुजुर्ग मेम्बर भी हैं वहाँ के क्रिकेट खिलाड़ियों और सचिन तेंदुलकर के बारे में बहुत-सी दिलचस्प बातें बतायीं। उनके चेजिंग रूम, डाइनिंग एरिया, आदि घुमाये और साथ ही उनकी ट्रेनिंग और मेडिकल फेसिलिटीज़ का भी दौरा करवाया। बहुत से अनगिनत क्रिकेट रिकॉर्ड्स जो इस ग्राउंड पर दर्ज हैं उनके बारे में विस्तार से बताया। हमने ढेर सारी फ़ोटो खींचीं और एससीजी घूमकर गौरवान्वित महसूस किया जहाँ विश्व के नामचीन खिलाड़ी खेलते और बैठते हैं आज हम वहाँ मौजूद थे। सच यह अनुभव अमिट अनुपम था। यहाँ घूमने के बाद हम चल पड़े प्राकृतिक सुन्दरता, जीवन्त वातावरण और सर्फ़ संस्कृति के लिए प्रख्यात सिडनी का 'बॉन्डी बीच'। बॉन्डी बीच सिडनी का सबसे लोकप्रिय पर्यटन स्थल रहा है। इसकी स्वच्छ सफ़ेद नरम सुनहरी रेत, पास के कैफ़े, रेस्तराँ और दुकानों पर्यटकों को आकर्षित करने के लिए पर्याप्त हैं। यह बीच सर्फिंग के लिए बहुत लोकप्रिय है, हमने भी बीच पर बैठ के वहाँ के प्राकृतिक सौन्दर्य को अपनी आँखों में समेटने का पूर्ण प्रयास किया और लंच में पास ही एक मेडिटरेनियन रेस्टोरेंट में लज़ीज़ फ़लाफल और अन्य व्यंजनों का आनन्द उठाया।

शाम के समय हम डार्लिंग हार्बर घूमने गये। डार्लिंग हार्बर सिडनी हार्बर ब्रिज के पश्चिम में जलमार्ग है। यह बन्दरगाह का एक छोटा हिस्सा है (मुख्य बन्दरगाह की तुलना में) और इसका उपयोग शहर के पास भण्डारण और व्यापार के लिए किया जाता था।

अगले दिन का कार्यक्रम था न्यू साउथ वेल्स जेर्विस बे के पास एक डॉलफिन वॉचिंग क्रूस की सैर। ये लगभग 2 घण्टे का सफ़र रहा, अपर डेक पर बैठकर इसका लुत्फ़ उठाया, डॉलफिन तो नहीं दिखीं थोड़ी मायूसी हुई किन्तु क्रूज का सफ़र अत्यन्त मनोरम था। फिर कुछ आधे घण्टे की दूरी पर हम पहुँचे जेर्विस बे स्थित 'हयाम बीच' जो सिडनी से साउथ की तरफ़ 180 किमी दूर है–विश्व के सबसे सफ़ेद सैंड बीच में इसका रिकॉर्ड दर्ज है। सच में बहुत ही अद्भुत समुद्र का किनारा सफ़ेद क्वार्ट्ज़ की बिछी मुलायम रेत और एकदम स्वच्छ नीला टर्कॉइज़ पानी दिल के अन्तर्मन को सुकून दे रहा था। फिर हम चल दिये कंगारुओं वाले 'कोव बीच' पर जहाँ हमारा स्वागत किया कंगारुओं ने। वो पालतू न होकर भी आक्रामक नहीं थे सभी से बड़े प्यार से मिल रहे थे। रास्ते में लौटते वक़्त हम रुके न्यू साउथ वेल्स कियामा ब्लो होल्स पर। यह विश्व के सबसे बड़े और प्रसिद्ध ब्लो होल्स हैं जो समुद्र की पास बनी चट्टानों के बीच में बनी गैप के कारण एक सुरंग नुमा आकार ले लेते हैं और जब समुद्र की लहरे तेज़ी से आती हैं तो पानी के एकत्र होने पर एक बड़ा-सा पानी का फव्वारा उछलकर ऊँचाई तक जाता है। मैंने पहली बार ऐसा दृश्य देखा जो सचमुच अद्भुत अविस्मरणीय था। इस तरह हमारा सिडनी का सफ़र बहुत आनन्दमय, रोमांचकारी और ज्ञानवर्धन से भरपूर रहा। सिडनी में बहुत-सी नयी चीज़ें और विश्व कीर्तिमान स्थापित जगहों को देखने का स्वर्णिम सफ़र रहा। अगले दिन हम सिडनी से मेलबर्न की फ्लाइट पकड़ने के लिए सिडनी हवाई अड्डे पहुँच गये। वहाँ सब चेक इन करने के बाद हमने जेट स्टार की फ्लाइट से मेलबर्न के लिए उड़ान भरी जो मात्र 1 घण्टे 30 मिनट की थी।

यह ऑस्ट्रेलिया का ज़्यादा ठण्डा शहर है जो देश के दक्षिणी तट पर स्थित है। यह ऑस्ट्रेलिया के विक्टोरिया राज्य की राजधानी है। ऑस्ट्रेलिया का सांस्कृतिक संगम और वास्तुकला का अद्भुत शहर है 'मेलबर्न'। आपको इस शहर में कला, संगीत और अद्भुत खाने का अनुभव मिलता है। सबसे बड़ी बात मुझे यहाँ जितने भी लोग मिले उनसे बातें करने पर वो मुझे अधिक सन्तुष्ट, एक ठहराव और अपनी जीवनशैली से अत्यधिक ख़ुश नज़र आये। इसके डाउंटाउन ने मुझे न्यूयॉर्क की याद दिला दी। यह मॉडर्न और पारम्परिकता का पुट लिए अनुपम मिश्रण लगा मेलबर्न

शहर। पहले दिन तो डाउंटाउन में स्थित पाँच सितारा व्यद्यम होटल के प्रीमियम 2 कमरे वाले होम स्टे स्वीट में हमने बुकिंग आरक्षित करं रखी थी। वहाँ घुसते ही घर का सा अहसास हुआ। एक अच्छी-सी मॉडर्न किचन, दो सुन्दर आरामदायक कमरे, पेंटिंग्स और बड़ा-सा लिविंग रूम घर का अनुभव दे रहे थे। सभी उपकरण और सुविधाओं के रहते वहाँ की सुन्दर किचन में घर वाली गर्म चाय बनायी और बालकनी में बैठकर उसका लुत्फ़ उठाया फिर तैयार होकर खाने के लिए शहर में घूमने निकल गये। वहाँ एक पंजाबी रेस्टोरेंट दिखा जहाँ बहुत दिनों बाद छोले-भटूरे और मक्के की रोटी व साग खाके हृदय आनन्दित हो गया। बाद में इलायची की चाय ने अपने भारत की याद दिला दी। ऑस्ट्रेलिया में सभी जगह दुकानें मॉल सिर्फ़ 5 बजे तक ही खुलते हैं यह बात कुछ अखरी क्योंकि ख़रीदारी के लिए, कम समय मिला पर यह यहाँ की जीवनशैली है। इसलिए जल्दी-जल्दी ही पर सभी के लिए उनकी मनपसन्द चीज़ें ख़रीदीं। अगले दिन हम वहाँ के प्रसिद्ध ग्रेट ओशन रोड के ट्रिप पर सुबह तड़के ही निकल गये। जहाँ एक ओर विस्तृत नीला समुन्दर और दूसरी ओर पहाड़ी वादियाँ और यूकेलिप्टस के पेड़ों ने वहाँ के दृश्य व अनुभव को अलौकिक बना दिया। ग्रेट ओशन रोड ऑस्ट्रेलिया के दक्षिणी पूर्व तट के साथ-साथ चलता है। 240 कि.मी. लम्बा ऑस्ट्रेलियाई राष्ट्रीय विरासत के रूप में यह रोड विशेष पहचान रखती है। घुमावदार और चूना पत्थरों के ढेरों के बीच से गुज़रता हुआ ग्रेट ओशन रोड वास्तव में प्राकृतिक सौन्दर्य की ऐसी दृश्यात्मक अभिव्यक्ति है जिसको बार-बार निहारने का मन करता है। इसके सर्पनुमा तीखे मोड़, हरे-भरे पेड़ और इसके साथ ही समुद्र का सुन्दर किनारा उस पर हिलोरें लेती हुई सागर की लहरें हरेक पर्यटक को अपनी ओर आकर्षित कर रही थीं। हम भी नयनाभिराम दृश्यों को देखकर मोहित हो रहे थे।

फिर टूर गाइड ने मिनी बस को एक ऐसे स्पॉट पे रोका जहाँ से लाइम स्टोन के ये 12 अपोस्टल्स समुद्र के किनारे दिखाई दे रहे थे। ये लाइम स्टोन की टीले नुमा चट्टानें थीं जो वक़्त के साथ वहाँ बन गयी थीं। इन अद्भुत आकृति को देखना, एकदम अलग अनुभव है। यहाँ काफ़ी पर्यटक इसे देखने आते हैं और हमने भी ख़ूब आनन्द लिया और बहुत-सी यादगार तस्वीरें भी। यह पूरा रास्ता ही अत्यन्त नैसर्गिक और अलौकिक था और मैं इसकी प्राकृतिक सुन्दरता में डूब चुकी थी।

पफिंग बिली ऑस्ट्रेलिया की पसन्दीदा स्टीम ट्रेन है और दुनिया में सबसे बेहतरीन संरक्षित स्टीम रेलवे में से एक है। यह सौ साल पुरानी स्टीम ट्रेन मेलबर्न से 40 किलोमीटर पूर्व में शानदार डैनडेनॉन्ग रेंज में बेलग्रेव से जेमब्रुक तक चलती

है। इसमें बैठकर हम बच्चे बन गये। इस ट्रेन में आप विंडो की स्लिट पर पैर बाहर लटकाकर बैठ सकते हैं और बाहर के प्राकृतिक सुन्दरतम नज़ारों का आनन्द द्विगुणित हो जाता है। सच में यह मेरे जीवन की शानदार यादगार यात्रा थी! हम लेक्साइड से चढ़े और ख़ूबसूरत पहाड़ से गुज़रते जंगल और लकड़ी के पुल के बीच से ट्रेन में पैर लटका के बैठे रहे। स्टेशनमास्टर, कंडक्टर और ड्राइवर बिल्कुल अपने किरदार में थे और उन्होंने पूरे अनुभव को जादुई बना दिया। वो सभी पूरी वर्दी में सबका हाथ हिलाकर स्वागत कर रहे थे। मुझे ऐसा लगा हम फिर से बचपन में चले गये हैं और हैरी पॉटर के किसी किरदार में एक जादुई दुनिया में आ गये हैं। इसके बाद हमारा टूर अगले गन्तव्य की ओर बढ़ा फिलिप द्वीप जिसका रास्ता भी बहुत सुन्दर था। वहाँ पेंगुइन के अनेक झुण्ड अँधेरा होने के बाद समुद्र से लौटते हैं और पंक्ति बनाकर अपनी ठुमकती चाल से अपने बिलों में घुस जाते हैं। हम पेंगुइन्स के आने का बेसब्री से इन्तज़ार करने लगे। ठीक आठ बजकर 5 मिनट पर छोटी पेंगुइन्स का पहला जत्था दिखाई दिया। पहली बार ये नज़ारा देखकर आश्चर्यचकित हो गयी। सब एक साथ खड़ी थीं और फिर क़तार बनाकर पेंगुइन अपने बिलों की तरफ़ जाने लगीं। ये वास्तविक नज़ारा अनुपम था। इस तरह हमारा मेलबर्न का सफ़र भी समाप्ति की ओर आ चुका था। अगले दिन सुबह जल्दी होटल से चेकआउट करके हम सीधे एमसीजी गये यानी मेलबर्न क्रिकेट ग्राउंड वहाँ का टूर लिया। यह विश्व प्रसिद्ध क्रिकेट ग्राउंड यारा पार्क में मेलबर्न सिटी सेंटर से 1 किमी दूर स्थित है। यह आस्ट्रेलिया का सबसे बड़ा स्टेडियम, इसमें एक साथ 100,000 लोग बैठ सकते हैं। बहुत से विश्व कीर्तिमान बल्लेबाज़ों के स्टेचू और बल्ले भी शोकेस में लगे थे। हमने उनके ग्राउंड को और उसमें बनी पाँच पिचों को भी देखा। वीआईपी सेक्शन और अन्दर बने म्यूज़ियम को घूम हम अनेक यादों को अपने दिल में हमेशा के लिए बसाकर सीधे मेलबर्न हवाई अड्डे पहुँचे सिंगापुर की फ्लाइट पकड़ने के लिए। इस तरह कैसे 12 दिन ऑस्ट्रेलिया के दो बड़े शहरों और आसपास के टूरिस्ट एट्रैक्शंस को देखने में बीत गये पता ही नहीं चला। हर दिन एक नवल अनुभव और नयी यादों के ख़ज़ाने को समेट रहा था यह मन नये रिश्तों के साथ ऑस्ट्रेलिया की इस यात्रा से अधिक सन्तुष्ट और समृद्ध हो गया।

✍ प्रतिमा सिंह

सिंगापुर : एक भावनात्मक सफ़र

जब मैंने पहली बार सिंगापुर की धरती पर क़दम रखा, मैं एक नयी दुल्हन थी। मेरी आँखों में सपने थे, लेकिन दिल में एक अनजाना-सा डर भी। मेरे पति सिंगापुर में नौकरी कर रहे थे, और मेरे लिए यह एक बिल्कुल नयी दुनिया थी। मुझे अपने परिवार, अपने देश से दूर रहना बहुत मुश्किल लग रहा था। हर रात मैं अपने माँ, पापा, भाइयों और ससुराल वालों को याद करती थी और तकिए में मुँह घुसाकर ख़ूब रोती थी, लेकिन मेरे पति हमेशा मेरा हाथ थामते और कहते, "तुम अकेली नहीं हो, मैं हमेशा तुम्हारे साथ हूँ।"

मेरे पति ने हर सम्भव कोशिश की कि मैं यहाँ सहज महसूस कर सकूँ। वे रोज़ मुझे नयी-नयी जगह घुमाने ले जाते। सिंगापुर की ऊँची-ऊँची इमारतें, चमक-धमक और उसका आधुनिक वातावरण धीरे-धीरे मुझे आकर्षित करने लगा। नयी ज़िन्दगी का वो हसीन दौर था जब दिल में ढेरों नये सपने थे, मेरे लिए हर चीज़ नयी थी और मन में अकेलेपन का एक हल्का-सा दर्द भी था। मगर धीरे-धीरे इस अनजाने शहर का हर कोना अपना-सा लगने लगा। जैसे सिंगापुर की ख़ूबसूरत रोशनियाँ मेरे जीवन में ख़ुशियों की किरणें भरने लगीं।

उस हसीन सफ़र में एक प्यारी-सी हलचल आयी–मेरे बेटे के नन्हे क़दम मेरी दुनिया में दस्तक देने लगे। जैसे किसी बंजर धरती पर पहली बार फूल खिलते हैं, वैसे ही उसकी भावी मुस्कान मेरे दिल के बग़ीचे में खिल गयी। उसके आने की ख़बर मात्र से ज़िन्दगी का रंग ही बदल गया। सिंगापुर में गर्भ में पल रहे शिशु का लिंग डॉक्टर आपसे पूछकर आपको बता देते हैं क्योंकि यहाँ कुछ देशों की तरह कन्या के आगमन पर शोक नहीं मनाया जाता। वह नौ महीनों का लम्बा इन्तज़ार जैसे ख़त्म होने का नाम ही नहीं ले रहा था; मैं जब-तब अपने नन्हे मुन्ने का मासूम चेहरा देखने के लिए बेसब्र हो उठती थी।

नौ महीने की लम्बी प्रतीक्षा और अनगिनत सपनों का साकार होना मानो एक सपने जैसा लग रहा था। माउंट अलवर्निया हॉस्पिटल के उस कमरे में जब मैंने अपने बच्चे को पहली बार अपनी बाँहों में थामा, वो पल किसी दिव्य चमत्कार से कम नहीं था। मुझे लगा कि जैसे बादलों में छुपे चाँद की पहली झलक देखी हो, मानो किसी रेगिस्तान में अचानक शीतल बारिश की बूँदें पड़ने लगी हों। मेरी प्रतीक्षारत गोद में उसका सुन्दर-सा मासूम चेहरा जैसे सूखे पत्तों पर ठण्डी हवा का झोंका-सा प्रतीत हो रहा था मुझे। अपने बेटे को निहारते हुए ऐसा लग रहा था मानो एक लम्बे इंतज़ार के बाद मेरे अकेलेपन को चीरती हुई चाँद की मद्धिम सुनहरी रोशनी में मेरा हृदय कक्ष खिल उठा हो। वो छोटा-सा चेहरा और उसकी मासूम मुस्कान मेरे अकेलेपन के हर कोने को अपनी खिलखिलाहट से भर रही थी।

सिंगापुर की हवा में उसका बचपन जैसे फूलों की महक-सा घुलने लगा। उसकी हर छोटी-छोटी ख़ुशी में मुझे सुकून मिलता था, मानो उसकी मासूमियत मेरे दिल की तनहाई को पिघलाकर दूर कर रही हो। जब वो सुबह-सुबह उठकर मुस्कुराता, तो लगता कि साक्षात सूरज मेरी गोद में आकर खिलखिला रहा है। उसकी नन्ही अँगुलियों का स्पर्श, उसकी मीठी आवाज़, उसकी मासूम आँखों का हर सपना मेरे जीवन का केन्द्र बन गया। उसका हर क़दम मुझे अहसास दिलाता था कि इस अनजाने देश में भी अब मैं अकेली नहीं हूँ। उसकी खिलखिलाहट से मेरी आत्मा में ऐसा संगीत गूँजने लगा, जो हर रोज़ नये अर्थ और नयी ख़ुशियाँ लेकर आता। अब सिंगापुर सिर्फ़ एक जगह नहीं थी, बल्कि एक ऐसी धरती बन गयी थी जहाँ मेरे बेटे के बचपन की यादें बननी शुरू हो गई थीं। उसकी हर शरारत और उसकी हर मुस्कान मेरे दिल के हर उस दर्द पर मरहम रख देती थी, जो परायेपन के एहसास से उपजा था।

समय बीतता रहा और हमारे जीवन में ख़ुशियाँ धीरे-धीरे बढ़ती रहीं। परन्तु हर ख़ुशी के पीछे एक साया होता है, और हमारे जीवन में वो साया तब आया जब हमारा बेटा साढ़े तीन साल का हुआ। अचानक मेरे बेटे को बहुत भूख और प्यास लगने लगी। हर 10 मिनट बाद वह बड़ी वाली गिलास भर के पानी पीता। हर 10-15 मिनट बाद टॉयलेट की ओर दौड़ता। रात भर में 20 से 25 बार टॉयलेट जाता और उतना ही ज़्यादा पानी पीता। मैं उस पर गुस्सा भी करती और कहती कि वह अपनी माँ को इतना क्यों सता रहा है और उसे रात को सुलाने की कोशिश करती पर उसकी प्यास और भूख तो जैसे थम ही नहीं रही थी। उस समय मेरे पति भी मेरे साथ नहीं थे और वे दफ़्तर के काम से दुबई गये हुए थे। यह सब मुझे असामान्य

सा लग रहा था इसलिए मैंने अपने पति को फ़ोन करके सारी बात बतायी। उन्होंने मुझे शान्त किया और समझाया कि वे अगली सुबह आ रहे हैं तब तक मैं ख़याल रखूँ। मैंने किसी तरह रात बितायी और जब मेरे पति सुबह घर पहुँचे, तो तुरन्त आते ही बोले, "चलो अस्पताल चलते हैं, एक बार बेटे को दिखा देते हैं पता तो चले कि ऐसा उसके साथ क्यों हो रहा है।"

अस्पताल पहुँचने पर डॉक्टर ने कुछ टेस्ट किये और कहा कि "आपके बेटे को जुवेनाइल डायबिटीज़ है और वह जीवन भर इन्सुलिन पर निर्भर रहेगा। उसे हर रोज़, दिन में चार बार इंजेक्शंस लेने होंगे।" डॉक्टर के शब्द जैसे मेरे दिल पर चाकू की तरह लगे। मेरे पति सुन्न खड़े थे, उनकी आँखों में इतना दर्द मैंने पहले कभी नहीं देखा था। मन डॉक्टर का कहा हुआ सच मानने और समझने के लिए तैयार ही नहीं था। "यह कैसे हो सकता है? वो अभी छोटा-सा बच्चा है...हम इसे कैसे सँभालेंगे?" पति ने रोते हुए बस इतना ही कहा कि जितनी जल्दी हम सच को स्वीकार करेंगे उतना ही इस जंग को लड़ना हमारे लिए आसान होगा। मैं टूट चुकी थी, और उस वक़्त मुझे अपने परिवार की बहुत ज़्यादा ज़रूरत महसूस हो रही थी। मैं सोच रही थी कि साढ़े तीन साल के बच्चे को डायबिटीज़ कैसे हो सकती है? इतने से बच्चे को रोज़ इंजेक्शंस लगाना होगा और वह भी मुझे ही लगाना होगा, वो इतना दर्द कैसे सहेगा। मैं कैसे कर पाऊँगी यह सब? हर रोज़ वह खाने के पहले इंजेक्शन देखते ही नन्हा बालक चीख़ने लगता और उसकी सारी भूख ग़ायब हो जाती। उस समय सिंगापुर की चमकती इमारतें, साफ़-सुथरी सुन्दर सड़कें, और उसकी सारी सुन्दरता मेरे लिए धुँधली हो गयी थी। सपने में मुझे बच्चे की चीख़ें सुनाई देतीं।

हम यहाँ अकेले थे, सिंगापुर की चिकित्सा व्यवस्था ने हमें सहारा दिया। यहाँ के डॉक्टर्स, नर्सें, और सपोर्ट ग्रुप्स ने हमारे दर्द को समझा, हमारी तकलीफ़ को साझा किया। उन्होंने हमें न सिर्फ़ बीमारी से लड़ने का तरीक़ा सिखाया, बल्कि यह भी बताया कि हम इस सफ़र में अकेले नहीं हैं। उस कठिन घड़ी में मेरी तीन सहेलियाँ–रुचि, विनीता और स्वाति–मेरे जीवन में रोशनी की तरह आयीं। रुचि ने मेरा हाथ पकड़ा और कहा, "तुम अकेली नहीं हो। हम सब यहाँ तुम्हारे साथ हैं।" विनिता ने मेरी ओर देखा और बोली, "यहाँ का मेडिकल सिस्टम बहुत अच्छा है। तुम्हारा बेटा ठीक हो जायेगा।" स्वाति ने हर बार मुझे हिम्मत दी, जब मेरा दिल टूटने लगता था। वो कहती, "तुम्हें अपने बेटे के लिए मज़बूत बनना होगा। हम तुम्हारे साथ हैं।" उनकी बातें सुनकर मैं थोड़ी-थोड़ी हिम्मत जुटाने लगी।

सिंगापुर के चिकित्सा तन्त्र ने हमें बहुत सहारा दिया; डॉक्टर्स ने हमें समझाया कि डायबिटीज़ को सही देखभाल से नियन्त्रण में रखा जा सकता है। इंसुलिन तो लगाना पड़ेगा लेकिन एक अच्छी जीवनशैली से हम इस बीमारी पर क़ाबू पा सकते हैं। भले यह अभी तक लाइलाज है लेकिन अनियंत्रित नहीं। यहाँ के सपोर्ट ग्रुप्स ने हमें मानसिक रूप से मज़बूत बनाया। मेरे बेटे के लिए हमें हर ज़रूरी कदम सिखाया गया, और धीरे-धीरे, हम इस नयी ज़िन्दगी को सीखते गये और अपनाने लगे। सिंगापुर का मेडिकल सिस्टम सिर्फ़ हमारे बेटे का इलाज ही नहीं कर रहा था, वो हमें हर क़दम पर हिम्मत भी दे रहा था।

मैं अपने दोस्तों से कहती, "अगर आप लोग और सिंगापुर का ये मेडिकल सपोर्ट सिस्टम नहीं होता, तो शायद हम ये सब सँभाल ही नहीं पाते।" जब भी हमारे बेटे की तबीयत बिगड़ती, हम उसे सिंगापुर की उन जगहों पर ले जाते, जहाँ वो अपनी और हम उसकी, सारी चिन्ताएँ भूल जाते थे। ईस्ट कोस्ट पार्क हमारी सबसे पसन्दीदा जगह बन गयी थी। समुद्र की लहरों को देखना और रेत पर नंगे पैर चलना जैसे हमारे बेटे को राहत देता था। वह उन पलों में अपनी बीमारी को भूल जाता था, और मैं उसकी मुस्कान देखती, तो मेरा दिल भी हल्का हो जाता। मैं अक्सर अपने दोस्तों से कहती, "ईस्ट कोस्ट पर जाते ही, मानो हमारी सारी चिन्ताएँ समन्दर में बह जाती हैं।" समुद्र की लहरों में छिपी थीं हमारे सुकून की कहानियाँ।

सेंटोसा पर हम जब जाते, तो जैसे वहाँ का माहौल हमें एक नयी ऊर्जा देता था। मेरा बेटा वहाँ की रोलर कोस्टर राइड्स और 'बीच' पर खेलते-खेलते अपनी सारी तकलीफ़ें भूल जाता था। मैं उसे दौड़ते और खिलखिलाते देखती, और कुछ पल के लिए मैं भी अपने दर्द को भूल जाती। मुझे लगता था, "शायद यही सिंगापुर का जादू है–यह हमें हर मुश्किल में जीने की हिम्मत देता है।"

मेरी सहेलियाँ भी उन जगहों पर हमारे साथ जातीं। स्वाति कहती, "ये जगहें जैसे हमें नयी ऊर्जा देती हैं। यहाँ आकर हर दर्द हल्का लगने लगता है।" रुचि कहती, "सिंगापुर सिर्फ़ एक देश नहीं है, यह हमें हर मुश्किल में सहारा देने वाला साथी है।" और मैं उन सबकी बातों में हामी भरते हुए सोचती, हाँ, यह देश हमें सिर्फ़ एक बेहतर जीवन नहीं, बल्कि भावनात्मक सम्बल भी दे रहा है।" मेरे दोस्तों और उनके बच्चों के साथ बिताये गये ये कुछ सुकून के पल मेरे बेटे को बहुत पसन्द थे।

समय बीता, हमारे बेटे ने अपनी बीमारी के साथ जीना सीख लिया, और हमने भी अपनी ज़िन्दगी को नये सिरे से समझना शुरू किया। सिंगापुर अब हमारे जीवन

का वो अदृश्य साथी बन चुका था, जिसने हर पल हमें सँभाला, हर कठिनाई में हमें सहारा दिया।

अब, जब हम यहाँ स्थायी रूप से बस गये हैं, मेरे दिल में सिंगापुर को लेकर एक अनोखा, गहरा भावनात्मक लगाव है। जब मेरा मन दुख से भरा हुआ था, तो इस देश की तमाम ख़ूबसूरती भी मुझे सूनी और वीरान लगती थी। मानो जितनी भी जगमगाहट मेरे चारों ओर हो, वह मेरे भीतर के अँधेरे को दूर नहीं कर सकती थी। लेकिन जैसे-जैसे मैंने अपनी ज़िन्दगी के इस सच को स्वीकारा और अपने भीतर सन्तुलन पाया, वैसे-वैसे मुझे सिंगापुर का असली सौन्दर्य दिखने लगा। अब जब मन में शान्ति है और दिल में स्वीकृति का भाव है, मुझे सिंगापुर का हर कोना, हर समुद्र की लहर और हर पार्क की हरियाली बेहद ख़ूबसूरत लगती है। यह देश मेरे लिए अब केवल एक जगह नहीं, बल्कि एक नया दृष्टिकोण है–एक ऐसी जगह जिसने मुझे भीतर की ताक़त को पहचानने का अवसर दिया। सिंगापुर अब सिर्फ़ एक घर नहीं, बल्कि मेरे जीवन का वह अमिट हिस्सा है जिसने मुझे हर दुख में सम्बल दिया। और अब, मैं इस जीवन को, इस ख़ूबसूरत देश को, और इसके हर पल को भरपूर जी रही हूँ। सिंगापुर की ऊँची इमारतें मेरे भीतर के आत्मबल की तरह हैं, जो मुश्किलों के बावजूद अपने अस्तित्व को मज़बूती से थामे रहती हैं; समुद्र की लहरें जैसे मेरे भीतर की संघर्ष की कहानी कहती हैं। मेरे अनुभव उस चिराग की तरह हैं, जो न केवल अन्धकार में जलता है और धीरे-धीरे हर कोने को रोशन कर देता है; अपितु जीवन को एक नयी नज़र से देखने का मौक़ा भी देता है।

✍ डॉ. बीना मिश्रा

चक्षुदर्शन से अभिप्रेरणा

मेरे घर की दहलीज़ एक ऐसा स्थान है जहाँ मैं अपने फ़ुर्सत के पल गुज़ारा करती हूँ। राहगीरों की भीड़ कभी मेरा आकर्षण खींचती है तो कभी सुनसान सड़क की ख़ामोशी के पीछे छिपी कहानियाँ मुझे अतीत में खड़ा कर देती हैं कारण अतीत की स्मृतियाँ हमारे वर्तमान क्षणों को सुख जो पहुँचाती हैं। उस दहलीज़ की एक और कथा–कि मैं अपने जीवन की सभी योजनाएँ यहीं सँभालती हूँ चाहे मेरा मन विवाहोत्सवों की डायरी बनाता हो या भावी जीवन की योजनाएँ, उदाहरणार्थ–अपने भविष्य में भक्ति पथ पर बढ़ने का जज़्बा यानी तीर्थ स्थलों पर जाने की उत्सुकता। मेरा मन इन स्थलों के लिए ख़ूब मचलता है। काश मेरा मन भक्ति की सरिता में डूब जाये तो जीवन का असन्तोष और उथल-पुथल सब समाप्त हो जायेंगे।

चक्षुदर्शन से अभिप्रेरणा प्राप्त होती है। यह संकल्पना भी मुझे सोलह कलाओं के ज्ञाता श्रीकृष्ण की क्रीड़ास्थली वृन्दावन की कुंज सँकरी गलियों में खींच ले गयी। कितनी अद्‌भुत भूमि है वृन्दावन की–जहाँ का हर कण-कण राधा राधा बोलता है, जहाँ की मिट्टी से हरे कृष्ण हरे कृष्ण, कृष्ण-कृष्ण हरे हरे की सुगन्ध उठकर हवाओं में तैरती है, जहाँ मन्दिर की घण्टियों की आवाज़ से सारा वृन्दावन जाग उठता है, जहाँ फूलों और पकवानों की ख़ुशबू मन को रह रहकर बहलाती हैं, जहाँ के लोग एक-दूसरे के चेहरे पर मुस्कान सजाते हैं, जहाँ साधु-सन्तों के मन्त्रोच्चार की ध्वनि मन को मथ जाती है, जहाँ यमुना का कल-कल बहता जल मन को पावन कर जाता है, जहाँ पक्षियों का कलरव हृदय में संगीत घोल जाता है– ऐसा है हमारा प्यारा वृन्दावन।

ब्रजभूमि में राधा और कृष्ण की शैशवास्था से जीवन के अन्तिम चरण की बड़ी ही हृदयस्पर्शी कथा समेटे है। इसलिए यह भूमि सभी तीर्थस्थलों में अग्रणी है। विदेशी और स्वदेशी पर्यटक सभी श्याम-श्यामा के प्रेम की डोर में बँधकर यहाँ के

दर्शन कर स्वयं को धन्य मानते हैं या फिर यहाँ बसकर अपने जीवनकाल को ही श्री राधामय बना लेते हैं। मुझे इस यात्रा का सौभाग्य अपनी प्रिय भाभी के साथ प्राप्त हुआ। हम दोनों धार्मिक यात्रा के ऊहापोह में वृन्दावन जा पहुँचे। मैंने लखनऊ से वृन्दावन का सफ़र 4 घण्टे में तय किया। पूरे रास्ते सबके द्वारा सुनाये गये राधाकृष्ण के अनेक वृत्तान्त मुझे अन्दर से उद्वेलित करते रहे। जी करता कि मैं उड़कर वृन्दावन पहुँच जाऊँ। हाँ मेरे चरण जैसे उस धरा पर पड़े तो मैंने वहाँ की रजरानी को अपने माथे पर चढ़ाया और फिर हम दोनों नंगे पैर वृन्दावन के सुप्रसिद्ध, ऐतिहासिक और धार्मिक स्थल बाँके बिहारी मन्दिर में खड़े हो गये। भीड़ में स्वयं को असहज सा अनुभव करते हुए भी मैं श्री हरिवंश जी द्वारा प्रकट त्रिभुवंगी के आकर्षण में ऐसे बँधी कि अपनी सुध-बुध खो बैठी।

श्री बाँके बिहारी जी के दर्शन के पश्चात हमारा अगला पड़ाव वैष्णो देवी मन्दिर था। मन्दिर की ओर जाते समय हमने वृन्दावन की गलियों के सजीव दृश्य देखे। गोमाता के दर्शन, भक्तों के मुख से उचारित भजन, और गलियों में बहती तुलसी-चन्दन की सुगन्ध ने इस पावन भूमि की आत्मा से हमारा परिचय करवाया। वैष्णो देवी मन्दिर पहुँचने पर माता के दिव्य स्वरूप को देखकर भाभी और मैं कुछ क्षण मौन रहे और गर्भगृह में घण्टियों की गूँज के बीच हाथ जोड़कर खड़े रहे। हमारी आँखों में भक्ति और कृतज्ञता का भाव स्पष्ट झलक रहा था। मन्दिर से बाहर निकलते ही मावे के पेड़ों और गरमा-गरम जलेबियों की सुगन्ध ने हमें अपनी ओर आकर्षित किया हमने थोड़ी देर के लिए एक मिठाई की दुकान पर विश्राम करते हुए वृन्दावन की सरलता और सादगी पर चर्चा की।

इसके बाद हम इस्कॉन मन्दिर की ओर बढ़े। रास्ते में हमने देखा कि कुछ साधु-सन्त ध्यानमग्न अवस्था में थे। उनके शान्त चेहरों पर यह तथ्य परिलक्षित था कि भक्ति में ही सच्चा सुख है। इस्कॉन मन्दिर पहुँचते ही वहाँ गूँजते 'हरे कृष्ण' महामन्त्र ने हमारी थकान को पल भर में हर लिया। इस भव्य मन्दिर में कीर्तन करने के पश्चात हमारी आत्मा एक नवीन आध्यात्मिक ऊर्जा से भर गयी और हम प्रेम मन्दिर की ओर चल पड़े। रात्रि की वेला में मन्दिर का सौन्दर्य वर्णनातीत था। मन्दिर के झाँकी प्रदर्शन में राधा-कृष्ण की लीलाओं का सजीव चित्रण देखकर हम इतने भावानुकूल हो गये कि हमारे अश्रूपूरित नेत्र प्रेम और भक्ति के इस तेजस्वी संगम का अभिवादन करने लगे। प्रेम मन्दिर के बाद हमने यमुना नदी के किनारे केसी घाट का रुख़ किया। घाट पर जलती हुई दीपों की पंक्तियाँ सजायी गयी थीं। हम निहारते रहे,

कि कैसे उन दीपों की लौ का प्रतिबिम्ब यमुना जल की लहरों में टिमटिमा रहा था। यमुना की बहती धारा ने मन को ऐसी शान्ति दी जैसे सारे जीवन के तनाव बहकर यमुना में विलीन हो गये हों।

वृन्दावन की इस पावन यात्रा के दौरान मेरे और भाभी के मन में जो भावनाएँ उठीं, उन्होंने हमें यह सिखाया कि भक्ति केवल पूजा नहीं, बल्कि जीवन जीने का एक सशक्त माध्यम है। यमुना के किनारे स्थित यह अप्रतिम देवभूमि सीधे आत्मा से संवाद करती है। रवाना होने से पहले मन में एक अजीब-सी खालिश उठी, मानो हम अपने हृदय के एक अंश को वहीं छोड़कर जा रहे हों। वृन्दावन का यह अनुभव किसी मीठे स्वप्न की तरह मेरे स्मृति-पटल पर सदैव जीवित रहेगा।

✍ मनोज सिंह

संगम से सिंगापुर

मनोजवं मारुततुल्यवेगं जितेन्द्रियं बुद्धिमतां वरिष्ठम्।

क्या आप जानते हैं हनुमान जी के इन गुणों का रहस्य?

यह श्लोक भगवान हनुमान की स्तुति में है, जो उनकी महानता और गुणों का वर्णन करता है। मनोजवं शब्द हनुमान जी की अविश्वसनीय गति और फुर्ती का वर्णन करता है। यह उनके मानसिक और शारीरिक बल की पहचान है। हनुमान जी अपनी इच्छा शक्ति से किसी भी कार्य को शीघ्रता से सम्पन्न करने में सक्षम थे। उनके इस गुण का अद्‌भुत उदाहरण तब मिलता है जब वे सीता माता की खोज में समुद्र को पार कर लंका पहुँच गये थे।

अब आप सब सोच रहे होंगे भला मैं यह क्यों बता रहा हूँ क्योंकि मेरी ज़िन्दगी में भी इस श्लोक ने कुछ ऐसा ही अविश्वसनीय कर दिखाया। मेरे चाचा जी मुझे हमेशा यह सुनाया करते थे पर तब मैं बहुत छोटा था और इसका अर्थ नहीं समझ पाया था। मेरे नाम के अर्थ के रूप में इसे वह कई बार मेरी प्रशंसा कर मुझसे कार्य करवाने हेतु भी किया करते थे। वह कहते तुम तो हनुमान जी की तरह हो जो जहाँ चाहे फुर्ती से किसी भी कार्य को अंजाम दे सकता है। मैं झटपट उनके कार्य सम्पन्न कर देता। तो जिस प्रकार सीता माता की खोज में हनुमान जी समुद्र पार कर लंका पहुँच गये मैं भी सिंगापुर की धरती पर हिन्दी के महत्त्व को समझने के लिए समुद्र पार कर आ पहुँचा। अब मुझे भ्रम हो गया कि यह मेरे नामकरण के कारण ही सम्भव हो पाया है–मनोज।

मेरे जीवन की कहानी एक छोटे-से भारतीय गाँव से शुरू होकर, सिंगापुर के एक अन्तरराष्ट्रीय स्कूल में हिन्दी के शिक्षक के रूप में एक नये अध्याय में बदल गयी। यह कहानी एक ऐसे शिक्षक की है, जो कभी नहीं सोच सकता था कि वह विदेश में हिन्दी भाषा और साहित्य का प्रचार करेगा। परन्तु जब सिंगापुर

में मुझे एक अवसर मिला, तो यह अवसर एक नये रास्ते की ओर मोड़ देने वाला साबित हुआ।

मेरा जन्म एक छोटे-से गाँव में हुआ था, गाँव में शिक्षा की स्थिति कुछ बेहतर नहीं थी। अत: पिताजी ने संज्ञान लिया और मुझे मुम्बई ले आये जो उनकी कर्मभूमि थी। यहाँ मराठी का बोलबाला था पर मैं हिन्दी माध्यम से पढ़ रहा था तो बचपन में ही मुझे हिन्दी के शब्दों से स्नेह हो गया था। मेरी माँ जब भी मुझे रामचरित मानस की चौपाई सुनाती, मैं उसे बड़ी श्रद्धा से सुनता। मुझे आज भी याद है–

धीरज, धरम, मित्र, अरु नारी,
आपदकाल परखिए चारी।

यानी कि धीरज, धर्म, मित्र और स्त्री, ये सभी संकट के समय परखे जाते हैं। यह चौपाई मुझे जीवन में बहुत कुछ सिखाने वाली साबित हुई। हिन्दी के प्रति प्रेम और श्रद्धा ने मुझे साहित्य के प्रति आकर्षित किया, और मेरी पढ़ाई का मुख्य विषय हिन्दी बन गया। ग्रेजुएशन के बाद, मैंने हिन्दी में एम.ए. किया तत्पश्चात् बी.एड. और स्कूल में शिक्षक के रूप में काम करना शुरू कर दिया। बच्चों को हिन्दी पढ़ाना बहुत अच्छा लगता था, लेकिन मुझे हमेशा यह महसूस होता था कि मुझे कुछ और सीखना है। मेरा यह सपना था कि मैं अपनी मातृभाषा हिन्दी को अधिक व्यापक रूप से फैलाऊँ।

जब मैं अपने जीवन में शिक्षा के क्षेत्र में कुछ नया करने की सोच रहा था, तब मुझे एक अद्‌भुत अवसर मिला। एक दिन, मेरे एक परिचित गुरुजी ने मुझे सिंगापुर के एक बड़े विद्यालय में हिन्दी पढ़ाने का प्रस्ताव दिया। वह मुझे वहाँ के शिक्षा क्षेत्र के बारे में बता रहे थे और उन्होंने कहा, "तुम यहाँ आकर न सिर्फ़ भारतीय बच्चों को हिन्दी पढ़ा सकोगे, बल्कि सिंगापुर के भारतीय बच्चों को भारतीय संस्कृति से परिचित करवा सकोगे।" शुरुआत में मुझे यह विचार अजीब लगा, क्योंकि सिंगापुर जैसी आधुनिक और व्यावसायिक जगह में हिन्दी जैसी पारम्परिक भाषा को पढ़ाना, मेरे अन्दर एक संकोच पैदा कर रहा था। ऊपर से जमी-जमाई नौकरी और परिचित समाज को छोड़ एक अन्य देश में रहना बहुत बड़ी चुनौती थी। पर एक चौपाई है–*जा पर कृपा राम की होई ता पर कृपा करे सब कोई*। मुझ पर भी रामजी की कृपा हो गयी और इसी विद्यालय में श्रीमती जी का भी चुनाव हो गया तब ऐसा लगा जैसे विधाता स्वयं कह रहे हैं कि अब यह अवसर मत जाने दे–मैंने सोचा, "क्यों न यह मौक़ा लिया जाये?" एक तरफ़ परिवार सहित विदेश जाने का सपना था,

और दूसरी तरफ़ हिन्दी के प्रचार का सुनहरा अवसर। यह अवसर मेरे लिए किसी आशीर्वाद से कम नहीं था।

भारत से सिंगापुर की उड़ान मैंने अपने परिवार के साथ रात्रि के समय शुरू की। पहली बार जीवन में अन्तरराष्ट्रीय यात्रा पर निकला था। जैसे ही हम आसमान में उठे, एक घबराहट मन में भी उठी पर जब एक अनजान देश में नयी सुबह हमने देखी, एक नयी दुनिया का आभास होने लगा। विमान की खिड़की से बाहर का दृश्य बहुत ही अद्‌भुत था–बादलों के बीच से निकलता हुआ सूरज, समुद्र की लहरों का स्वच्छ रूप और नीचे एक विशाल भूमि जो सिंगापुर के विभिन्न हिस्सों में बँटी हुई थी। हम सिंगापुर के चांगी हवाई अड्डे पर पहुँचे, मुझे यह महसूस हुआ कि यहाँ की तकनीकी उन्नति, सफ़ाई और अनुशासन ने इसे एक बेहद व्यवस्थित देश बना दिया था। सिंगापुर में उतरते ही मुझे यह एहसास हुआ कि यह शहर सिर्फ़ एक आधुनिक महानगर नहीं, बल्कि एक सांस्कृतिक महासागर है। जहाँ एक ओर यहाँ की इमारतें और सड़कों पर विकास की छाप थी, वहीं दूसरी ओर बहुत-सी मिलीजुली संस्कृतियों के साथ भारतीय संस्कृति, यहाँ गहरे तौर पर समाहित थी। सिंगापुर में सबसे पहली जो चीज़ मुझे आकर्षित करती थी, वह थी यहाँ का अत्यधिक व्यवस्थित जीवन। यहाँ के लोग बहुत ही समर्पित, अनुशासित और कार्य के प्रति जागरूक हैं। मैंने महसूस किया कि भारतीय संस्कृति की तरह, यहाँ भी परिवार और रिश्ते महत्त्वपूर्ण हैं, लेकिन उनके जीवन में समय का प्रबन्धन कुछ और ही स्तर पर है।

सिंगापुर में भारतीय समुदाय का गहरा प्रभाव है, और यह यहाँ के समाज की विविधता का महत्त्वपूर्ण हिस्सा है। यहाँ के लोग भारतीय संस्कृति और परम्पराओं को भी अपनाते हैं। दीपावली, होली, और अन्य भारतीय त्योहार सिंगापुर में धूमधाम से मनाये जाते हैं। मैंने यहाँ पर दीपावली के अवसर पर सिंगापुर के विभिन्न हिस्सों में सजावट और कार्यक्रमों का आनन्द लिया है। यहाँ के लिटिल इंडिया क्षेत्र में भारतीय व्यंजन और विविधता का अद्‌भुत आदान-प्रदान देखने को मिलता है।

मेरे लिए यह एक पूरी तरह से नया अनुभव था। सिंगापुर की तेज़-तर्रार ज़िन्दगी, उसकी नयी तकनीकियों के बीच मुझे अपने भारतीय होने का गर्व महसूस हुआ। मुझे यह देखकर अच्छा लगा कि ना केवल भारतीय पर सिंगापुर के वासी भी भारतीय संस्कृति को महत्त्व देते थे। विशेष रूप से, भारतीय भाषा और साहित्य के प्रति उनकी रुचि मुझे बहुत प्रेरित करती थी।

सिंगापुर में भारतीयों की एक बड़ी संख्या है, और यहाँ के कुछ प्रमुख विद्यालयों में हिन्दी को भी पढ़ाया जाता है। मेरे विद्यालय में पहली बार जब मैं छात्रों से मिला, तो मुझे लगा जैसे वह भारत से बाहर एकता में अनेकता के कथन को चरितार्थ कर रहे थे। यहाँ मुम्बई की तरह सम्पूर्ण भारत के बच्चों के बीच खड़ा हूँ। विद्यालय में तमिलनाडु, कर्नाटक, केरल, गुज़रात, महाराष्ट्र, पंजाब, बंगाल और उत्तर प्रदेश तथा अन्य राज्यों के बच्चे पढ़ते थे, और उनमें से कुछ शुद्ध हिन्दी बोलते थे पर अधिकांश के साथ भाषा के व्याकरणिक अन्तर के कारण समस्या थी। हिन्दी का झगड़ा सिर्फ़ भारत में ही दिखाई देता है भारत के बाहर यही हमारी पहचान है। मेरे लिए यह एक बड़ी चुनौती थी अहिन्दी भाषियों को हिन्दी पढ़ाना। मुझे न सिर्फ़ हिन्दी को एक भाषा के रूप में पढ़ाना था, बल्कि बच्चों को यह भी समझाना था कि हिन्दी न केवल एक भाषा है, बल्कि एक समृद्ध साहित्यिक धरोहर भी है।

शुरुआत में मुझे सिंगापुर में भारतीय बच्चों को हिन्दी सिखाने में काफ़ी कठिनाई हुई। यहाँ के बच्चे अंग्रेज़ी अथवा अपनी मातृभाषा में अच्छे थे, लेकिन हिन्दी के प्रति उनके दृष्टिकोण में वह ललक नहीं थी, क्योंकि अधिकतर बच्चे माता-पिता के दबाव में हिन्दी को पढ़ रहे थे। माता-पिता का मानना था कि भारत में यदि पुनः लौटे तो अपने लोगों से जुड़ने का सबसे सहज माध्यम हिन्दी से बढ़कर और कोई नहीं है। तब मुझे भारतेन्दु जी की पंक्तियाँ याद आती हैं–

निज भाषा उन्नति अहै, सब उन्नति को मूल
बिन निज भाषा-ज्ञान के, मिटत न हिय को सूल।।

निज यानी अपनी भाषा से ही उन्नति सम्भव है, क्योंकि यही सारी उन्नतियों का मूलाधार है।

मातृभाषा के ज्ञान के बिना हृदय की पीड़ा का निवारण सम्भव नहीं है। सिंगापुर में हिन्दी भारतीयों को मातृभाषा का ही स्वरूप लगती है क्योंकि यह आपको मातृभूमि से जोड़ने का कार्य करती है।

अहिन्दी भाषी बच्चों को हिन्दी पढ़ाना चुनौती थी पर यही तो करने आया था मैं जैसा कि माताजी ने चौपाई के माध्यम से समझाया था कि धीरज, धर्म, मित्र अरु नारी, इन सभी को मैंने अपना साथी बनाया धैर्यपूर्वक अपने कार्य को धर्म समझ कर सतत लगा रहा। नये-नये मित्र बने और नारी के रूप में श्रीमती जी ने हर मुश्किल पल में मुझे साहस प्रदान किया और इन सभी के संग हिन्दी पठन-पाठन में लग गया।

सिंगापुर के विद्यालय में तकनीकी साधनों का बहुत प्रयोग किया जाता था, और मैं जानता था कि अगर बच्चों में हिन्दी की रुचि का निर्माण करना हो तथा इसका सही प्रचार करना है तो मुझे इन तकनीकी उपकरणों का सदुपयोग करना होगा। मैंने वीडियो और पॉवरपॉइंट प्रेजेंटेशन का सहारा लिया, ताकि बच्चों को हिन्दी भाषा और साहित्य के बारे में बताने में आसानी हो। धीरे-धीरे, छात्रों ने हिन्दी भाषा को अपने जीवन का हिस्सा बनाना शुरू किया और मैंने सिंगापुर को अपने जीवन का।

मेरे लिए सबसे बड़ा क्षण तब आया, जब स्कूल में हिन्दी से सम्बन्धित एक प्रदर्शनी का आयोजन किया गया। बच्चों ने अपनी कक्षाओं में हिन्दी गाने, कविताएँ और भारतीय खेलों तथा व्यंजनों की प्रस्तुति की। उनके विचारों और रचनाओं ने बच्चों में भारतीय संस्कृति और भाषा के प्रति सच्चा सम्मान पैदा किया। यह मेरे लिए सिंगापुर में हिन्दी की शक्ति को पहचानने का एक पल था।

सिंगापुर में जब भारतीय त्योहार आते हैं, तो हम सभी शिक्षक अपने विद्यालय में बच्चों को दीपावली, होली और गणेश चतुर्थी जैसे त्योहार के महत्त्व को बताते हैं। इन त्योहारों के माध्यम से, हमने बच्चों को भारतीय संस्कृति, उसकी परम्पराओं और उसकी समृद्धि के बारे में बताया। अन्ततः यह चुनौती नहीं रही, बल्कि एक अवसर बन गया, क्योंकि बच्चों ने भारतीय त्योहारों के महत्त्व को समझा और भारतीय साहित्य, संगीत, और कला के प्रति उनके दिलों में एक नया सम्मान पैदा हुआ।

आज, जब मैं सिंगापुर के स्कूल में हिन्दी शिक्षक के रूप में खड़ा होता हूँ, तो मुझे यह एहसास होता है कि मैंने न सिर्फ़ अपनी मातृभाषा को विदेशी धरती पर फैलाने में राम सेतु की तरह एक छोटा-सा पत्थर रखने का प्रयास किया है, बल्कि सिंगापुर में रह रहे भारतीय बच्चों को भी भारतीय संस्कृति से जोड़ने का एक अद्‌भुत कार्य किया है। मेरी इस निरन्तर यात्रा ने मुझे यह सिखाया है कि भाषा केवल संवाद का साधन नहीं है, बल्कि यह एक संस्कृति, एक इतिहास और एक पहचान है।

आज सिंगापुर मेरी ना केवल कर्मभूमि है, बल्कि यह एक ऐसे अवसर का प्रतिनिधित्व करती है, जिसमें मैंने एक शिक्षक, एक भारतीय नागरिक और एक अन्तरराष्ट्रीय विद्यालय के दृष्टिकोण से बहुत कुछ सीखा। सिंगापुर का विकास, वहाँ का व्यवस्थित जीवन, विविध संस्कृति, और वहाँ के लोगों का शिष्टाचार, सभी ने मुझे प्रभावित किया है। यह यात्रा न केवल मेरे निजी जीवन के अनुभवों का हिस्सा बनी है, बल्कि मेरी शिक्षा की समझ और दृष्टिकोण को भी विस्तृत किया। आज यहाँ का समाज और कई मित्र मुझे गढ़ते जा रहे हैं। मेरे ज्ञान का आकार हनुमान जी की तरह असीम सम्भावनाओं के साथ बढ़ता जा रहा है।

सिंगापुर के अनुभवों के सहेजते हुए आज आठ साल बीत गये। जीवन का यह कर्म पथ अभी जारी है। मन में एक गहरी सन्तुष्टि और प्रेरणा है साथ ही सिंगापुर जो कभी एक सपना था आज उससे संगम हो रहा है।

मेरे जीवन की यह यात्रा, जो एक छोटे-से गाँव से शुरू हुई थी, अब सिंगापुर के बच्चों के लिए हिन्दी के एक सशक्त शिक्षक के रूप में अनवरत जारी है। यह तब तक चलेगी जब तक रामजी चाहेंगे। क्योंकि मैं इसी विचार पर चलता आया हूँ कि–

जाहि विधि राखे राम ताहि विधि रहिये।

–जय रामजी की...

✍ रत्नेश पाण्डेय

भाषा, संस्कृति और प्रवासी पिता का अनुभव

शुरुआत में, जब मेरी बेटी वर्तिका स्कूल में अंग्रेज़ी और मैंडरिन के बीच झूलने लगी, तो मुझे डर हुआ कि कहीं हिन्दी उसके जीवन से ग़ायब न हो जाये। मैंने देखा कि उसके दोस्तों की बातचीत, उसकी पढ़ाई, और उसका परिवेश उसे धीरे-धीरे हमारी भाषा से दूर ले जा रहा था। यह मेरे जैसे एक प्रवासी पिता के लिए चिन्ताजनक था।

एक दिन, मैंने वर्तिका से पूछा, "तुम्हें हिन्दी की कविता और कहानियाँ पढ़ने में कैसी लगती हैं?" उसका जवाब सरल था, "पापा, यहाँ तो सभी अंग्रेज़ी बोलते हैं। हिन्दी क्यों सीखनी चाहिए?"

उसका यह सवाल मुझे भीतर तक हिला गया। मैंने महसूस किया कि अगर मैंने अभी इस पर ध्यान नहीं दिया, तो मेरी बेटी अपनी भाषा से दूर हो जायेगी। अपनी भाषा से दूर होना, अपनी जड़ों से कटना होता है—ये बात मैं अच्छी तरह समझता हूँ। तभी मैंने तय किया कि भाषा और संस्कृति को सहेजने के लिए अब कुछ विशेष प्रयास करने की आवश्यकता है।

शुरुआत आसान नहीं थी। वर्तिका का ध्यान हिन्दी की ओर खींचने के लिए मैंने कहानियों और कविताओं का सहारा लिया। महादेवी वर्मा, सूरदास, और तुलसीदास की कविताओं ने उसे आकर्षित किया। धीरे-धीरे, उसने इनमें रुचि दिखाना शुरू किया।

तुम मेरे कौन हो कनु
मैं तो आज तक नहीं जान पायी

बार-बार मुझसे मेरे मन ने
आग्रह से, विस्मय से, तन्मयता से पूछा है—
'यह कनु तेरा है कौन? बूझ तो!'

पहली बार मैंने जब वर्तिका को 'कनुप्रिया' की इन पंक्तियों को पढ़ते सुना, तो वह पल मेरे लिए अविस्मरणीय था। उसकी आवाज़ में एक सहजता, भावनाओं की गहराई और पवित्रता थी। ऐसा लगा, जैसे वह केवल शब्द नहीं पढ़ रही थी, बल्कि अपने भीतर उन भावनाओं को जी रही थी। उस दिन मेरे मन में गर्व, आनन्द और सन्तोष के भाव उमड़ पड़े। वर्तिका ने अपनी आवाज़ में इस कविता को रिकॉर्ड किया। हमने पुष्पा भारती जी को भी इसका लिंक भेजा। वर्तिका नहीं जानती कि धर्मवीर भारती जी या पुष्पा जी कौन हैं पर जब उनसे वर्तिका को स्नेह की ढेर-सी सौगात मिली तो वर्तिका में कुछ तो नया महसूस हुआ। अपनी भाषा से और अधिक जुड़ने लगी।

वर्तिका ने हिन्दी कविताओं को पढ़ना शुरू किया और फिर अपनी खुद की कविताएँ और कहानियाँ भी लिखने लगी। उसकी पहली कविता 'पंछी और हवाएँ' थी। जिसे मैंने कोरोना काल के दौरान अपनी एक शॉर्ट फ़िल्म 'डियर भगवान जी' के लिए उपयोग में लिया था।

'डियर भगवान जी' के विषय में बात किये बिना आगे नहीं बढ़ा जा सकता। कोविड का समय हर किसी के लिए कठिन था, लेकिन इसका सबसे ज़्यादा असर उन मासूम बच्चों पर पड़ा, जिनके सपने, इच्छाएँ और ख़ुशियाँ घर की चारदीवारी में सीमित हो गयीं। यह कहानी ऐसी ही एक प्यारी वर्तिका बच्ची की है, जो सिंगापुर में अपने परिवार के साथ फँसी हुई है और अपने दादा-दादी और बाक़ी रिश्तेदारों से न मिल पाने की वजह से बेहद उदास है।

वर्तिका का भोला-भाला मन यह समझ नहीं पा रहा था कि जब बादल, पंछी, और हवा हर जगह घूम सकते हैं, तो वह क्यों नहीं? उसने अपने माता-पिता से पूछा, तो जवाब मिला कि 'कोरोना' की वजह से यात्रा करना सम्भव नहीं है। जब मम्मी ने कहा कि भगवान ही इस समस्या का समाधान कर सकते हैं, तो वर्तिका ने तय कर लिया कि वह भगवान जी को एक चिट्ठी लिखेगी। और उस चिट्ठी को भगवान जी को भेजने की कहानी थी 'डियर भगवान जी'।

वर्तिका की लिखी उस कविता को पढ़ते हुए मेरे भीतर भावनाओं का ज्वार उमड़ आया। वर्तिका ने अपनी मासूमियत और सरलता से उस दर्द को व्यक्त किया, जो हर प्रवासी परिवार महसूस कर रहा था। वह मासूमियत, वह सादगी, और वह विश्वास भगवान पर, हर किसी के मन को छू लेने वाली थी। कोविड के दौरान, यह सिर्फ़ बड़े नहीं थे जो संघर्ष कर रहे थे। बच्चों का छोटा-सा मन भी अपने आस-पास

की अजीब स्थिति को समझने की कोशिश कर रहा था। वर्तिका का यह प्रयास, कि वह भगवान को अपनी भावनाएँ समझा सके, यह दिखाता है कि कैसे बच्चे भी गहराई से परिस्थितियों को महसूस करते हैं।

इस चिट्ठी के बाद, हमने इसे एक शॉर्ट फ़िल्म के रूप में बनाया। फ़िल्म का नाम रखा गया–'डियर भगवान जी'। इस फ़िल्म में वर्तिका ने अपनी मासूमियत भरी भावनाएँ भगवान के नाम चिट्ठी में व्यक्त कीं। यह फ़िल्म कोविड के दौरान मेरे जैसे अनेक प्रवासियों के दिल की आवाज़ बन गयी।

मुझे अक्सर लिखते-पढ़ते देख वर्तिका अब हिन्दी अच्छे से समझने और बोलने लगी है। ये देख मन अब फूले नहीं समाता। बिटिया ने एक और कहानी लिखी 'दादी जी, प्रणाम'–यह भावनाओं का पुल थी, जो वर्तिका को उसकी दादी से जोड़ती थी। इसके माध्यम से, वह उन सभी लोगों की आवाज़ बन गयी, जो अपनों से दूर थे। इन अनुभवों से मन स्वत: ही अपने उन सभी पूर्वजों के लिए श्रद्धा से कृतज्ञ हो उठता है जिन्होंने सीमित साधनों के बावजूद सूरीनाम, फीजी, मॉरिशस और ना जाने कहाँ-कहाँ की यात्रा की लेकिन अपनी भाषा, संस्कारों और संस्कृति को बचा के रखा। आज, जब मैं अपनी बेटी को हिन्दी कविता पाठ करते देखता हूँ, तो मैं केवल एक पिता नहीं, बल्कि अपनी जड़ों से जुड़े रहने वाले एक प्रवासी भारतीय की तरह भी आनन्द का अनुभव करता हूँ। यह अनुभव मेरे लिए जीवन का सबसे बड़ा उपहार है।

सिंगापुर में रहते हुए, मैंने यह सीखा है कि भले ही हम अपने देश से दूर हों, लेकिन हमारी भाषा और संस्कृति हमारे भीतर हमेशा जीवित रहती है। और जब हमारी अगली पीढ़ी इसे सहेजती है, तो यह हमारी सबसे बड़ी उपलब्धि होती है। जब कोई अपने शहर, राज्य या देश से दूर जाता है, तो वह केवल अपनी धरती से ही नहीं, बल्कि अपने संस्कारों, रीति-रिवाजों, भाषा और सांस्कृतिक मूल्यों से भी भौतिक दूरी बना लेता है। परन्तु यह दूरी जितनी दिखती है, उससे कहीं अधिक गहराई से महसूस होती है। प्रवासी भारतीय के लिए यह एक दोहरी चुनौती होती है–अपने नये परिवेश में ख़ुद को स्थापित करना और साथ ही अपनी जड़ों को बचाये रखना। भाषा केवल संवाद का माध्यम नहीं है; यह हमारी सोच, पहचान और भावनाओं का सबसे गहरा अभिव्यक्तिकरण है। अपनी मातृभाषा से दूर होने का मतलब अपने भीतर की उस आवाज़ से भी कुछ दूरी बनाना है, जो हमारी जड़ों से हमें जोड़े रखती है।

एक प्रवासी भारतीय के लिए, यह सवाल हमेशा बना रहता है : "क्या मेरी अगली पीढ़ी मेरी भाषा को समझ पायेगी? क्या वे हमारी संस्कृति, त्योहारों और रीति-रिवाजों का सम्मान कर पायेंगे?" यह चिन्ता समय के साथ गहरी होती जाती है, ख़ासकर तब, जब हमारे बच्चे अपने चारों ओर केवल उस भाषा और संस्कृति को देखते हैं जो उनके जन्मस्थान की होती है, न कि उनके परिवार की।

सिंगापुर जैसे बहुसांस्कृतिक समाज में रहते हुए, जहाँ अंग्रेज़ी और अन्य भाषाओं का बोलबाला है, हिन्दी और भारतीय संस्कृति को जीवित रखना एक बड़ी चुनौती बन जाती है। बच्चों को भारतीय त्योहारों का महत्त्व समझाना, हिन्दी में बात करना सिखाना, और हमारी संस्कृति से जुड़े रहना प्रवासी परिवारों के लिए आसान नहीं होता। कई बार ऐसा लगता है कि बच्चों की शिक्षा और उनके सामाजिक दायरे को ध्यान में रखते हुए उन्हें उस परिवेश का हिस्सा बनने देना चाहिए, जहाँ वे रह रहे हैं। लेकिन दूसरी ओर, एक माता-पिता के रूप में यह चिन्ता हर समय बनी रहती है कि अगर हमने अपनी भाषा और संस्कृति को उनके जीवन का हिस्सा नहीं बनाया, तो वे हमारे मूल्यों और परम्पराओं से कट जायेंगे।

इसमें कोई सन्देह नहीं कि सिंगापुर ने मेरे जीवन को नये अनुभवों से भर दिया है। भारत से दूर, सिंगापुर जैसे आधुनिक और बहुसंस्कृतिवादी देश में, जहाँ जीवन हर पल आगे बढ़ता है, मैं कभी-कभी ठहरकर पीछे मुड़कर भी देख लिया करता हूँ। मन के भीतर अब भी वह भारत बसा है, जहाँ भाषा, परम्पराएँ, और रीति-रिवाज इतने सहज थे कि उनके अस्तित्व का विशेष रूप से एहसास भी नहीं होता था। भारत में रहते हुए, हिन्दी हमारे जीवन का हिस्सा थी। घर में, स्कूल में, बाज़ार में, यहाँ तक कि सड़क किनारे खोमचे वाले की आवाज़ भी हिन्दी में होती थी। लेकिन यहाँ, सिंगापुर में, चारों तरफ़ अंग्रेज़ी और मैंडरिन का शोर है। यह शोर कभी-कभी इतना बढ़ जाता है कि अपनी जड़ों से जुड़े रहने का डर सताने लगता है। जब सिंगापुर आया, तो यह अहसास धीरे-धीरे हुआ कि अब अपनी भाषा और संस्कृति को बचाये रखना एक प्रयास बन गया है।

यहाँ, हिन्दी केवल भाषा नहीं, बल्कि एक अभियान बन जाती है, जिसे हर दिन जीने और सहेजने का अभ्यास करते रहना पड़ता है। भारत में, हिन्दी का अस्तित्व इतना स्वाभाविक था कि कभी इसे लेकर चिन्ता करने की ज़रूरत ही नहीं पड़ी। यह हमारे परिवेश का हिस्सा थी। लेकिन सिंगापुर में हिन्दी केवल एक विकल्प है, जिसे अपने घर-परिवार में बचाने और सहेजने की ज़िम्मेदारी सिर्फ़ और सिर्फ़ आपकी है।

✍रीना दयाल

माजुला सिंगापुरा!

प्रवासी भारतीय!–यह भारी-भरकम शब्द सुनते ही कल्पना में आता है लम्बी, बड़ी गाड़ियों से उतरता एक 'मॉडर्न' परिवार, जिसमें आगे-आगे हाई हील की सैंडल पहने, ब्रांडेड हैंड बैग लिए, स्टाइलिश शेड्स में इतराती मैडम चल रही हों और उनके साथ हों–एक सूटेड-बूटेड साहब, जिनकी चाल में हो रुबाब और हाथों में हो डॉलर से भरा वॉलेट और उनके पीछे-पीछे नज़र आयें, नॉर्थफेस की जैकेट और नाइके के शूज़ पहने कुछ युवा, जो कानों पर महँगे हेड फ़ोन्स लगाये लन्दन, पेरिस, जापान देखकर लौटने के बाद 'आय लव माई इंडिया' गाते, झूमते-नाचते चल रहे हों।

क्या लगता है आपको, है ना बॉलीवुड फ़िल्मों में देखा एक चिरपरिचित दृश्य? लेकिन कहते हैं ना कि कल्पना से हक़ीक़त बड़ी अलग होती है। तो ऐसी ही कुछ कल्पनाएँ मन में सँजोये एक 'आम भारतीय' जब 'प्रवासी' बनने दूर देश आता है तब उसे पता चलता है कि भाई, 'दूर के ढोल सुहावने' वाली कहावत उसके जैसे लोगों के लिए ही लिखी गयी है। विदेशी धरती पर क़दम रखते ही उसके हाथों में न केवल 'वैक्यूम क्लीनर' नामक झाड़ू आ जाती है बल्कि 'इलेक्ट्रीशियन', 'प्लम्बर', 'कारपेंटर' जैसी व्यावसायिक संज्ञाओं का ज़िन्दगी में महत्त्व भी तुरन्त ज्ञात हो जाता है।

पाँच-पाँच नौकरों की क़तार से काम करने के आदी इस नवोदित 'प्रवासी' को जब अहसास होता है कि अब उसकी पाँचों उँगलियाँ ही उसकी पाँच दासियाँ रह गयी हैं, तब इस तुषारापात से घबराया मन, विदेश में पहले से बसे, उन दगाबाज़ दोस्तों और रिश्तेदारों को ख़ूब कोसता है जिन्होंने 'हाथी के दाँत दिखाने के कुछ और, खाने के कुछ और' कहावत को चरितार्थ करते हुए 'प्रवासी' जीवन के इस रूप से उसे अनभिज्ञ रखा था।

कुछ ऐसा ही हुआ हमारे साथ, जब हमने सपरिवार, मुम्बई की तेज़ रफ़्तार ज़िन्दगी को छोड़कर, 'मर्लायन' के शहर 'सिंहापुरा' अर्थात् सिंगापुर में बसने का फ़ैसला किया। एक प्रतिष्ठित विद्यालय में लगी-लगायी नौकरी को तिलांजलि देकर आने के कारण, निराशा में डूबे हमारे मन ने, शुरुआत में तो, दिन भर 'झाड़ू-कटका-डस्टिंग' और 'खाना बनाने वाली बाई' के इस अवैतनिक कार्य को अस्वीकार कर दिया। लेकिन धीरे-धीरे इस सच्चाई को एक 'लर्निंग एक्सपीरियंस' और 'लॉन्ग वेकेशन' मानते हुए अपनी नयी ज़िन्दगी को अपनाने का प्रयास आरम्भ किया।

इसी बीच आया सोशल मीडिया क्रान्ति का नया दौर! हमारा 'कियासु' मन (सिंगलिश भाषा में 'हर स्थिति में बेहतर प्रदर्शन करने की इच्छा' या अंग्रेज़ी का 'फोमो') भी 'लविंग एशियन कुज़ीन', 'एन ईवनिंग एट ऑर्चर्ड स्ट्रीट' और 'एन्जोयिंग ल्युनार ईयर सेलिब्रेशंस' जैसे जुमलों को अक्सर फ़ेसबुक पर पोस्ट करने लगा। आरम्भ में चाह वही, जो हर सोशल मीडिया यूज़र रखता है–अपने अकेलेपन को छिपाना– देश छोड़कर बाहर आने के फ़ैसले की सामाजिक स्वीकृति- ऑल इज़ वैल!!

लेकिन पता ही नहीं चला कि स्थानीय समाज की ऐतिहासिक, सामाजिक विभिन्नताओं और समानताओं को समझते-समझते ये बावरा मन न जाने कब एक नयी संस्कृति में रमता गया, उसे अपनाता गया और उसका हिस्सा भी बन गया।

जब हमने अपने पड़ोसियों को 'हंगरी घोस्ट मंथ' (चीनी कैलेंडर का एक महीना) में अपने पितरों की याद में भोजन रखते और अगरबत्तियाँ, मोमबत्तियाँ तथा 'जॉस पेपर' (एक विशेष सुगन्धित काग़ज़) जलाते देखा तो लगा कि यह तो हमारे 'पितृ पक्ष' का ही दूसरा रूप है।

चाइना टाउन, शॉपिंग माल्स और घरों में 'चायनीज़ न्यू ईयर' की रौनक देखी यानी जब चारों तरफ़ चेरी ब्लॉसम के गुलाबी फूलों, पाइनएप्पल और मछलियों के अनूठे तोरण और लाल बन्दनवार से सजे भवनों की सुन्दरता, 'रीयूनियन डिनर' के लिए हँसते-चहकते परिजनों की आवाजाही देखी और सुबह-सुबह पटाखों और 'लायन डांस' के ढोल की आवाज़ सुनी तो हमें वसन्तोत्सव, होली और दीवाली सभी त्योहार याद आने लगे।

रमज़ान का महीना आते ही जब 'हरिराया (ईद) बाज़ार' सजता तो बच्चे बिरयानी और कबाब की ख़ुशबू सूँघते झट 'गेलांग सेराई' पहुँच जाते और दीपावली क़रीब आते ही हम बड़े खील-बताशे ख़रीदने 'लिटिल इंडिया' की ओर चल पड़ते।

वहाँ की धूमधाम और बिजली की सजावट देखकर ऐसा लगता मानो भारत वापस पहुँच गये हों।

अपनी भारतीय संस्कृति और संस्कारों से जाने-अनजाने हर बात की तुलना ने हमें शनैः-शनैः इस सत्य का अहसास भी कराया कि दुनिया भर में 'रंग-रूप, वेश-भाषा चाहे अनेक' हों लेकिन 'हिन्द देश के' ही नहीं, समस्त संसार के निवासी एक हैं और सभी का मूल धर्म है–मानवता यानी मानव का मानव मात्र से प्रेम!

लगभग अठारह वर्ष के सिंगापुर प्रवास में यह अहसास हमें इतनी बार हुआ है कि इस विषय पर एक पोथी लिखी जा सकती है लेकिन हमारी यादों की पोटली में एक ऐसा अनुभव है जिसने हम सब, विशेषकर हमारे बच्चों के चरित्र पर इतना गहरा प्रभाव डाला जो आजीवन अविस्मरणीय रहेगा।

तो बात है सन् 2007 की, जब दो टीनएजर बेटों के साथ सिंगापुर आये हमें कुछ महीने ही बीते थे। अब इस उम्र के बच्चे कितने ज़िम्मेदार होते हैं, इसका उन अभिभावकों को बख़ूबी अनुभव होगा जिनके नौनिहाल इस दौर में प्रवेश कर रहे हैं या इससे गुज़र रहे हैं। रात को जल्दी सोने और 'समय व्यवस्थापन' के बारे में प्रतिदिन लम्बा भाषण सुनने के बावजूद 'कानों पर जूँ न रेंगना' और 'चिकना घड़ा होना' जैसे मुहावरों को सार्थक सिद्ध करते ये बच्चे आपको बिल्कुल अपने-से लगेंगे। हर सुबह बिस्तर से कूदते ही, "मम्मा!..." की दर्दभरी आवाज़ के साथ घर में जो प्यार-भरा संगीत बजता था, उसे डाँट-फटकार कहना तौहीन होगा।

तो ऐसी ही एक सुबह, संगीतमय शुरुआत के बाद हमारे बड़े सपूत दौड़ते-भागते विद्यालय जाने को निकले। विद्यालय था शहर के दूसरे छोर पर, जहाँ तक वे एक मित्र के परिवार के साथ उनकी कार में जाते थे जो हमारे घर से तीन-चार किलोमीटर की दूरी पर रहते थे। आम दिनों में बस के द्वारा उनके घर तक लगभग बीस मिनट में पहुँचा जा सकता था लेकिन जिस सड़क पर हमारा घर था वहाँ मात्र एक ही बस आती थी और वह भी पन्द्रह मिनट में एक बार। अब देर से निकलने के कारण बस की प्रतीक्षा करना तो व्यर्थ था अतः मजबूरी में टैक्सी से जाने का निर्णय लिया गया।

जब तक इनकी टैक्सी मित्र के घर पहुँची, उसका पूरा परिवार तैयार खड़ा था। "हरीअप बॉयज! वी आर लेट!" मित्र के पिता की आवाज़ सुन, आनन-फानन कार में बैठे तो श्रीमान को याद आया कि उन्होंने अपना मोबाइल तो टैक्सी में ही छोड़ दिया! अब आपको मैं याद दिलाना चाहूँगी कि यह वो समय था जब तक टैक्सी

एप्स ज़माना नहीं आया था और टैक्सी नम्बर का पता लगाना उतना आसान नहीं था, ख़ासतौर से तब, जबकि आपने पहले से बुक करवाई टैक्सी नहीं ली हो।

तो फिर अब क्या किया जाये? घबराहट में मित्र के फ़ोन से अपने ही नम्बर पर कॉल करना शुरू किया। कई बार घण्टी बजने पर एक भद्र महिला ने फ़ोन उठाया जो इनके बाद उस टैक्सी में बैठी थीं लेकिन अब तक काफ़ी दूर पहुँच चुकी थीं। उन्होंने फ़ोन सँभालकर रखने और लौटाने का वादा किया और उसे लेने के लिए एक पता भी दे दिया। लेकिन जब दूसरी टैक्सी लेकर हमारे सुपुत्र उस इलाक़े में पहुँचे तो उन्हें वह ब्लॉक नज़र ही नहीं आया!

अब तक ख़ुद को तीसमार ख़ाँ समझने वाले, लेकिन मात्र आठवीं कक्षा में पढ़ने वाले इन श्रीमान के हाथों से तोते उड़ने लगे। न आस-पास कोई दूसरा फ़ोन, न कोई मददगार!

तभी हवाइयाँ उड़ते चेहरे के साथ, स्कूल यूनिफ़ॉर्म में भटकते, इस बच्चे की घबराहट को एक टैक्सी ड्राइवर ने भाँप लिया। शायद संसार का कोई और शहर होता तो अंजाम कुछ अलग ही होता जिसकी कल्पना करके आज भी रूह काँप जाती है, लेकिन यहाँ वह हुआ, जिसने हमारे मन में सिंगापुर की एक अलग ही तस्वीर बना दी।

ड्राइवर द्वारा टैक्सी में बैठाकर सही पते तक पहुँचाने का आग्रह सुन, बेटे की मानो रुलाई ही फूट पड़ी, "अंकल, आय डोंट हैव एनी मनी!" दस डॉलर प्रतिदिन का पॉकेटमनी पाने वाले बच्चे की जेब दो बार टैक्सी लेने के कारण अब तक ख़ाली हो चुकी थी। लेकिन उन ड्राइवर महोदय की सज्जनता देखिए कि वे उसे बिना कोई किराया लिए न केवल उस ब्लॉक तक लेकर गये बल्कि महिला से बातचीत पूरी होने तक उसकी प्रतीक्षा भी करते रहे, और तो और, फ़ोन मिलने के बाद वे उसे वापस एम.आर.टी. (सिंगापुर की मेट्रो रेल) स्टेशन तक छोड़ने भी आये। फ़ोन वापिस मिलने की ख़ुशी और स्कूल पहुँचने की जल्दी में बेटे ने महिला और टैक्सी ड्राइवर, दोनों को बस 'थैंक यू' बोलते हुए आगे की यात्रा आरम्भ की।

अब आता है इस घटना का तीसरा पड़ाव जो मानवता के प्रति हमारा विश्वास और भी सुदृढ़ कर गया। हुआ यूँ कि ट्रेन में चढ़ने के बाद बेटा फ़ोन पर अपने मित्र को घटना सुना रहा था। सामने की सीट पर एक मलय बुज़ुर्गवार बैठे थे जो शायद एक झपकी लेकर अपनी नींद पूरी करना चाहते थे। अब आपके बग़ल में जब एक जोश से भरा युवा, अपनी फ़ोन वापसी की गाथा जोर-शोर से सुनाने में व्यस्त हो

तो भला कोई कैसे सो सकता है? शायद कुछ ऐसा ही हुआ होगा उन 'अंकल' के साथ, जिन्होंने श्रीमान के रोमांचक अनुभव का एक-एक शब्द अपनी बन्द आँखों से सुन लिया लेकिन इसमें एक ऐसा वाक्य था जो उनके दिल में कहीं गहरे उतर गया, "आय डोंट हैव एनी मनी लेफ़्ट विद मी नाओ! हाउ विल आई ईट माय लंच टुडे?"

मित्र से कहे इस वाक्य में शायद उन्हें एक भोले, परेशान बच्चे का अक्स नज़र आ गया जो सुबह छह बजे से भूखा भटक रहा था। अपना स्टेशन आने पर वे उठे और बेटे के हाथ में दस डॉलर का नोट थमाते हुए उतरने लगे। उनके इस अप्रत्याशित अपनत्व से नि:शब्द बेटे के मुँह से बस इतना निकला, "अंकल, नो नीड, आय विल मैनेज!" तो कन्धे थपथपाते हुए नोट जेब में रखकर वे बस इतना ही बोले, "गॉड इज़ ग्रेट, गॉड इज़ ग्रेट!"

वाकई, गॉड इज़ ग्रेट! चन्द घण्टों में बीते इस छोटे-से घटनाक्रम में एक भारतीय बच्चे की मदद के लिए, जिस तरह एक फ़िलिपीनो महिला, चीनी (चायनीज़) टैक्सी ड्राइवर और मलय बुज़ुर्गवार नि:स्वार्थ भाव से आगे आये, उसे देखकर बस यही कहा जा सकता है कि जब तक भगवान इन्सानों में मिलते रहेंगे तब तक हमारी दुनिया को कोई ख़तरा नहीं है! शायद ऐसे लोगों को देखकर ही रहीमदास जी ने कहा होगा–

रहिमन इस संसार में सब सो मिलिए धाइ।
ना जाने केहि रूप में, नारायण मिलि जाइ।।

हम सौभाग्यशाली हैं कि हम सब बहुप्रजातीय देश सिंगापुर में प्रवास कर रहे हैं जहाँ इन्सानियत और भाईचारे को सबसे ज़्यादा महत्त्व दिया जाता है। इस घटना के बाद भी हमारे 'सुयोग्य' सुपुत्र की बदौलत कभी कैमरा, कभी एक्स बॉक्स तो कभी पूरा सूटकेस ही टैक्सी में छोड़ने और सौभाग्य से दोबारा पाने जैसी 'खोया-पाया' घटनाएँ समय-समय पर होती रहीं पर हर बार यहाँ के टैक्सी ड्राइवरों ही नहीं अपितु समस्त नागरिकों द्वारा प्रदर्शित ईमानदारी, सहृदयता और सहयोग की भावनाएँ, मानवता के प्रति हमारे विश्वास को निरन्तर सुदृढ़ करती रहीं। हमें यह यक़ीन दिलाती रहीं कि 'प्रवासी भारतीय' बनने के लिए सिंगापुर आकर हमने बिल्कुल सही फ़ैसला किया है।

यहाँ के एचडीबी हों या कोंडो–हर तरह के आवासीय परिसरों में विभिन्न समुदायों द्वारा प्रेमपूर्वक मिलजुलकर रहना, 'हरिराया' (ईद) हो या 'दीपावली', 'वैसाक डे' हो या 'क्रिसमस'–सभी धर्मों के त्योहार उत्साहपूर्वक मनाना, गली-

मोहल्ले में बने फ़ूड कोर्ट्स में साथ बैठकर चीनी, मलय, थाई, इंडियन, इंडोनेशियन, जापानी या फिर कोरियन–हर देश के 'माकन' (भोजन) का आनन्द उठाना, यहाँ पल-पल सर्वधर्म सद्भाव को दर्शाते हैं।

जहाँ आज संसार के अधिकांश देशों में सहिष्णुता, सहनशीलता और उदारता जैसे नैतिक मूल्य लुप्तप्राय हो रहे हैं वहाँ सिंगापुर में ये आम जीवनशैली का अभिन्न अंग बन चुके हैं। इन्हें सिखाने के लिए बच्चों को किसी पाठशाला में भेजने की आवश्यकता नहीं है, वे तो जीवन की शाला में स्वतः ही सीख जाते हैं।

यही कारण है कि हमारे जैसे प्रवासी भारतीय जितने गर्व से 'जय हिन्द' बोलते हैं, उतने ही जोश से 'माजुला सिंगापुरा' भी गाते हैं!

✍विनोद कुमार दुबे

रैनी से सिंगापुर : कान्ता राय की प्रवास यात्रा

सन् 1900 का भारत। उत्तर प्रदेश के मऊ ज़िले का रैनी गाँव। एक ग़रीब परिवार, जहाँ एक लड़के का जन्म होता है। लड़के का नाम रखा जाता है, कान्ता राय। उस ज़माने का ग़रीब भारतीय परिवार, यानी कि मिट्टी का घर, अनाज उगाने को खेत नहीं, दरवाज़े से गाय-बैल नदारद, रुपये-पैसों की गहन किल्लत और इन सबका मतलब बिल्कुल 'न' के बराबर सामाजिक रसूख। कहते हैं कि इन्सानी मन पर अभाव का प्रभाव सबसे अधिक होता है। इस आर्थिक अभाव का नन्हे कान्ता राय के बालमन पर इतना असर पड़ा कि वे उम्र से पहले बड़े हो गये। बचपन के दिनों में जब बाक़ी बच्चे खेलों की मटरगश्ती में मशगूल थे, वे आसपास के बड़े-बड़े मकानों को बड़ी लालसा के साथ ताकते रहते। उस बच्चे के जेहन में यही ख़याल आते रहे कि किस तरह परिवार की ग़रीबी और मुफ़लिसी को दूर किया जाये। उसे एक बात समझ आयी कि आसपास के गाँव में जो लोग सिंगापुर चले गये हैं, उनके परिवार में धनधान्य की कोई कमी नहीं है। उनके मन में यह बात समा गयी कि सिंगापुर प्रवास ही उनके सपनों की चाभी है। बचपन के इन्हीं दिनों से ही उसके मन में सिंगापुर जाकर अपनी तकदीर बदलने का ख़्वाब बस गया था। विश्व के मानचित्र में सिंगापुर कहाँ है, कैसे जाना, जाकर क्या करना है, उसे इन सारे प्रश्नों के जवाब ढूँढ़ने थे। किन्तु उसका बालपन इतना कहाँ सोचना चाहता था, वह तो सिर्फ़ यही जानता था कि सिंगापुर जाकर तकदीर बदल जायेगी। मज़े की बात यह कि कान्ता को न तो विदेश जाने का शौक़ था, ना ऐशो-आराम की तलब थी, उन्हें बस अपने परिवार को ग़रीबी के इस दलदल से बाहर निकालना था। पर मुश्किल यह कि न परिवार के पास इतने पैसे थे, ना ही जोखिम लेने की इतनी क्षमता कि नन्हे से कान्ता राय को विदेश जाने दिया जाये। पर उस जीवन में भी कैसा स्वाद, जिसमें संघर्ष का तड़का ना हो।

कान्ता ने लोगों से पूछताछ कर इतना तो समझ लिया था कि सिंगापुर जाने के लिए कलकत्ता से पानी की जहाज़ पर बैठना होगा। इन सबके लिए उन्हें ठीक-ठाक रुपयों को ज़रूरत थी। पर रुपये तो दूर उनके घर में ठीक से पैसे भी नहीं थे। कान्ता को रुपयों के इन्तज़ाम का रास्ता नहीं सूझ रहा था किन्तु वक़्त को इस बात की कहाँ परवाह थी। उसका तो काम है गुज़रते रहना। सन् 1913 में कान्ता का विवाह पास के गाँव की एक लड़की से करा दिया गया। 13 साल की उम्र में शादी उन दिनों कोई आश्चर्यजनक घटना नहीं थी किन्तु कान्ता की शादी करने की बिल्कुल इच्छा नहीं थी। ख़ैर, उन दिनों कोई बच्चों से इच्छा-अनिच्छा कहाँ पूछता था। उनकी पत्नी, नवविवाहिता मन के तमाम ख़्वाब सँजोये ससुराल आयी। रस्मो रिवाज़ के बाद, प्रथम मिलन की रात्रि वेला में उसने कान्ता को बताया कि मेरी माँ ने मुझे 10 रुपये दिये हैं। चूँकि ये रकम बड़ी है और मुझसे खो जाने का ख़तरा है, उसने बड़ी मासूमियत से वे दस रुपये अपने पति कान्ता के हाँथ सौंप दिये। पति पर भरोसा उसकी समझ भर नहीं थी बल्कि यह सलाह भी उसकी माँ ने उसे पीहर में दी थी। 10 रुपये उन दिनों इतनी बड़ी रकम होती थी कि कान्ता की आँखों में एक चमक आ गयी। सिंगापुर जाने के लिए इन्ही पैसों की तलाश में वह न जाने कब से था। और आज जब पत्नी ने अपनी माँ से मिले 10 रुपये कान्ता को दे दिए, वह धर्म संकट में पड़ गया। एक मन कहे कि ये 10 रुपये लेकर सिंगापुर के लिए रवाना हो जाएँ और अपने सपनों को पूरा करें। दूसरा मन कहे कि आज ही शादी हुई है, भला कौन घर छोड़कर जाने देगा। कान्ता इसी सोच में पड़े रहे। और उनकी पत्नी, आज ही बने इस अजनबी रिश्ते के हाथ 10 रुपये थमाकर चैन की नींद सो गयी। कान्ता अपनी पत्नी को छोड़कर जाना तो नहीं चाहते थे, किन्तु घर की ग़रीबी दूर करने का और कोई तरीक़ा भी समझ नहीं आ रहा था। आख़िर, जिस प्रकार गौतम बुद्ध सोती हुई यशोधरा को छोड़ अपनी मंज़िल की ओर बढ़ गये थे, उन 10 रुपयों को हाथ में लेकर कान्ता राय ने विवाह की पहली रात में ही चुपचाप घर छोड़ दिया। उन्हें अब पीछे मुड़कर नहीं देखना था, बस एक ही धुन सवार थी–सिंगापुर जाने की।

मऊ की अँधेरी रात। अपने घर से दूल्हे का लिबास पहने बेतहाशा निकला, एक लड़का। मुट्ठी में पत्नी से मिले 10 रुपये, सीने में घबराहट और आँखों में उम्मीद। इसके अलावा कान्ता के पास कुछ नहीं था। कान्ता को मऊ रेलवे स्टेशन के प्लेटफॉर्म पर बैठे देख, स्टेशन मास्टर को अन्देशा हो गया। बनारस की ट्रेन बस आने वाली थी। न कान्ता के पास टिकट लेने का समय था, न स्टेशन मास्टर ने टिकट के लिए पूछा।

"बेटा, प्लेटफॉर्म नम्बर 3 पर चले जाओ, वहाँ से ट्रेन बनारस को जाती है।" स्टेशन मास्टर ने सिर्फ़ इतना कहा। गाँव क़स्बों के स्टेशन मास्टर इस तरह के बिछोह की कई कहानियों के चश्मदीद गवाह होते होंगे। ट्रेन आयी, कान्ता किसी कम्पार्टमेंट में घुसे। चूँकि सीट आरक्षित नहीं थी, इसलिए, डिब्बे में नीचे बैठकर मऊ से बनारस तक बिना टिकट के सफ़र तय किया। नीचे बैठे हुए कब नींद लग गयी पता ही नहीं चला।

बनारस पहुँचने तक भूख ने असर कर दिया था। कुछ ख़रीदने की इच्छा मन में ज़रूर थी किन्तु यह भय भी था कि अगर पैसे ख़त्म हो गये तो सिंगापुर पहुँचने का सपना धरा का धरा रह जायेगा। गाँव में गुज़रे वक़्त के दौरान यह पता चल गया था कि सिंगापुर के लिए पानी की जहाज़ कलकत्ता के डाकयार्ड से ही जाती है। सबसे पहले, कान्ता ने 1 रुपये में कलकत्ता का टिकट ख़रीदा। फिर स्टेशन पर पानी के नलके खोजते रहे। उन्हें लगा कि ख़ूब सारा पानी पीकर पेट भरा जा सकता है। कचौड़ी और जलेबी के लिए मशहूर बनारस शहर में रेलवे स्टेशन पर भी इन नाश्तों की ख़ुशबू बिखरी पड़ी थी। मात्र 13 साल की उम्र के भूखे लड़के के लिए ख़ुद को रोक पाना आसान नहीं था। किन्तु, परिस्थितियाँ कुछ भी कराने में सक्षम होती हैं। कान्ता ने नलके से जी भरकर पानी पिया। तब तक पिया जब तक कि पेट के छोटी बड़ी हरेक आँत से खाने की लालच का कतरा कतरा न मिट जाये। ऐसा करते अपनी असहायता पर आँखों से आँसू भी आये। कान्ता ने नलके से निकली पानी की आख़िरी बूँदों से आँखों को धो दिया। ट्रेन आयी और उसे बनारस से लेकर कलकत्ता के लिए रवाना हुई। ट्रेन जैसे-जैसे आगे बढ़ी, कान्ता का बचपन पीछे छूटता गया। भोजपुरी बोली, सत्तू की बाटी, गिल्ली-डंडे का खेल, माँ-पिता के चेहरे, नयी ब्याही दुल्हन का ठीक से ना देखा हुआ चेहरा। सब कुछ बनारस स्टेशन के साथ पीछे छूटता गया। बस मुट्ठी में बच्चे रुपये कसकर पकड़ लिए। इन्हीं झिलमिल यादों में डूबे हुए, कान्ता की नींद जब खुली, आसपास की भोजपुरी बंगाली में तब्दील हो चुकी थी। जलेबी-कचौड़ी की खुशबू, मछलियों की गन्ध में। ट्रेन आसनसोल आ चुकी थी और थोड़ी देर में कलकत्ता पहुँचने की घोषणा की जा रही थी।

"कलकत्ता स्टेशन पर पानी का जहाज़ कहाँ मिलता है?" कान्ता ने एक सहयात्री से पूछा।

"पानी का जहाज़ डाकयार्ड में मिलता है, रेलवे स्टेशन पर नहीं।" उस अधेड़ बंगाली सहयात्री को इस मासूम सवाल का जवाब देते हुए हँसी आ गयी।

“डाकयार्ड” कान्ता के होंठ बुदबुदाये।

“डाकयार्ड कैसे जाऊँगा” कान्ता ने दूसरा प्रश्न किया।

“तुम तो बहुत छोटे दिखते हो, अकेले कैसे जाओगे, तुम्हारे साथ कोई और नहीं?” उस सहयात्री ने खिदरपुर डाकयार्ड तक पहुँचने का रास्ता बताते हुए कान्ता से पूछा।

“मैं छोटा नहीं हूँ” कान्ता ने सिर्फ़ इतना कहा।

कलकत्ता रेलवे स्टेशन से खिदिरपुर जाते हुए कान्ता ने ताँगा किया, जिसे एक आदमी हाँक रहा था। कान्ता को बैठाये जब वह आदमी सड़क पर सरपट दौड़ रहा था, उनको लगा कि रुपया पैसा इन्सान को क्या नहीं करा देता। कान्ता के मन में बहुत संवेदनाएँ थीं। उस ताँगा हाँकने वाले के लिए गला भर आया। मन और प्रतिज्ञ हुआ कि कुछ बड़ा करना है। सिर्फ़ शादी ब्याह कर मुफ़लिसी का जीवन जीने के लिए जन्म नहीं हुआ। खिदिरपुर डाकयार्ड पहुँचकर सामने पानी का बड़ा जहाज़ देख कान्ता को पहली बार लगा कि मंज़िल अब ज़्यादा दूर नहीं। जहाज़ पर चढ़ने के लिए टिकट लेने वालों की लम्बी क़तार खड़ी थी। जैसे-तैसा कान्ता आगे आये।

“कौन-सी क्लास का टिकट चाहिए?” टिकट काउंटर वाले ने निर्मोही भाव से पूछा।

“सबसे सस्ती टिकट जो भी हो।” कान्ता ने न सकुचाहट दिखाई, न उत्तर देने में विलम्ब किया।

“5 रुपये निकालो और यह लो डेक क्लास का टिकट। जहाँ बाक़ी लोग रहेंगे वहाँ जाना मना है। तुम्हें जहाज़ के बाहर ही डेक पर बाक़ी मज़दूरों के साथ रहना होगा।” टिकट काउंटर वाले ने कान्ता को लगभग घूरते हुए कहा।

“मौसम ख़राब हुआ और डेक पर पानी आ गया तो कहाँ जायेंगे!” कान्ता ने विस्मय से पूछा।

“तुम्हारी क़िस्मत ही ख़राब हुई तो फिर क्या किया जा सकता है।” जवाब कम और व्यंग्य ज़्यादा था।

“मेरी क़िस्मत ख़राब नहीं है।” यह बात कान्ता ने मन-ही-मन कहा और टिकट लेकर जहाज़ के डेक पर आ गये। डेक क्लास में रहने के लिए कोई कमरा नहीं मिलता था, बस जहाज़ के खुले डेक पर सोना होता था।

जहाज़ समन्दर को चीरते हुए गन्तव्य की तरफ़ प्रस्थान कर गया। मऊ से निकलते वक़्त गाँव के खेत और बोली भाषा पीछे छूटे थे, कलकत्ता से निकलते

वक़्त अब, ज़मीन और देश भी पीछे छूट गये। सिंगापुर से पहले जहाज़ रंगून में रुका। वहाँ पूर्व योजनानुसार कोयला लादा जाना था। डेक पर घूमते-घूमते कान्ता ने पूरे जहाज़ का मुआयना किया। चूँकि टिकट सबसे सस्ते क्लास का था, भीतर जाना मना था। शाम होते होते, कान्ता के चेहरे पर कोयले की परत चढ़ गयी। फेफड़ों में ऑक्सीजन की जगह कोयले की धूल ने ले लिया। कान्ता ने पानी के कुछ घूँट पिये, खाने के लिए ब्रेड का एक टुकड़ा मिला। कोयला लादने की आपाधापी के बीच एक कोना पकड़कर कान्ता सो गए। कहते हैं ना कि भूख और नींद इन्सान और जानवर में फ़र्क़ नहीं रहने देते। कान्ता को जो मिला खा गये, जहाँ भी जगह मिली सो गये।

"तुम सब यहाँ क्यों सो रहे हो। किसी को चोट लग जायेगी तो कौन ज़िम्मेदारी लेगा?" जहाज़ के कप्तान की दहाड़ती आवाज़ ने कान्ता के होश फाख़्ता कर दिये।

कप्तान ने उन्हें चेतावनी दी कि वे लोग कुछ दिन जहाज़ से बाहर जाकर इधर-उधर समय बिताएँ, वरना चोट लग सकती है। जहाज़ को चौथे दिन निकलना था, इसलिए कप्तान ने उन सबको चौथे दिन सुबह-सुबह लौट कर आने को कहा। कप्तान की बात मानकर कान्ता जहाज़ से उतर कर रंगून की गलियों में भटकते रहे। बाक़ी लोग चौथी सुबह जहाज़ पर लौटना चाहते थे किन्तु कान्ता तीसरी रात ही जहाज़ के लिए निकल गये। कहते हैं कि जब ईश्वर परीक्षा लेने पर आता है तो इन्तहां कर देता है। शायद कान्ता की कुछ परीक्षा बाक़ी थी। जब वे वापस डाकयार्ड पहुँचे, तो जहाज़ जा चुका था।

कान्ता को मानो काटो तो ख़ून नहीं। जहाज़ जा चुका था और समन्दर सामने मुँह चिढ़ा रहा था। उन्होंने वहाँ मौजूद आला अधिकारियों से बड़ी चिरौरी की, किन्तु पछताने के अलावा अब कोई चारा शेष नहीं था। नियम क़ानून भावनाओं का मर्म क्या जानें? अधिकारियों ने बताया कि या तो आप नया टिकट लें या फिर तीन महीने प्रतीक्षा करें। जब वही जहाज़ लौटकर आयेगा तो आपको उसमें चढ़ा दिया जायेगा। इतना कहकर कान्ता को बाहर का रास्ता दिखा दिया गया। डाकयार्ड का दरवाज़ा बन्द हुआ और कान्ता भारी मन से रंगून की गलियों में लौट पड़े।

"घर लौट जाऊँ, जान दे दूँ, या यहीं तीन महीने इन्तज़ार करूँ" तमाम सवाल ज़ेहन में कौंध रहे थे। अपनी क़िस्मत से दो-दो हाथ करने के बाद परास्त कान्ता का दिल बैठा जा रहा था। कान्ता चुपचाप एक पेड़ के नीचे बैठ गये। भूख और नींद ने धीरे-धीरे जहाज़ छूट जाने की चिन्ता को पीछे छोड़ दिया था। जो ईश्वर हद तक जाकर परीक्षा लेता है वही ईश्वर कोई न कोई रास्ता भी दिखाता है। अचानक

सड़क के एक ओर से गायत्री मन्त्र की गूँज सुनाई दी। कान्ता ने उस आवाज़ का पीछा किया। वह आवाज़ उन्हें आर्य समाज के मन्दिर तक ले आयी। वहाँ के पुजारी को आधी कहानी कान्ता ने बतायी और आधी कान्ता की फटेहाल वेशभूषा ने। आर्य समाज की उस संस्था ने कान्ता को सीने से लगाया। तीन महीने के लिए रहने खाने का आश्रय दिया। कान्ता आर्य समाज के उस मन्दिर में पुजारी के साथ रहते, साफ़-सफाई में मदद करते और तीन महीने गुज़रने की प्रतीक्षा करते। उस मुश्किल घड़ी में आर्य समाज के उस मन्दिर से मिले आश्रय और प्रेम ने कान्ता को जीवन भर के लिए आर्य समाज का कृतज्ञ बना दिया।

वक़्त पंख लगाकर उड़ गया। कान्ता नियमित रूप से हर रोज़ सुबह डाकयार्ड जाकर जहाज़ के आने की सूचना ले आते। पूरे डाकयार्ड को पता था कि फलां लड़के को, फलाँ जहाज़ से सिंगापुर जाना है, जो फलाँ दिन आयेगी। अन्ततः तीन महीने बाद जहाज़ वापस आयी। कान्ता ने फ़ौरन जाकर जहाज़ के कप्तान से अपनी परिस्थिति बयां की और कप्तान ने उन्हें बिना टिकट सिंगापुर ले जाने का वादा किया। जो आँखें आधी रात अपने रैनी गाँव को छोड़ते नहीं गीली हुई थीं, वे आज आर्य समाज के पुजारी से विदा लेते हुए नम थीं। कान्ता ने मन-ही-मन प्रण किया कि एक दिन मैं भी कहीं आर्य समाज मन्दिर की स्थापना करूँगा, जो मुझ जैसे बेसहारों का सहारा बनेगी।

कान्ता पानी के जहाज़ पर बैठे रंगून से सिंगापुर के लिए प्रस्थान कर गये और आख़िरकार 1913 में मऊ के रैनी में ख़्वाब देखने वाला लड़का कान्ता राय सिंगापुर पहुँच ही गया। उस देश जहाँ पहुँचने का स्वप्न उन्होंने बचपन से पाला था, जहाँ पहुँचने के लिए उन्होंने घरबार तक छोड़ दिया, पत्नी को बिन बताये निकल गया था, रंगून के आर्य समाज मन्दिर में तीन महीने का वक़्त गुज़ारा था। सिंगापुर की ज़मीन पर क़दम रखते हुए कान्ता मुस्कराये। इतने वर्षों का संघर्ष इस ख़ूबसूरत तरीक़े से टकरायेगा उन्होंने सोचा नहीं था। उनके रैनी गाँव से सिंगापुर तक पहुँचने का यह संस्मरण एक लड़के के ज़िद की कहानी है। यह अभाव के प्रभाव की गाथा है।

वैसे तो कान्ता राय के प्रथम प्रवास यात्रा का संस्मरण यही ख़त्म होता है किन्तु पाठकों को ज़रूर उत्सुकता होगी कि जिस लड़के में इतनी ज़िद है, वह अपनी महत्त्वाकांक्षाओं को कहाँ तक ले गया। इसलिए संक्षेप में इस संस्मरण को थोड़ा-सा आगे तक ले जाते हैं। कान्ता ने पढ़ाई-लिखाई तो की नहीं थी। सबसे पहले सिंगापुर

ट्रैक्शन कम्पनी में उन्हें मज़दूरी का काम मिला, जहाँ उन्हें जहाज़ों से आयी हुई चिट्ठियाँ पोर्ट से लेकर शहर में पहुँचानी होती थीं। यह तो दिन का काम था। रात में ख़ाली समय में उन्होंने वाचमैन का काम शुरू किया। तेज़ दिमाग़ और बहुत कुछ करने की भूख तो थी ही। धीरे-धीरे उनकी मेहनत रंग लायी, और वे दूध भी बेचने लगे। उनकी तनख़्वाह 16 डॉलर महीने की हो गयी, और रात की नौकरी से 52 डॉलर अतिरिक्त मिलते थे।

इन पैसों को उन्होंने अपने ऐशोआराम पर नहीं ख़र्च किया। बल्कि जब कुछ पैसे जमा हुए, तो उन्होंने घरों की दलाली का काम शुरू किया। एक घर 800 डॉलर में ख़रीदा और 1200 डॉलर में बेच दिया। इस तरह उन्होंने पैसे से पैसा कमाने का हुनर सीखा और सूद पर ज़रूरतमन्दों को पैसे भी देने लगे। धीरे-धीरे वे इतने सक्षम हो गये कि गाँव में अपने परिवार को पैसे भेजने लगे। उनके बड़े भाई गाँव में ज़मीन और सम्पत्ति की देखभाल करने लगे।

ईश्वर अच्छा समय दे रहा हो इसका मतलब यह नहीं कि परीक्षा फिर नहीं होगी। चिट्ठियों को छाँटते हुए एक रोज़ उन्हें अपने नाम की एक चिट्ठी मिली। उन्हें लगा कि सारी चिट्ठियाँ पहुँचाकर वे आराम से घर जाकर अपनी चिट्ठी पढ़ेंगे। सारी चिट्ठियाँ पहुँचाने के बाद कान्ता घर की तरफ़ मुड़े ही थे कि सिंगापुर की बिन बताये आने वाली बारिश ने उन्हें घेर लिया। एक पेड़ के नीचे साइकिल लगाये वे बारिश के थमने की प्रतीक्षा करते रहे। अचानक उन्हें जेब में रखी चिट्ठी की याद आयी। समय गुज़ारने का इससे अच्छा प्रबन्ध भला और क्या हो सकता था। उन्होंने बारिश की बूँदों से बचाकर अपनी चिट्ठी जेब से निकाली और उसको पढ़ना शुरू किया।

एकाएक बादल ज़ोर से गरजे। वे बादल आसमान में नहीं बल्कि कान्ता के हृदय में थे। उस चिट्ठी में एक दिल दहला देने वाली ख़बर थी। उनकी पत्नी का हैजा के कारण निधन हो गया था। जिस पत्नी के दिये 10 रुपये लेकर वे दुनिया जीतने निकले थे, आज वही दुनिया छोड़कर चली गई थी। चिट्ठी हाथ से छूटकर बारिश में बह गयी। घर लौटकर अपनी पत्नी को तमाम दुनियाबी सुख देने की सारी योजना भी उसी बारिश में बह गयी। कान्ता साइकिल लिए उस बारिश में पैदल ही घर के लिए निकल पड़े। उनके चेहरे पर बारिश की बूँदें थीं या कान्ता के आँसू सिर्फ़ वही जानते थे।

वे घर गये और ईश्वर को साक्षी मानकर कठ करेज कान्ता ने प्रण किया कि जिस पैसे के लिए उनकी पत्नी के साथ वे एक दिन भी न रह पाये, उस पैसे को

इतना कमायेंगे कि उसका मोह तक न रह जायेगा। उस दिन के बाद से उन्होंने दुबारा विवाह न करने और अपना पूरा जीवन धन कमाने में लगाने का संकल्प लिया। इन्सान जब बदले की भावना से कुछ करने को उतारू होता है तो और एकाग्रचित्त हो जाता है। समय के साथ कान्ता राय ने गाँव में अपनी 1 बीघा ज़मीन को 400 बीघा तक बढ़ा लिया। जिस दरवाज़े एक जानवर तक न बँधे होते थे, वहाँ आज हाथी, घोड़े, बीस हल की खेती थी। रैनी गाँव का सबसे बड़ा पक्का मकान कान्ता राय का था। यह सब उनके बड़े भाई उनके द्वारा भेजे पैसों के दम पर कर रहे थे। वह सब कुछ उन्होंने हासिल किया जो भारत में एक बड़े अमीर व्यक्ति के पास हो सकता था। उनके सिंगापुर में कमाये धन से गाँव में उनके परिवार का रसूख हो गया।

उनके भीतर लोगों के लिए कुछ करने का ज़ज्बा कभी नहीं मरा। सिंगापुर में उन्होंने आर्य समाज का मन्दिर बनवाया और यह व्यवस्था की कि कोई भूखा न सोने पाये। उन्होंने जो चाहा सब हासिल किया। उनकी जीवन यात्रा सिंगापुर में संघर्ष से भरी रही, लेकिन उन्होंने अपने सपनों को साकार कर दिखाया। पत्नी की मृत्यु ने उन्हें भले ही आन्तरिक रूप से कमज़ोर किया हो, लेकिन उनकी मेहनत और लगन ने उन्हें सफलता की ऊँचाइयों तक पहुँचा दिया। कान्ता राय जैसे लोग रोज़-रोज़ नहीं पैदा होते हैं। उनकी प्रवास यात्रा ही नहीं बल्कि उनके जीवन के किसी भी हिस्से का संस्मरण, एक हताश इन्सान के भीतर ऊर्जा का संचार करने की क्षमता रखता है।

✍शान्ति प्रकाश उपाध्याय

सुल्तानपुर से सिंगापुर नेशनल स्टेडियम तक का सफ़र

बचपन में गर्मियों की रात में, मैं अपने परिवार के साथ अक्सर छत पर लेटा करता था। जब रात में सब सो जाते थे तब मैं अपने लिए कमेंट्री किया करता था। उस समय सारे सितारे आकाश के विशाल प्रांगण में फ़ील्डर होते थे, और मैं अपना बल्ला उठाये जब निकलता था तब लगता था कि सभी सितारे, ये ग्रह-नक्षत्र मेरे लिए ताली बजा रहे हैं।

कभी-कभी तो मैं उस मन के स्टेडियम में अपनी टूटी-फूटी कविता गाता, तो कभी अपनी डिग्री उछालता था। उस रोमांच में मैं कभी-कभी तो पूरी रात सो नहीं पाता था। जबकि मेरे इर्द-गिर्द सभी सोते रहते थे।

मिडल क्लास के लिए पढ़ाई से बड़ा कोई इंश्योरेंस नहीं होता है। इसी उम्मीद में, शायद सुबह उठते ही मैं किताबों में खो जाता और पढ़ाई में अच्छा करने के लिए पूरी कोशिश करता। जब आप एक बड़े परिवार का हिस्सा हों तो आपके सपने केवल आपके नहीं होते, बल्कि परिवार के भी स्वप्नों को आपको सहेज कर रखना होता है।

परिवार में लोग पढ़ाई को बहुत तरीक़ों से देखते हैं। कोई इसे पैसे की बर्बादी तो कोई आबादी समझता है। गाँव में सभी ट्रैक्टर ख़रीद रहे थे, तो किसी ने भैया से कहा, शान्ति प्रकाश कब तक पढ़ेंगे? इतने पैसों में तो आप भी एक ट्रैक्टर ख़रीद लेते। भैया ने जवाब दिया कि हम ट्रक बना रहे हैं। उम्मीद की डोर बहुत मूल्यवान होती है। यह एक एहसास की बात है।

पिताजी को उम्मीद थी कि मैं बड़ी यूनिवर्सिटी से पढ़ूँ और इंजीनियर बनकर नाम रोशन करूँ जबकि मेरी इच्छा थी कि मैं एक खिलाड़ी बनूँ। सभी किसी-न-किसी उम्मीद को दिल में लिए बैठे थे। बचपन की आशा-निराशा को ढोता हुआ मैं अपनी जवानी को जीने के लिए उत्साहित रहता था। मैंने डीआरडीओ की

परीक्षा को टॉप किया और कम्प्यूटर्स की पढ़ाई में जी-जान से जुट गया। देखते ही देखते पढ़ाई सफलतापूर्वक समाप्त हो गयी और सब कुछ पाने की उम्मीद में, मैं अपना आशियाना छोड़कर 6 अगस्त 2002 की सुबह अपना बोरिया-बिस्तर लेकर सिंगापुर पहुँच गया।

खिलाड़ी बनने का स्वप्न, कविता लिखने की क़वायद और विदेश में पढ़ाई की मंशा को एक-एक कर दिल के कई कोनों में रखकर, मैंने चाबी फेंक दी थी। सिंगापुर में गाड़ियों की चमचमाहट और रफ़्तार के बीच से होता हुआ मैं अपनी नयी कम्पनी जो इंटरनेशनल प्लाज़ा में थी, 6 अगस्त को ही जॉइन करने के लिए पहुँच गया। इतनी बड़ी बिल्डिंग देखकर मुझे लगा कि मेरी जॉब एक बहुत बड़ी कम्पनी में लगी है। अन्दर गया तो बहुत सारी दुकानें और अनेक ऑफ़िस दिखाई दिये। मेरा ऑफ़िस 17 तल्ला, 11 यूनिट, 8X12 मीटर स्क्वायर का कमरा। 3 लोग, और 2 डायरेक्टर। लगा मैं इसी में सिमट ना जाऊँ। पर जब काम करना शुरू किया तो अहसास होने लगा कि कम्पनी छोटी है पर काम बहुत है। शायद भगवान का आशीर्वाद मानकर मैंने काम शुरू कर दिया। ना दिन और ना रात देखा, स्वयं को नौकरी में झोंक दिया।

इस बीच मेरा गौना, पिता और माता जी का विदेश आना, पुत्री का पैदा होना, भारत का 2003 में विश्वकप हारना जैसी बातें हुईं और इन सबके बीच मेरी एक आम ज़िन्दगी शुरू हुई।

अब इस बड़ी बिल्डिंग में ना सितारे दिखते थे और ना ही मेरे फ़ील्डर, जैसे मैंने सभी से नाता तोड़ लिया था। मेरे सब स्वप्नों को जैसे फ़्लैट की ज़िन्दगी ने हर लिया था। अक्सर उनकी याद सोने से पहले ही आती थी।

कहा जाता है कि अगर किसी चीज़ को दिल से चाहो तो संसार के सभी अणु परमाणु आप के मनोभाव के चरम बिन्दुओं की ही गति में आपको ऊर्जा देना शुरू कर देते हैं। शायद इस बात का एहसास सिंगापुर में एक सेमिनार में हुआ जिसका स्थान नेशनल यूनिवर्सिटी ऑफ़ सिंगापुर था। यह एक बड़ी यूनिवर्सिटी है, विश्व में भी इसका अच्छा नाम है।

ज़्यादातर मिडल क्लास विदेश में क्या देश में भी नहीं पढ़ा पाते, लेकिन वहाँ जाकर मुझे लगा कि किसी प्रयोजन से मुझे भेजा गया है। वेबसाइट पर सारी रिसर्च करने के बाद पता लगा जहाँ सेमिनार है वहीं मुझे एमटेक का एक कोर्स मिल सकता है। विदेश में पढ़ने की उत्कण्ठा तो आज मुझे सोने नहीं दे रही थी। आवेदन

पत्र ईमेल किया तो पता लगा दो सप्ताह पहले ही नये सत्र का प्रवेश इम्तहान ख़त्म हुआ है। अगले दिन ही कोर्स डायरेक्टर से बात की, लेकिन उन्होंने अगले साल का आश्वासन देकर फ़ोन काट दिया। फिर एक साल का इन्तज़ार छटपटाहट से भरा था। अन्तत: इम्तहान में क्वालीफाई किया, इंटरव्यू हुआ और 2006 में मैंने एमटेक जॉइन किया।

बात अब महत्त्वाकांक्षा की थी कि मुझे बहुत अच्छा करना है, मैंने अपना टारगेट टॉप करने का रखा, पहले सेमेस्टर में तीसरी रैंक और अन्तत: ऑफ़िस के विभिन्न विदेशी यात्राओं और सिंगापुर की गलियों को छानता हुआ मैंने दसवीं रैंक से एमटेक पास किया। फिर दूसरी बार माता-पिता का आगमन हुआ और मैंने उस समय एमटेक का मंगल टीका पहना हुआ था, जिसे कभी ट्रेक्टर की तलाश थी।

इस बीच मैंने अपने पासपोर्ट को नीले से लाल में बदल लिया, और सिंगापुर में पब्लिक सर्विस जॉइन किया, पर पब्लिक सर्विस का काम सहज नहीं था। मुझे लगा कि मेरी जॉब कभी भी जा सकती है। नया-नया था तो कठिनाई भी थी, और विभिन्न परेशानियों के बीच स्वास्थ्य भी ख़राब होने लगा। मैंने अच्छे स्वास्थ्य के लिए दौड़ने का निश्चय किया।

घर के बग़ल के पार्क में दो-तीन दिन दौड़ा पर अकेले दौड़ना बड़ा बोरिंग लगा। वहीं पार्क में दस-पन्द्रह लोग एक फ्रांसीसी खेल पेतांक खेल रहे थे, और मैंने भी उसे खेलने की इच्छा जतायी। उनके साथ खेलना शुरू कर दिया। मैंने फिर उनके साथ सिंगापुर में एक ओपन चैम्पियनशिप में भाग लिया और गोल्ड मेडल जीता। लगा कि अगली डिब्बी के खोलने का समय आ गया है। मैंने इस खेल के लिए एनएसए (नेशनल स्पोर्ट्स एसोसिएशन) का दरवाज़ा खटखटाया। एसोसिएशन ने यह कहकर मना कर दिया कि साउथ ईस्ट एशियन गेम्स 2015 की तैयारी चल रही है तो अभी नये लोगों को ट्रेनिंग दे पाना मुश्किल है। परन्तु मैं पेतांक एसोसिएशन जाता रहा और जब उन्हें पता चला कि मैंने एक लोकल टूर्नामेंट जीता है तो उन्होंने मुझे मेम्बरशिप दे दिया। मैं एसोसिएशन में पूरी प्रैक्टिस करने लगा। सितम्बर 2014 से जुलाई 2015 के बीच बहुत से लोकल टूर्नामेंट हुए, जिनमें मुझे पदक मिले, और मुझे मलेशिया, थाईलैंड और कम्बोडिया में भी खेलने का मौक़ा मिला। फ़रवरी 2015 में एसोसिएशन के दो खिलाड़ियों को 2015 एसईए गेम्स, में ना खिलाने का निर्णय लिया गया और उनके स्थान पर किसी एक पुरुष खिलाड़ी को स्थान देने का निर्णय लिया गया। उसी बीच मुझसे यह कहा गया अगर आप पोर्ट डिक्सन

इंटरनेशनल टूर्नामेंट मलेशिया में 150 टीम के बीच प्रथम आठ में आते हैं तो आपके वाइल्ड कार्ड प्रवेश के लिए सिंगापुर नेशनल ओलम्पिक कौंसिल से अपील की जायेगी। वैसा ही हुआ, मैं सुबह और रात ट्रेनिंग और दिन में ऑफ़िस का काम करता रहा। शायद टारगेट का प्रभाव था और सभी का आशीर्वाद, मैंने ट्रिपल्स में अन्य दो खिलाड़ियों के साथ (जो खेल में बहुत अच्छे थे) तीसरे पायदान पर मेडल जीता। स्पोर्ट्स सिंगापुर ने हमें 'आपे' सोशल मीडिया पेज पर कवर किया। जब हम कम्बोडिया में सीपा टूर्नामेंट खेल रहे थे, तो ख़बर आयी कि हमको सिंगापुर नेशनल ओलम्पिक कौंसिल ने चयनित कर लिया है और मेरा नाम यहाँ के सबसे बड़े अख़बार स्ट्रेट टाइम्स न्यूज़ पेपर में छपा है। उन्तालीस साल की उम्र में मैं 22-24 वर्ष के नवयुवकों और 12-14 साल के बच्चों के साथ खेल रहा था। अन्ततः मैंने सिंगापुर में 2015 के एसईए (SEA) गेम्स में सिंगापुर का प्रतिनिधित्व किया। टीवी में एथलिट परेड में अक्सर लोगों ने मुझे कोच समझा। जब एथलीट मार्च में मैंने सिंगापुर के प्रधानमन्त्री, राष्ट्रपति और मन्त्रिमण्डल को तालियाँ बजाते देखा तो, मैंने मन-ही-मन सब को प्रणाम किया।

सिंगापुर के नेशनल स्टेडियम से मैंने उन सब सितारों को फिर से निहारा जो सब मेरे फ़ील्डिंग पार्टनर थे, वे तो सुल्तानपुर में भी वैसे ही टिमटिमाते थे जब हम महज़ 12 साल के थे। सिंगापुर ने सूर्य बनकर मेरे हर स्वप्न को आकार दिया। मेरे इस आश्रय को मेरा बारम्बार प्रणाम!

✍स्वाति लाहोटी

वो एक दिन

यह कहानी है ख़ूबसूरत टीम वर्क की, जिसमें हम चारों ने–मेरे पति, मेरे दो बेटों और मैंने–अपने-अपने रोल को बख़ूबी निभाया। पीछे मुड़कर देखें तो यह एक सपना-सा लगता है, मगर यकीन मानिये, सफ़र भी मंज़िल से कम ख़ूबसूरत नहीं था। वह डेढ़-दो साल हमारी ज़िन्दगी का सबसे ख़ुशनुमा दौर था। इस दौरान हम एक-दूसरे के और क़रीब आये, साथ ही हम अपनी उस क्षमता से रूबरू हुए, जिसका हमें अहसास ही नहीं था। हम साथ रोये और साथ हँसे, कभी नाउम्मीद हुए, फिर उम्मीद का दामन थाम लिया; लेकिन हर दफ़ा हम पहले से अधिक मजबूत बनकर उभरे।

यह कहानी है एक बच्चे के वयस्क बनने की। एक बच्चा, जो मायूस तो हुआ, लेकिन फिर जोश से उठ खड़ा हुआ; जो माता-पिता की उम्मीदों से दबाव में तो आया, लेकिन फिर हौसलामन्द हो गया। हाँ, यह मेरी कहानी है, मेरे परिवार की कहानी है, जिसमें ख़ुशियाँ तो हैं, पर कभी-कभार आँसू भी हैं; जो ख़त्म तो जीत पर होती है, पर हार से महरूम भी नहीं है।

मेरे साथ, मेरी ज़िन्दगी का एक दिन जीने का न्योता स्वीकार कीजिए। तैयार हो जाइए भावनाओं के सैलाब में गोते लगाने के लिए, कभी डूबने और कभी उबरने के लिए; उस ख़ूबसूरत कहानी का हिस्सेदार बनने के लिए जिसे मैंने और मेरे परिवार ने 'जिया' भी है और जिस पर हमें 'नाज़' भी है; जो हमारी यादों की ऐलबम का सबसे ख़ूबसूरत पन्ना है और जिसे साझा करते हुए हमारे होंठों पर एक मीठी-सी मुस्कान खुद-ब-खुद आ टपकती है। यह कहानी है एक सफ़र की, जिसमें उतार भी है और चढ़ाव भी, आँसू भी हैं और हँसी भी, कभी जीत का जश्न है तो कभी हार का ख़ौफ़ भी; लेकिन असल में यह कहानी है एकजुट और लगातार की गयी मेहनत की–मेहनत, जिसकी क़िस्मत में लिखा है सिर्फ़ कामयाबी को चूमना; मेहनत, जिसके सिर को जीत का सेहरा ढूँढ़ ही लेता है; मेहनत, जो किसी भी मुश्किल के आगे घुटने नहीं टेकती; मेहनत, जो ख़ुद अपने आप में इनाम से कम नहीं है।

मेरे बेटे! तुम्हारा शुक्रिया कि तुमने मुझे इस यादगार सफ़र का हिस्सा बनाया और जैसा कि तुम्हें पता है, मैंने इसका भरपूर आनन्द उठाया। तो चलिए शुरू करते हैं।

दिन था रविवार, 12 जून, 2016 का। विमान बस, मुम्बई पहुँचने ही वाला था। पाँच घण्टे की यह फ़्लाइट काफ़ी उथल-पुथल भरी थी, लेकिन उससे कहीं ज़्यादा उथल-पुथल मेरे दिलो-दिमाग़ में चल रही थी। मैं लगातार पिछली दो रातों से ठीक से सो नहीं पायी थी। वैसे सोने के मामले में मेरा रिकॉर्ड कुछ ख़ास अच्छा नहीं है, लेकिन इस बार नींद में खलल की वजह कुछ और थी। मेरे बड़े बेटे ने आईआईटी-जेईई की परीक्षा दी थी और आज आईआईटी-जेईई एडवांस का रिजल्ट आने वाला था। उस घड़ी का सामना करने की हिम्मत मुझमें न थी। आज हमारी क़िस्मत का फ़ैसला होने वाला था, लेकिन उस पल की आँखों में आँखें डालकर देखने का साहस मुझ में न था। हमने जी-तोड़ मेहनत की थी या यूँ कहें, उससे ज़्यादा मेहनत हम कर ही नहीं सकते थे। हम चारों ने इस दिन के लिए अपना ख़ून-पसीना एक कर दिया था। फिर भी, मन में डर था कि ऐसा न हो, कहीं...। रिजल्ट सुबह के 10 बजे आने वाला था और अमूमन उसी समय हमें मुम्बई पहुँचना था। हम लोग यानी मैं, मेरी माँ, मेरा बड़ा बेटा अलिन्द, जिसने एग्ज़ाम दिया था और मेरा छोटा बेटा वयम, हम चारों सिंगापुर से बॉम्बे यानी अपने घर आ रहे थे। रोहित, मेरे पति, जुलाई 2014 से सिंगापुर में हैं। हम सब उनके साथ समय बिताने के लिए सिंगापुर आये थे। मैं तो वैसे भी दो नावों की सवारी पर थी ही। हमारे बीच यह तय हुआ था कि जैसे ही हम बॉम्बे पहुँचेंगे, रोहित हमें अलिन्द का रिजल्ट बतायेंगे। लैंड करते ही काफ़ी झिझक के साथ, मैंने अपना मोबाइल फ़ोन ऑन किया। लाख कोशिश के बावजूद मैं ख़ुद को आश्वस्त नहीं कर पा रही थी। रोहित फ़ोन पर पता नहीं क्या बतायेंगे, यह डर मुझे खाये जा रहा था। रोहित ने फ़ोन किया; परन्तु रिजल्ट बताने के लिए नहीं, अलबत्ता यह बताने के लिए कि ज़्यादा ट्रैफिक के कारण आईआईटी की वेबसाइट क्रैश हो गयी थी, इसलिए अलिन्द का रिजल्ट अभी नहीं पता चल पाया था। पता नहीं क्यों, मैंने चैन की साँस ली। मुझे थोड़ी मोहलत और मिल गयी थी। इसी बेचैनी के साथ हम लोग घर के लिए रवाना हुये। पिछले तीन-चार दिनों से मुझे बुख़ार था, शायद वायरल। तबीयत थोड़ी ढीली थी, दिमाग़ में बेचैनी अलग। आज का दिन मेरे लिए फ़ैसले का दिन था। आज कुछ भी हो सकता था। अपने बेटे की सफलता के ज़रिये, मैं अपना खोया हुआ आत्मविश्वास फिर से हासिल कर सकती

थी। आज का दिन दुनिया की निगाहों में मेरा क़द ऊँचा कर सकता था। आज का दिन मुझे मेरा वजूद लौटा सकता था। या फिर...

अलिन्द से कहीं बढ़कर यह मेरे लिए फ़ैसले की घड़ी थी। फ़ैसला इस बात का कि मैं एक माँ और कैटालिस्ट के रूप में कामयाब हूँ या नहीं। इतिहास में मेरी गहरी दिलचस्पी है और मेरा यह दृढ़ विश्वास है कि जीजाबाई सरीखी माँ की परवरिश और छत्रछाया के बिना शिवाजी, शिवाजी न होते। क्या आज मुझे भी जीजाबाई जैसा दर्जा मिलने वाला था?

अलिन्द हमेशा से एक मेधावी छात्र रहा है, लेकिन उसे ज़रूरत पड़ती है थोड़े से सहारे की, ढेर सारी प्रेरणा की और समय का सही इस्तेमाल करने के बारे में कुछ मार्गदर्शन की। उसकी तैयारी के दौरान मेरा बस यही काम था कि उसका हौसला और मनोबल बनाये रखूँ। एक बात तो माननी पड़ेगी कि यह एग्ज़ाम अच्छे-अच्छों को हिलाकर रख देता है। मैंने काफ़ी अच्छे स्टूडेंट्स को भी इस एग्ज़ाम और माता-पिता दोनों के दबाव में आकर बिखरते देखा है। ऐसा नहीं है कि अलिन्द के साथ ऐसा कभी नहीं हुआ, परन्तु कुल मिलाकर वह इसे मैनेज कर पाया।

उसके साथ के कुछ बच्चों की रैंक हमें पता चली। ये वो बच्चे थे, जो बहुत अच्छे और विलक्षण छात्र थे–उनसे अच्छे रिजल्ट की उम्मीद थी और उनका रिजल्ट वैसा ही रहा भी; परन्तु हमारी क़िस्मत का फ़ैसला होना अब भी बाक़ी था।

शाम के लगभग 5 बजे थे। मैं अपनी दवाई खाकर सो गयी थी। मैंने अलिन्द को हिदायत दी थी कि रिजल्ट पता लगने की सूरत में ही मुझे उठाना, वरना मुझे आराम करने देना। मैं गहरी नींद में थी, तभी अलिन्द ख़ुशी से चिल्लाता हुआ कमरे में दाख़िल हुआ–"मॉम, रैंक 944, अभी पापा ने बताया!" उसने मुझे अपनी रैंक का स्क्रीनशॉट दिखाया।

मेरी ख़ुशी का ठिकाना न था। ख़ुशी के आँसुओं से मेरा चेहरा तर-ब-तर था। मैं जानती थी कि मेरे लाख कोशिश करने पर भी ये आँसू रुकने वाले नहीं थे। ख़ुशी का अतिरेक शायद आँसुओं के ज़रिये राह पा रहा था। रोजर फेडरर जब भी कोई मैच जीतते हैं, तो बहुत रोते हैं। उन्हें तो पता भी नहीं है कि उस समय, उनसे ज़्यादा मैं रोती हूँ। असली मैच तो छोड़िये जनाब, मैं तो फ़िल्मों की रेस या मैच देखते हुए भी बहुत भावुक हो जाती हूँ। 'जो जीता वही सिकन्दर' की साइकिल रेस जीतने के बाद आमिर खान तो नहीं रोते, लेकिन मैं यह कर्तव्य ज़रूर निभाती हूँ और जितनी बार भी वह रेस देखूँ, हर बार निभाती हूँ। मुझे इससे कोई फ़र्क़ नहीं पड़ता कि उस रेस का परिणाम मुझे पहले से पता है!

मेरे लिए दुनिया मानो थम-सी गयी थी। मैं यह भी नहीं समझ पा रही थी कि मैं ख़ुश हूँ या नहीं। ख़ुश थी तो इसलिए कि अलिन्द ने आईआईटी-जेईई क्लीयर कर लिया था। ख़ुशी में कहीं खलल था तो इसलिए कि अलिन्द की रैंक वो नहीं थी, जो आनी चाहिए थी, या यूँ कहें कि उसकी क्षमता, मेहनत और हमारी उम्मीद के हिसाब से आनी चाहिए थी। हम चाहते थे कि वह आईआईटी, बॉम्बे में मेकैनिकल इंजीनियरिंग पढ़े। उसके लिए उसकी रैंक टॉप 500 में होनी चाहिए थी। 944 रैंक पर आईआईटी, बॉम्बे में दाख़िला मिलना तो तय था, पर मेकैनिकल में नहीं।

जानकार लोगों का कहना था कि इस साल पेपर कुछ ज़्यादा ही टफ़ था। सारे बड़े कोचिंग इंस्टीट्यूट्स में यह एक परम्परा-सी है कि उनके टीचर्स एग्ज़ाम वाले दिन ही दोनों पेपर्स को सॉल्व करते हैं और अपनी वेबसाइट पर answer key (उत्तर कुंजी) अपलोड कर देते हैं। मंशा यह होता है कि इसके ज़रिये स्टूडेंट्स अपने मार्क्स का अन्दाज़ा लगा सकें। कहते हैं कि इस बार फैकल्टी को भी पेपर्स हल करने में काफ़ी समय लगा। पहले पेपर के बाद अलिन्द की बॉडी लैंग्वेज (हाव-भाव) काफ़ी निराशाजनक थी। वह एकदम उखड़ा हुआ था। उसने निर्देशों को ध्यान से नहीं पढ़ा था। इस बार पेपर्स का पैटर्न कुछ अलग था। कुछ प्रश्नों में पार्शियल मार्किंग (आंशिक रूप से ठीक हो तो भी अंक मिल जाते हैं) थी। अलिन्द ने इसे नहीं पढ़ा था और नतीजतन ऐसे प्रश्नों को हल करने की कोशिश ही नहीं की थी।

एग्ज़ाम वाले दिन अलिन्द की कोचिंग ने बच्चों के लिए वैनिटी-वैंस का इन्तज़ाम किया था, जिसमें बच्चे दोनों पेपर्स के बीच आराम कर सकते थे। मैं और रोहित लंच टाइम में काफ़ी तैयारियों के साथ गये थे–खाना, ग्रीन टी, नीबू पानी–मेरे पिटारे में सब कुछ था परन्तु अलिन्द का मूड इतना ख़राब था कि वह किसी भी चीज़ की तरफ देखने की हालत में नहीं था। हम दोनों का दिल भी बैठ गया था परन्तु हम हर चन्द कोशिश कर रहे थे कि हमारी मायूसी हमारे चेहरे पर न आने पाये। खुद को ढाढस बँधाने के लिए हम दोनों फलसफे पढ़ रहे थे। हम इन्सानों की यह फ़ितरत है कि हम अपने भाग्य को स्वीकार करने के लिए कुछ-न-कुछ बहाना ढूँढ़ ही लेते हैं। किसी और तरीक़े से बात न बने तो कर्म या नियति का सिद्धान्त तो हमारे काम आ ही जाता है। हमारे पुराणों और शास्त्रों की यही तो ख़ास बात है, *होइ है वही जो राम रचि राखा,* होनी बलवान है तो फ़ालतू पैर पटकने से क्या फ़ायदा!

एग्ज़ाम वाले दिन यानी 22 मई को ही रोहित ने अलिन्द का अनुमानित स्कोर

कई बार कैलकुलेट किया था। शायद उन्हें लगता था कि बार-बार गिनने से उसके स्कोर में कुछ बढ़ोतरी हो जायेगी! लेकिन मन-ही-मन एक अच्छी रैंक की उम्मीद हम छोड़ चुके थे। अच्छी रैंक न आने का मतलब था–हमारे परिवार में परस्पर विरोधी विचारधाराओं का टकराव। मेरा मानना था कि अलिन्द को फिर से एग्ज़ाम देना चाहिए। काउंसलर भी कुछ ऐसा ही सोचते थे। इसके विपरीत रोहित का दृढ़ विश्वास था कि अलिन्द के लिए इस दर्जे की मेहनत से एक साल और पढ़ना नामुमकिन था। मन-ही-मन मुझे भी ऐसा ही लगता था। बिट्स, पिलानी के एंट्रेंस एग्ज़ाम में अलिन्द का स्कोर काफ़ी अच्छा था। उसे वहाँ आसानी से कम्प्यूटर साइंस में दाख़िला मिल जाता। और यह तो सब जानते हैं कि जॉब मार्केट में आजकल कम्प्यूटर साइंस की कितनी डिमांड है।

भगवान का लाख-लाख शुक्र है कि हमें इस धर्म-संकट का सामना नहीं करना पड़ा। मैं हमेशा से चाहती थी कि अलिन्द आईआईटी, बॉम्बे में पढ़ाई करे। कारण था कि मैं एक माँ की तरह सोचती थी किआईआईटी, बॉम्बे मिला तो अलिन्द जब-तब घर आता-जाता रहेगा, वरना बच्चे एक बार कॉलेज के लिए निकले तो घर से दूर ही हो जाते हैं। इस मात्रोचित लालच ने मुझे अलिन्द की पढ़ाई में सहयोग देने के लिए बहुत उत्साहित रखा। भगवान का लाख-लाख शुक्र है कि उन्होंने और मेरे बेटे ने मेरा दिल नहीं तोड़ा। मेरी माँ ने अलिन्द को उसकी मेहनत के इनाम के तौर पर एक अच्छी-ख़ासी रकम दी। अलिन्द ने वह कारनामा कर दिखाया, जो आज तक हमारे पूरे परिवार में किसी ने नहीं किया था।

रोहित ने यह ख़बर अपने व्हाट्सएप फैमिली ग्रुप पर डाल दी और...

उसके बाद मेरा मोबाइल लगातार बजता रहा। बधाइयों और ख़ूबसूरत सन्देशों का ताँता-सा लग गया और मैं उन्हें बार-बार पढ़ती रही। कुछ ख़ास लोगों को मैंने खुद फ़ोन किया और यह ख़ुशखबरी शेयर की। फैमिली ग्रुप पर मैंने लिखा—

कल anxiety ने नहीं सोने दिया, आज ख़ुशी जगायेगी,
ये नींद कमबख्त आज भी, लुका-छिपी खेल के जायेगी।

इतने सालों में पहली बार मैंने फ़ेसबुक पर अपना स्टेटस अपडेट किया, "हमारे बड़े बेटे ने आईआईटी क्लीयर किया, एयर 944. मैं सातवें आसमान पर हूँ।" मित्रों और परिवारजनों ने इसे ख़ूब सराहा।

जून का पूरा महीना ख़ुशी को जज़्ब करने और जश्न मनाने में बीता। अलिन्द रातोंरात हमारी हाउसिंग सोसायटी का स्टार बन गया था। सभी आंटियाँ उसे बधाई देतीं और चाहतीं कि वह अपनी कामयाबी का मन्त्र उनके बच्चों के साथ शेयर करे। मुझे आमतौर पर पार्टी-वार्टी करने का ज़्यादा शौक़ नहीं है, लेकिन इस मौक़े पर तो पार्टी करना बनता ही था। हमने अपने घर पर दो पार्टियाँ कीं। अलिन्द अपने टीचर्स के पास मिठाई लेकर गया और उनके पैर छूकर उनका शुक्रिया अदा किया। हमारा मिशन कामयाब हो गया था।

क्या आप लोग भी मेरी इस बात से इत्तेफ़ाक रखते हैं कि हम कितने भी बड़े या बूढ़े हो जायें, एग्जाम यानी इम्तिहान का दिन और रिजल्ट वाला दिन–इन दो दिनों का सामना करने की हिम्मत हम नहीं जुटा पाते, ये आज भी हमारी धड़कनों को बढ़ाने का माद्दा रखते हैं। आप कितना भी नियति में विश्वास रखते हों या महाकवि तुलसीदास के इन शब्दों से सुकून हासिल करना चाहते हों, "हानि, लाभ, जीवन, मरण; यश, अपयश विधि हाथ", फिर भी इम्तिहान और रिजल्ट वाले दिन एक अनकही बेचैनी, एक अजीब-सा डर हम पर हावी हो जाता है। और रिज़ल्ट अगर आपके बच्चे के इम्तिहान का आने वाला हो तो हालात और भी गम्भीर हो जाते हैं! और तो और, जब केबीसी में हॉट सीट पर आने के लिए प्रतियोगी 'फास्टेस्ट फिंगर फर्स्ट' खेलते हैं, तो न चाहते हुए भी हम दर्शकों का दिल राणा प्रताप के घोड़े चेतक से भी ज़्यादा रफ़्तार से भागता है, आज कल के सन्दर्भ में कहें तो सुपर सॉनिक स्पीड से दौड़ता है! साँसें थम जाती हैं और दिमाग़ सुन्न हो जाता हैं। आँखें स्क्रीन पर टिकी रहती हैं, बस इन्तज़ार होता है उस एक नाम के घोषित होने का।

क्या आपके साथ भी ऐसा होता है?

हमारी दास्तान पढ़कर यदि कुछेक माँएँ भी अपने बच्चों के सपनों को साकार करने में उनकी मदद कर पायें तो मैं अपने इस तुच्छ प्रयास को सार्थक समझूँगी। सभी माताओं के लिए कविता के ज़रिये एक सन्देश देकर में अपनी लेखनी को विराम दूँगी–

ख़ामोश बैठ के किनारे पर,
मत देखो लहरों को आते और जाते।
उतर जाओ पानी में ख़ुद,
और देखो उसे जीतते-मुस्कुराते।

अंश है वह तुम्हारा,
जानो तुम उसकी रग-रग।
थाम के उसकी उँगली,
साथ दो उसका पग-पग।

तो शुरू करो अपना सफ़र,
और करो पूरी शान से।
कौन जाने अगले बरस,
ज़माना वाक़िफ़ हो आपकी दास्तान से।

डॉ. संध्या सिंह

विस्मृतियों के दौर में अमित

सिंगापुर में अध्ययन-अध्यापन करते अब एक लम्बा समय बीत गया है, युवा पीढ़ी को भाषा सिखाने का काम जो करती हूँ इसलिए भाषा सिखाने के बहाने भविष्य को देखने और उनको तनिक निकट से जानने का अवसर मुझे मिला और मिलता रहता है। न जाने कितनी ही ऐसी छोटी-बड़ी कहानियाँ, घटनाएँ घटती गयीं, या कहूँ जुड़ती गयीं कि उनका लेखा-जोखा मस्तिष्क के किसी एक कोने में अपने आप सहेजता चला गया है। सिंगापुर में ज़्यादातर फ़्लैट्स वाले घर की दुनिया से बाहर निकलकर जैसे ही आप विश्वविद्यालय के परिसर में क़दम रखते हैं, अपने आप आपका व्यक्तित्व और आप स्वयं एक बदलाव महसूस करते हैं; मैं इन बदलावों से कैसे अछूती रह सकती हूँ। मन में अंकित इन ढेर सारी यादों को किसी एक ख़ाके में रख पाना सम्भव नहीं क्योंकि इनकी प्रकृति एक-दूसरे से बहुत भिन्न है।

उम्र की सूई अपनी निरन्तरता बनाये हुए बढ़ रही है। कभी-कभी लगता है कि विस्मृतियों का दौर कब पूर्णरूपेण दस्तक दे जाये, इस कभी शनैः कभी तीव्रता से आगमन करते दौर में भी कुछ स्मृतियाँ काग़ज़ पर आकार ले लें क्योंकि अब भी मेरी यादों के दायरे में वे अपना विशाल आकार लिए उपस्थित हैं और न जाने कब समय का यह दौर उन्हें विस्मृत कर दे!

बात लगभग ग्यारह-बारह साल पहले की है, विश्वविद्यालय में हिन्दी भाषा सिखाते हुए एक लम्बा समय बीत चुका था और कक्षाओं में दिलचस्पी और बढ़ने लगी थी। सभी भाषा कक्षाएँ बहुत अनोखी होती हैं क्योंकि यहाँ अलग-अलग परिवेश और पृष्ठभूमि वाले विद्यार्थी भाषा सीखने आते हैं। उनके सीखने के उद्देश्य अलग होते हैं, उन पहलुओं पर बात कभी और करना अधिक बेहतर होगा तो यहाँ बस उन यादों से कुछ बातें। सत्र शुरू हुआ और हमेशा की तरह, नया 'बैच' आया, उनसे परिचय बढ़ने लगा। हिन्दी भाषा की कक्षाओं में संख्या सीमित ही रहती है शायद

इसलिए हर विद्यार्थी को बहुत नज़दीक से समझने का मौक़ा मिलता है। उस समय हिन्दी के चार स्तर थे जबकि वर्तमान में छह स्तर हैं। जब हम भाषा सिखाते हैं तो उसे अलग-अलग स्तर में बाँटना होता है ताकि क्रमिक गति से भाषा सीखें। हमेशा सबसे अधिक विद्यार्थी पहले स्तर में ही आते हैं।

हिन्दी के पहले स्तर में आये विद्यार्थियों में शामिल था एक विद्यार्थी 'जॉन' (बदला हुआ नाम)। वह चीनी मूल का था। लम्बा और दुबला-पतला जॉन मोटे चश्मे लगाता था। उसको देखते ही लगता कि एकदम पढ़ाकू विद्यार्थी का प्रवेश हो गया है। चीनी लोगों के बाल बहुत रेशमी से होते हैं, जॉन के भी थे और उसने तनिक लम्बे भी रखे थे। कभी-कभी 'तेरे नाम' फ़िल्म के सलमान खान वाली झलक मिल जाती थी, बस क़द-काठी में अन्तर था। कुछ तो ख़ास था उसमें। कक्षा में जॉन ने अपनी जगह बना ली थी। अपने छोटे-छोटे वाक्यांशों और शब्दों के माध्यम से वह कक्षा को काफ़ी सजीव भी बनाये रखता। भाषा सीखने में उसकी अलग तरह की रुचि थी। तरह-तरह के सवाल पूछता रहता, जब तक उसकी जिज्ञासाएँ शान्त न हो जायें। उस समय हम दो ही लोग हिन्दी की कक्षाएँ लेते थे-मैं हिन्दी भाषा के पहले स्तर के 'लेक्चर' लेती थी और 'ट्यूटोरियल' का काम देखते थे डॉ. भट्ट। ज़ाहिर है कि हम दोनों कई बार विद्यार्थियों के विषय में बात करते रहते थे–दूसरों का तो शायद पता न चले लेकिन मुझे अपने विद्यार्थी अपनी औलाद से भी ज़्यादा प्रिय हो जाते हैं; और तो और, मेरे बच्चे कई बार इसकी शिकायत भी करते हैं कि माँ आप हमसे ज़्यादा अपने विद्यार्थियों को कैसे प्रेम कर सकती हैं। ख़ैर, डॉ. भट्ट और मेरे मध्य जॉन के विषय में बात होती थी कि उसमें सीखने का अलग जुनून है, वह बहुत मेहनत कर रहा है। विदेशी मूल के विद्यार्थी जब बहुत अच्छा निष्पादन करते हैं तो यह बहुत दिलचस्प हो जाता है कि जिस काम के लिए हम यहाँ नियुक्त हैं उस कार्य का वास्तविक परिणाम हमें देखने को मिल रहा है। कक्षा एक वृक्ष की भाँति ही तो है और जब तक उसकी टहनियों में पुष्प न खिल जाये, हमेशा चाहे जौहरी की तरह या बगुला ध्यान लगाये हम भी हर विद्यार्थी के अध्ययन और विकास पर सहायक बनने को तैयार रहते हैं।

बहरहाल, सत्र आगे बढ़ता गया। कक्षा की चहल-पहल के बीच जॉन की भाषा में दिलचस्पी के साथ ही दक्षता भी बढ़ती जा रही थी। स्मृतियों के ऊभ-चूभ में मुझे याद है जॉन ने कक्षा के एक प्रोजेक्ट के लिए अपने परिवार के बारे में प्रस्तुति दी थी। उसकी प्रस्तुति ने सभी को आकर्षित किया क्योंकि जिस तरह से उसने शब्दों

को बुना, लगा जैसे बीज अपने भीतर जीवन छिपाये रखता है और अंकुरित होने के लिए सही समय का इन्तज़ार कर रहा था। हमारे विश्वविद्यालय में सत्र कुल तेरह हफ़्तों का ही होता है। पलक झपकते ही समय की गति ने सत्र के अन्त की ओर प्रवेश किया। भले ही कुछ लोग मानें कि परखने की यह कसौटी कम मुफ़ीद है पर इस थोड़े समय में विद्यार्थियों के जीवन, उनकी सोच, एक नये संसार का जितना विस्तृत ज्ञान और समझ मुझे प्राप्त हो जाती, उतना किसी अन्य प्रयोजन से नहीं। ग्यारहवें-बारहवें हफ़्ते तक आते-आते जॉन में कुछ परिवर्तन हमें दिखाई देने लगे।

विद्यार्थी ज़्यादातर सत्र के आख़िरी हफ़्तों में बेचैन दिखाई देते हैं क्योंकि बहुत सारे 'सबमिशन' एक साथ होते हैं लेकिन जॉन की बेचैनी अलग लग रही थी। धीरे-धीरे वह कुछ अधिक चुप रहने लगा और जब बोलता तो उसके बोलने का ढंग काफ़ी बदला हुआ लगता। कभी-कभी चिड़चिड़ाया-बौखलाया भी दिखता, कभी इतना परेशान कि जैसे उसके परिवार में कुछ नोंक-झोंक ज़्यादा ही गम्भीर हो। मुझे कई बार लगता था कि जॉन के अन्तस में कोई द्वन्द्व चल रहा है जो हम समझ नहीं पा रहे हैं। क्या हमें उससे पूछना चाहिए या उससे बात करनी चाहिए! इस विषय पर मैंने डॉ. भट्ट से भी कहा। उन्हें भी इसका कुछ अन्दाज़ा हो गया था। उनका आग्रह था कि वे ही उससे बात करेंगे कि यदि वह किसी तरह की परेशानी से गुज़र रहा है, शायद हम उसकी कुछ मदद कर सकें। मेरे बजाय डॉ. भट्ट से बात करना शायद उसके लिए अधिक सहज हो सकता था।

जब हम एक ध्येय के साथ, एक जोश, एक जज़्बे के साथ किसी प्रयोजन से जुड़े हों तो यह मायने नहीं रखता कि कौन नेतृत्व कर रहा है बल्कि धुरी इस बात पर टिकी होती है कि सब सही हो। जॉन से बात करने का कोई अधिक लाभ नहीं हुआ क्योंकि उसने एक दीवार खींच ली थी और वह किसी को भी उसे पार करने नहीं देना चाहता था। मैंने भी कई बार प्रयास किया किन्तु जॉन ने कभी कुछ भी ज़ाहिर नहीं किया जिससे उसके भीतर उठ रहे इतने बड़े तूफ़ान का तनिक भी अंदाज़ा लगाया जा सके। वह भीतर किसी अभाव में यदि डूबा भी हो, तो उसने बाहरी तौर पर भरा दिखने का नाटक किया। उसे अन्दाज़ा हो गया था कि हम उसके लिए कुछ परेशान हैं; इसलिए उसने अपनी दीवार को और भी मज़बूत कर लिया। हमें कुछ भी ठोस समझ नहीं आया और देखते-देखते सत्र का अन्तिम हफ़्ता आ गया।

सत्र के अन्त में हम कक्षा के लिए गीत-संगीत और साथ भोजन आदि के लिए एक पार्टी आयोजित करते थे, उस बार यह 'बारबेक्यू' पार्टी थी। इस तरह का

वातावरण शिक्षक-शिष्य से आगे हमें संस्कृति के धागे से परिवार के रूप में जोड़ता है। कहीं-न-कहीं सांस्कृतिक समझ की सामूहिक ज़िम्मेदारी इस रूप में उभरती है। उस 'बारबेक्यू' पार्टी में जॉन अपनी एक साथी (पंजाबी महिला) के साथ आया। उसने बताया कि वह कुछ समय इस महिला का किरायेदार रहा है, जिसका बेटा विकलांग है और जॉन कभी-कभी उसकी देखभाल में मदद भी करता है। हमें आश्चर्य हुआ कि जॉन के पिता का एक अच्छा घर होने के बावजूद वह किराये पर क्यों रहा था? हमारे बीच फिर चर्चा हुई कि ये महिला क्या जॉन की प्रेमिका है? पर उनकी उम्र का अन्तर और जॉन द्वारा कभी-कभी उस महिला के बच्चे की देखभाल का ज़िक्र आदि ने ज़्यादा कुछ हमें सोचने नहीं दिया।

पार्टी में जॉन ने 'बारबेक्यू' में मदद तो की ही, साथ ही बड़ा रोचक-सा आग का खेल भी दिखाया। उस दिन जॉन बहुत सक्रिय और ख़ुश था। उसकी बढ़-चढ़कर ली गयी भागीदारी ने उस युवा ऊर्जा के लिए हमारी सोच से सारी चिन्ताओं को धूल की तरह तो नहीं पर काफ़ी हद तक झाड़कर अलग कर दिया। लगा शायद उसे कोई लक्ष्य मिल गया है जिसने उसके सामने खुला आसमान ला दिया हो। चूँकि सत्र पूरा हो गया था इसलिए बाद में विद्यार्थियों से सम्पर्क भी ना के बराबर रह जाता था, तब आज की तरह 'व्हाट्सअप' और 'टेलिग्राम' जैसे मंच जो न थे।

अगला सत्र शुरू हुआ और जॉन ने भी दाख़िला लिया। जिन विद्यार्थियों की विशेष रुचि होती है, वे ही हिन्दी-2 या अन्य स्तर तक आगे भाषा सीखते हैं क्योंकि जैसे-जैसे स्तर बढ़ता है, भाषा से सम्बन्धित कार्य भी अधिक समय और जुनून की माँग करते हैं। उस बार हिन्दी-2 डॉ. भट्ट ले रहे थे, मेरा जॉन से अधिक सामना न हुआ। सत्र के कुछ हफ़्ते बीतते ही डॉ. भट्ट के मुँह से फिर उसी तरह जॉन के विषय में सुना। उस सत्र के प्रारम्भ से ही, उसमें उसी तरह का चिड़चिड़ापन, घबराहट आदि दिखाई देते रहे। वे कहते कि कभी लगता है जैसे आधा सोया, आधा जगा है। जॉन में कुछ तो ऐसा था कि वह हमारी चर्चा का अक्सर केन्द्र होता। कक्षा में शान्त जॉन के भीतर बड़ी उथल-पुथल उसे किस यात्रा पर ले जा रही थी, जो कभी खो जाती हुई तो दिखाई पड़ती लेकिन कभी लड़ती हुई दिखाई क्यों नहीं देती थी। हम जॉन के जीवन को समझने का प्रयास तो तब करते, जब वह कुछ साझा करता। तेरह हफ़्तों का वह सत्र भी पूर्णता की ओर बढ़ने लगा और हमें स्पष्ट लगने लगा था कि एक अत्यन्त मेधावी विद्यार्थी धीरे-धीरे पढ़ाई आदि की ओर ध्यान कम केन्द्रित कर पा रहा है, पर ऐसा नहीं है कि उसके अंक आदि कम आते थे। वह तब भी बहुत

मेहनत करता था। हाँ, लगता जैसे जीवन की हरेक चीज़ बिखरी हुई है जिसे समेटने का प्रयास होना चाहिए वह सत्र भी बीत गया। उस बार सत्र ख़त्म होते ही तीन-चार दिन के लिए मुझे अचानक भारत जाना पड़ा और हम कक्षा की पार्टी नहीं कर सके।

जॉन हिन्दी-3 में नहीं आया। कभी-कभी विद्यार्थी अपनी अलग व्यस्तताओं के कारण अगले सत्र में आना चाहते हैं पर नहीं आ पाते, लेकिन उसके बाद भी ई-मेल या अन्य सन्देश माध्यमों के ज़रिये वो हमसे जुड़े रहते हैं। जॉन ने ज़्यादा सन्देश नहीं भेजे। लेकिन हमें भीतर ही भीतर घुटता हुआ उसका चेहरा याद आता रहता। इस बीच बमुश्किल एक-आध बार ही उससे सम्पर्क हुआ हो। विद्यार्थियों का नया बैच आता है तो हम कहीं-न-कहीं उन्हीं में लग जाते हैं। कुछ समय बीतने के बाद, एक साथ हम दोनों को जॉन का सन्देश फ़ेसबुक के माध्यम से प्राप्त हुआ जिसमें जॉन ने अपनी तस्वीर साझा की थी। पहली बार में तो विश्वास ही नहीं हुआ कि वही हमारा पढ़ाकू जॉन है, लेकिन फिर दिल पर दिमाग़ ने ज़ोर डाला और समझाया कि जॉन ही है। बस अन्तर यही था कि जॉन अब जिनी (बदला हुआ नाम) बन गया था। हाँ, जिनी एक बहुत सुन्दर, कमनीय युवती! पढ़ाने के दौरान भी कई बार हमें ऐसा महसूस होता था कि वो अन्दर ही अन्दर घुट रहा है। कुछ तो है, जिससे वह परेशान हो रहा है, घबराया हुआ है लेकिन इस तरह का सैलाब उसके भीतर उमड़ रहा था, इसका तनिक भी एहसास न था। कई बार निजता और एक सीमा का ध्यान रखते हुए बहुत सारी चीज़ें हम नहीं पूछ पाते। ऐसा ही कुछ शायद उस समय भी हुआ होगा। और मेरा ध्यान इस परिवर्तन की ओर तो बिल्कुल भी नहीं गया था। क्या जन्मजात उसमें ऐसे शारीरिक विकास हुए थे या किसी संगत का असर था?

प्रयास करने पर उसकी कहानी फ़ेसबुक तथा व्यक्तिगत टिप्पणियों के माध्यम से पता चली। आख़िर उसने ये फ़ैसला क्यों लिया? असन्तुष्टि, बहिष्कार ये शब्द ही भयानक हैं फिर चाहे जिस रूप में भी हों। वह अपने शरीर से असन्तुष्ट था और जहाँ तक समझ आया, यही कारण था कि उसे ना तो कोई प्रेम करने वाला मिल रहा था और ना ही कोई उसकी तरफ़ ध्यान दे रहा था। वह मेधावी विद्यार्थी था। पढ़ना-लिखना सब कुछ एक तरफ़ था लेकिन जो उस उम्र में एक आकर्षण होता है, एक-दूसरे की ज़रूरत होती है, उस ज़रूरत की कमी उसे महसूस हो रही थी। वह कमी पूरी नहीं हो पा रही थी। इतने बड़े विश्वविद्यालय परिसर में कोई भी ऐसा साथी उसे नहीं मिल रहा था जो उसकी भावनाओं को समझ सके। उसे लगने लगा था कि लड़कियों को चाहने वाले अधिक होते हैं और लड़कों को प्रेम करनेवाली

लड़कियाँ कम। उसके दिमाग़ में इस तरह की बातों ने ऐसा भँवर बनाया कि शायद धीरे-धीरे उसने ये क़दम उठाया।

उसके फ़ेसबुक दोस्तों की सूची देख हम दोनों हैरान थे क्योंकि वहाँ उसी की तरह के लोग थे। उसकी टिप्पणियों से यह तो स्पष्ट था कि अब इतने लोग उसे प्रेम करने वाले हैं। जब वह लड़का था तब तक कोई भी युवती उसकी तरफ़ नहीं देखती थी। उसने एक जगह यह भी लिखा *"जैसे ही मैं एक युवती बना, पुरुषों की एक लम्बी क़तार है जो मुझसे बात करना चाहते हैं जो मेरे आसपास रहना चाहते हैं, मुझसे प्रेम करना चाहते हैं।"* उसकी टिप्पणियों से ही यह भी पता चला कि उसके पिता के साथ उसकी अक्सर बहस होती रहती थी क्योंकि इस प्रक्रिया में लगने वाले ख़र्च को वे देना नहीं चाहते थे। जॉन सम्पन्न परिवार से था, उसे इस बात की बहुत अधिक चिढ़ रहती थी। उसने कई बार कक्षा में अपने पिता के प्रति आक्रोश व्यक्त भी किया था। अगर जॉन 'जेंडर डिस्फ़ोरिया' (ऐसी स्थिति, जिसमें व्यक्ति को लगता है कि उसका प्राकृतिक लिंग और उसकी लैंगिक पहचान में मेल नहीं है) की स्थिति से गुज़र रहा था, तो एक साल तक कक्षा के दौरान हमें कभी यह क्यों नहीं लगा? पंजाबी महिला को तो हम उसकी प्रेमिका समझ रहे थे यानी उसके हाव-भाव, ख़याल रखने का ढंग कुछ तो ऐसा रहा होगा?

जॉन का इस तरह से परिवर्तित होना मेरे लिए बहुत बड़ी घटना थी। इसको अवशोषित करने में बौद्धिक के साथ ही भावनात्मक खुलेपन की अधिक ज़रूरत महसूस हुई तथा अपने विचारों की रक्षा करते हुए अपनी सोच के दरवाज़े खुले रखने की भी मैंने पूरी कोशिश की। मैं एशियाई संस्कृति के साथ ही भारत के ऐसे परिवार से आती हूँ जहाँ इस तरह की चीज़ें अभी भी बहुत पर्दे में रखी जाती हैं। इस तरह से देखते-देखते जिस विद्यार्थी को मैंने पढ़ाया और पूरे साल उसके हाव-भाव, व्यवहार में परिवर्तन होते तो देखा पर वह सब किसी परेशानी की ओर अधिक इंगित करते थे। यही लगता था कि उसकी घबराहट शायद पारिवारिक रिश्तों में किसी कड़वाहट के कारण हो। टूटे हुए परिवारों की कहानी विकसित देशों में काफ़ी है, हालाँकि जॉन की 'मेरा घर-परिवार' जैसे विषयों पर कक्षा प्रस्तुति आदि से यह तो स्पष्ट था कि वह आर्थिक रूप से बहुत समृद्ध-सम्पन्न परिवार से था पर भौतिक सम्पन्नता आन्तरिक शान्ति का पर्याय नहीं है। फिर यह भी कैसे भूलूँ कि जॉन ख़ुद तो दूसरे के बच्चे का भी ख़याल रखता था किन्तु उसका अपना परिवार उसे सहारा नहीं दे पाया। एक पल के लिए भी हमारे मन में यह नहीं आया कि वह स्त्री बनना चाहता था।

उसके दिमाग़ में घर कर गया था कि अगर वह लड़की बन जाये, उसे प्यार करने वाले ज़्यादा लोग मिलेंगे, और उसे मिले भी। जॉन ने इतना बड़ा क़दम एक दिन में नहीं उठाया होगा बल्कि इसके पीछे लम्बा समय लगा होगा और उसके भीतर के सैलाब ने अपनी जीत पायी होगी। उसके लिए यह कोई आसान बात नहीं रही होगी और जिन प्रक्रियाओं से वह गुज़रा होगा, उसका अन्दाज़ा लगाना भी मुश्किल है।

सच ही तो है कि हम धन सम्पत्ति अर्जित करते हैं आत्मीयता के विस्तार के लिए किन्तु आधुनिकता के सारे साज़ो-सामान बेकार हैं, अगर कोई साथ न हो। क्या मित्र, दोस्त, सखा, साथी, सहेली, सखी जैसे शब्दों की चेतना को पुनः जीवित करने का समय है? क्या समाज में जागरूकता पैदा करने की यह चेतावनी है? मैं उन दिनों अपनी मानसिक स्थिति डगमगाते हुए पा रही थी। मैंने उसके बाद भी जॉन को एक बार और सन्देश भेजा कि मैं उससे मिलना चाहती हूँ लेकिन उसका जवाब टालमटोल वाला था। मैं जानना चाहती थी कि आख़िर ऐसी कौन-सी बातें हैं जो व्यक्ति को अपना लिंग परिवर्तित करवाने की ओर बढ़ा ले जाती हैं। बचपन से अगर उसमें ऐसी प्रवृत्ति रही होती, अलग बात थी लेकिन जॉन तो हमारे सामने अन्य लड़कों की तरह था। इस विचार ने मुझे इतना परेशान कर दिया कि उस दौरान मैं दो-ढाई बजे रात में उठकर अपने पति के साथ, क्योंकि उनको कुछ स्थानीय भाषाएँ भी आती हैं, उस क्षेत्र में जाती थी जहाँ किन्नर समाज रहता है, और उनमें से अधिकतर ने अपना लिंग परिवर्तित करवाया है। वे लोग रात में ही अधिक दिखाई पड़ते थे। कई बार मैंने उन लोगों से बात करने की कोशिश की कि ऐसा क्या है कि जिससे उन्होंने अपनी पहचान परिवर्तित की?

जॉन के उस परिवर्तन ने मुझे अन्दर तक झकझोर दिया था और मैं उस परिवर्तन को समझना चाहती थी। मैं किसी भी पूर्वाग्रह में बँधकर ऐसा कुछ नहीं कर रही थी, बल्कि समाज की इस सच्चाई को समझने का प्रयास कर रही थी। मैंने कई बार प्रयास किया, कुछ तो बात करने से साफ़ मना कर देते, कुछ से बात भी हुई, कुछ ठोस तो कुछ बहुत सतही जवाब मिले। कुछ ने तो इस तरह का परिदृश्य उपस्थित किया कि इस हाशिए पर ठेल दिये गये जीवन से इतनी सारी घटनाएँ, इतने सारे पहलू निकलकर आने लगे कि कई बार यह भी लगने लगा कि जो हम समझते हैं, स्थितियाँ उससे बहुत भिन्न होती हैं। उस दौरान इतने किन्नरों से बात की कि एक आलेख भी लिखा 'सिंगापुर का किन्नर समाज' लेकिन आज तक उसे प्रकाशित करवाने की हिम्मत ही नहीं हो सकी। मेरे कम्प्यूटर में आज भी लेख कहीं पड़ा होगा

क्योंकि उसमें कई ऐसी कड़वी कहानियाँ थीं जिन्हें मैंने शायद मानना ही नहीं चाहा कि सिंगापुर के परिवारों में इस तरह की उपेक्षाएँ हैं। शायद अपने खोखले गर्व से बाहर आने में समय लगता है। हम वाकई ख़ुशनसीब हैं जो अपनी विरासत को जानते हैं, हमें अपने रिश्तों की गहराई का भी अहसास है और कुछ लोग इसी गहराई को पाने के लिए अपने जीवन को किस कदर उलट देते हैं।

इन शब्दों को लिखते-लिखते फिर यही सोच रही हूँ कि जॉन से जिनी बनने वाला वह एक इन्सान नहीं रहा होगा, ऐसे तमाम विद्यार्थी हैं जो शायद इसी ऊहापोह या जद्दोजहद में पड़े हों। क्या कुम्भकर्णी नींद से हम जाग पायेंगे? क्या उनको सुनने वाला कोई है? मैंने और डॉ. भट्ट ने तो जॉन से कितनी बार बात करने की कोशिश की पर कामयाब न हो पाये। युवा पुंज को सही साथी, मित्र, दोस्त की कितनी आवश्यकता है, क्या इस ओर हम कोई प्रयास करेंगे? उनके जीवन में क्या चल रहा है, क्या कभी समझ पायेंगे? पड़ताल की जाये, कई कहानियाँ उभरकर सामने आयेंगी और शायद समाज में वह स्थिति बने कि किसी जॉन को जिनी ना बनना पड़े, उसे प्यार, दोस्ती, रिश्ता, सम्मान और वह परिवेश मिले। आदमी को अधिक से अधिक भौतिक वस्तुओं की चाह तो है, पर लगातार संवेदनाहीन होते जाना समाज के लिए कितना घातक है, यह समझ आ जाये ताकि ऐसा माहौल बने जिसमें किसी भी देश के कर्णधार सही दिशा और नेतृत्व की क्षमता को बढ़ायें, क्या ऐसी कोशिश हो पायेगी?

✍हेमा कृपलानी

छिंगदाओ मेरी नज़र से...डे वन टू डे फोर

बीजिंग में कुछ साल बिताने के बाद, मुझे अपनी चीनी सहेली के साथ चीन घूमने का मौक़ा मिला। हम दोनों ने हाई-स्पीड ट्रेन में बैठकर बीजिंग से 875 किलोमीटर की दूरी केवल चार घण्टे बीस मिनट में तय की और छिंगदाओ पहुँचे। शाम सात बजे के क़रीब हमने होटल में चेक-इन किया और निकल पड़े छिंगदाओ को एक्सप्लोर करने, छिंगदाओ की सड़कों पर। छिंगदाओ, दो शब्दों के मेल से बना है। छिंग का मतलब हरा-भरा और दाओ का मतलब द्वीप, अब जिस शहर के नाम का मतलब ही हरा-भरा हो तो आप अन्दाज़ा लगा सकते हैं कि कितना हरा-भरा होगा ये शहर। छिंगदाओ चीन के पूर्वी भाग में स्थित शांनदोंग प्रान्त का सबसे बड़ा नगर है। जिसकी आबादी लगभग 10 करोड़ है और इस शहर का क्षेत्रफल लगभग 10 हज़ार वर्ग किलोमीटर तक फैला हुआ है। चीन की प्रशासन प्रणाली में इस शहर को उप-प्रान्तीय नगर का दर्जा हासिल है। यह पीले सागर के छोर पर शांनदोंग प्रायद्वीप पर स्थित एक महत्त्वपूर्ण बन्दरगाह, नौसैनिक छावनी और औद्योगिक शहर है। विश्व का सबसे लम्बा समुद्री पुल, 42.5 कि.मी लम्बा छिंगदाओ-हाइवान पुल, यहीं पर है। इस पुल को बनने में केवल चार साल का समय लगा। इस पुल को देखने हम पहले दिन तो नहीं गये लेकिन आने वाले दो दिनों में हम वहाँ जाने वाले थे और फिर उसके बारे में आपको विस्तार से बताऊँगी। ये तो मैंने आपको संक्षेप में जानकारी दी कि हम कहाँ गये थे।

दोस्तो, मेरे इस संस्मरण के साथ बने रहिएगा क्योंकि मैं आपको अपने साथ छिंगदाओ की सैर करवाने वाली हूँ। आपके लिए वरर्चुअल टूअर जैसा होगा लेकिन यक़ीन मानिए बहुत मज़ा आयेगा। तो चलिए शुरू करते हैं छिंगदाओ की सैर...

पहले दिन शाम का भोजन करने के बाद हम गये एक ऐतिहासिक गली में जो वर्ष 1902 से वहीं है और अपने अन्दर समेटे हुए हैं अनगिनत ऐतिहासिक कहानियाँ।

जुंगशान लू (सड़क) के बीचों-बीच दुकानों की लम्बी क़तार के बीच कोई अन्दाज़ा भी नहीं लगा सकता कि यहाँ एक इतनी लम्बी गली होगी। इस गली का नाम है–फिछाए यूएन और ये जानी जाती है अपने सी-फूड के लिए। बाय गॉड मैंने अपनी पूरी ज़िन्दगी में इतना सी-फूड कभी सी नहीं किया यानी इतना सी-फूड नहीं देखा। दूर-दूर तक जहाँ नज़र जा रही है वहाँ पड़ा हुआ था, सी-फूड जिसमें अनगिनत प्रकार की मछलियाँ, केकड़े, झींगे, सीप, क्लैम, कोकल्स और समुद्री कौड़ियाँ थीं। अगर एक वाक्य में कहूँ तो सारे समुद्री जीव-जन्तु बिना पानी के वहाँ रखे थे। अरे हाँ, पानी की बात कर रही हूँ तो आपको एक और मज़ेदार बात बताती हूँ, यहाँ के लोग पानी नहीं पीते। जी हाँ, आप ठीक पढ़ रहे हैं, यहाँ के लोग पानी नहीं पीते। अरे भई जब यहाँ बीयर पानी से ज़्यादा सस्ती और आसानी से मिल जाती है तो कोई पानी क्यों पीये। चलिए, ये तो रही मज़ाक़ की बात। छिंगदाओ जाना जाता है, अपनी त्सिंगताओ बीयर के लिए। यह विश्व प्रसिद्ध बीयर दुनिया में यहाँ से ही निर्यात की जाती है और यहाँ बीयर लीटर के भाव में बिकती है। अब आपको मेरी बात पर विश्वास हुआ ना! ख़ैर, एक गिलास बीयर के साथ मेरा पहला दिन पूरा हुआ।

छिंगदाओ में दूसरे दिन, सुबह का नाश्ता कर हम अपने दिन की शुरुआत करने जैसे ही होटल से बाहर निकले तो चीनी बैंड-बाजे वाले होटल के बाहर खड़े थे और उनसे पूछने पर पता चला कि आज होटल में शादी है और दूल्हा-दुल्हन बस पहुँचने ही वाले हैं। इतने में सजी-धजी कार वहाँ आयी और दूल्हा-दुल्हन जैसे ही कार से बाहर आये उनका स्वागत पारम्परिक चीनी ड्रैगन डांस से हुआ और आज पहली बार चीन में किसी शादी के अवसर पर चीनी बैंड-बाजे और ड्रैगन डांस देखने का मौक़ा मिला। कितनी ख़ूबसूरती और रीति-रिवाज़ के अनुसार ड्रैगन डांस हुआ और उन्होंने नव-विवाहित जोड़े को अपना आशीर्वाद दिया। ड्रैगन डांस को हमने भी अपने वीडियो कैमरा में क़ैद किया और चल पड़े आगे।

आज हम सबसे पहले देखने गये, मे फोर्थ स्कवैर। छिंगदाओ शहर का आइकोन माना जाता है और जैसा कि नाम है–'मे फोर्थ स्कवैर' यानी 4 मई, यह वही जगह है जब चीनी जनता ने जापानियों को अपने देश से बाहर निकालने की मुहिम शुरू की थी। उसके पीछे जो कहानी है वह कुछ इस प्रकार है...सन् 1898 से 1914 तक शांगदोग प्रायद्वीप चीन के उन क्षेत्रों में था जो जर्मनी को कोलोनी के रूप में दिये गये थे। प्रथम विश्व युद्ध में जापान ने छिंगदाओ शहर पर क़ब्ज़ा कर लिया था क्योंकि 1902 में ब्रिटेन के साथ हुए समझौते के अन्तर्गत जापान ने

अगस्त 1914 में जर्मनी से युद्ध की घोषणा कर दी थी। जब जर्मनी हार गया और प्रथम विश्व युद्ध ख़त्म हुआ तो सोचा यह जा रहा था कि शांगदोंग चीन को वापस कर दिया जायेगा लेकिन 30 अप्रैल 1914 को इसे जापान को दे दिया गया। उसके बाद द्वितीय विश्व युद्ध के दौरान 1937 से 1945 तक जापान ने फिर क़ब्ज़ा कर लिया था। 'मे फोर्थ स्कवैर' 30 मीटर लम्बा, रंग लाल और लट्टू की तरह दिखता है। यह छिंगदाओ नगर निगम की इमारत और फुशान खाड़ी के बीच में खड़ा है। यहाँ से होकर हम आगे बड़े ओलम्पिक सैलिंग सेंटर की तरफ़ यह वही जगह है जहाँ से 2008 बीजिंग ओलम्पिक की मशाल को प्रज्वलित कर बीजिंग लाया गया था। इसी के पास है ग्रेंड थिएटर जहाँ सभी बड़े शो और ऑपेरा दिखाये जाते हैं और साथ-साथ फुशान खाड़ी का साफ़-नीला पानी देखने वाला था।

आज के सफ़र में हमारे साथ छिंगदाओ मेडिकल यूनिवर्सिटी के भी कुछ छात्र साथ में थे जो छिंगदाओ दिखा रहे थे। वे हमें लेकर गये बादागुआन। बादागुआन में आज भी जर्मन काल की कई इमारतों का सरंक्षण कर उन्हें हूबहू वैसे ही रखा गया है जैसे वे उस समय थीं। बस फ़र्क़ इतना है कि अब वे घर न होकर गेस्ट हाउस में तब्दील कर दिये गये हैं। इस क्षेत्र को चीन में शहर के सबसे सुन्दर इलाक़े की उपाधि से नवाज़ा गया है। यहीं पर है, हुएशियान विला जो किसी समय में एक जर्मन पत्रकार का घर हुआ करता था और अब वह एक म्यूज़ियम है। नौ युआन की टिकट ख़रीद कर हम उस चार मंज़िला बँगले में गये जहाँ उनका पुराना फर्नीचर सहेज कर रखा था और घर के पीछे था, नीला, विशाल समुद्र। जिसे देख लगा कि घर हो तो ऐसा। समुद्र को बैकग्राउंड में रख हमने उतारी तस्वीरें और वहाँ से मज़ा लेने गये बीच का। समुद्र के ठण्डे-ठण्डे, निर्मल पानी को जैसे ही पैरों ने महसूस किया हमारी सारी थकान कहाँ उड़न-छू हो गयी हमें पता भी नहीं चला। अगर आप चीन देखना चाहते हैं और साथ में समुद्र तट का मज़ा लेना चाहते हैं तो छिंगदाओ एक आइडियल स्थान है। पूरा शहर पहाड़ी इलाके पर बसा हुआ है इसलिए पूरे शहर में सड़कें कहीं ऊपर तो कहीं नीचे तो कहीं ढलान पर बनी हैं। इस कारण शहर में साइकिल चलाना ग़ैरक़ानूनी है। ये जानकर बहुत हैरानी हुई क्योंकि बीजिंग में साइकिल लेन्स बनी हुई हैं। एक बात और देखी इस शहर में यहाँ के सभी टैक्सी चालक अपनी कार के आगे वाले शीशे में जिसमें पीछे के ट्रैफिक को देखा जाता है, पर लाल रंग का रिबन बाँधे रहते हैं। पूछने पर पता चला कि ऐसा गुड लक और सुरक्षा के लिए किया जाता है ठीक उसी तरह जैसे हमारे यहाँ हाथ पर मौली बाँधी जाती है।

दोस्तो, किसी भी शहर के बारे में सबसे ज़्यादा महत्त्वपूर्ण कौन होता है? जी हाँ, आप ठीक सोच रहे हैं, उस शहर के लोग। शहर के बारे में, ऐतिहासिक स्थानों के बारे में, पर्यटक स्थलों के बारे में किसी भी किताब में पढ़ा जा सकता है, इंटरनेट पर ढूँढ़ा जा सकता है, लेकिन लोगों के बारे में तो उनसे मिलकर ही राय कायम की जाती है। ऐसा ही कुछ छिंगदाओ में मेरे साथ हुआ। आपको याद होगा मैंने अपने पहले दिन की यात्रा में आपसे एक ऐतिहासिक गली का ज़िक्र किया था। उस रात उस गली के बाहर हमारी मुलाक़ात एक आदमी से हुई जो आज हमारा सबसे अच्छा और पक्का मित्र बन गया है। हुआ यूँ कि वे उस गली के बाहर खड़े फ़ोटो खींच रहे थे और हमें उनके फ़ोटो बहुत अच्छे लग रहे थे। कुछ देर संकोच के बाद हम उनसे बातें करने लगे और बातों-बातों में हमने उनसे अगले दिन मिलने के लिए पूछा तो पहले वे भी संकोच कर रहे थे लेकिन हमें उन्होंने 'हाँ' कहा और हम उनसे विदा लेकर होटल चल दिये। अगले दो दिन उन्होंने हमारे साथ बिताये हमारी कुछ द बेस्ट फ़ोटो खींचीं और छिंगदाओ की कुछ ऐसे ख़ूबसूरत स्थलों की सैर करवाई जिसे हम खुद न कभी ढूँढ़ पाते और न देख। बिना किसी स्वार्थ के उन्होंने हमें अपने दो दिन दिये और इस अजनबी शहर में हमारे इस अजनबी दोस्त ने छिंगदाओ की सैर में चार चाँद लगा दिये और एक बार फिर एहसास दिलवाया कि इन्सानीयत इन नेक दिल लोगों के कारण आज भी क़ायम है और इस मतलबी दुनिया में राह चलते आपको कोई ऐसा मिल जाता है जो अपनों से लाख गुना ज़्यादा अपना बन जाता है। हमारी मुलाक़ात कब, किससे और कहाँ हो जाये इसे मुक़द्दर का खेल नहीं कहेंगे तो और क्या। एक बात और क़बूल करना चाहूँगी कि जब हमने उनसे दुबारा मिलने के लिए कहा तो पहले हमें विश्वास नहीं हो रहा था कि वे आयेंगे या नहीं, फिर उसके अगले दिन जब वे हमारी फ़ोटो खींचने लगे तो दिल के एक कोने में शक जागने लगा कि क्या ये सही इन्सान हैं? लेकिन आज मुझे ये सोचकर बुरा लग रहा है कि मैं ऐसा सोच भी कैसे सकती हूँ। हम हमेशा कहते हैं कि फ़ोटो में या वीडियो में किसी जगह की ख़ूबसूरती इतनी नहीं पता चलती जितना कि आप उसे ख़ुद प्रत्यक्ष अपनी आँखों से न देख लें लेकिन आज अपने इस अजनबी दोस्त के फ़ोटो देख मैं यक़ीनन कह सकती हूँ कि हम जो दृश्य अपनी आँखों से देख रहे थे वो उतने सुन्दर नहीं दिख रहे थे जितने कि वे हमारे इस अजनबी दोस्त के कैमरा में सुन्दर दिख रहे थे। पहली बार प्रत्यक्ष को कैमरा के लैंस ने हरा दिया। दोस्तो, यही है चीन, चीन के लोग, चीन का प्यार-सत्कार-दुलार जिसे अनुभव कर मैं गद्गद हो गयी और सलाम करती हूँ यहाँ के लोगों को जो अपने देश से करते हैं बेइन्तहा प्यार

और खुली बाँहों से करते हैं हमें स्वीकार। वे कभी भी आपको निराश नहीं करेंगे और आप अपने साथ लेकर जायेंगे सुनहरी-मीठी यादें। मीठी-सी मुस्कान के साथ मेरा तीसरा दिन ख़त्म हुआ। मैं अपने इस लेख के साथ कुछ तस्वीर भी साझा कर रही हूँ। आप ज़रूर देखिएगा।

हमारे चौथे और आख़िरी दिन की शुरुआत भारतीय रेस्टोरेंट फातिमा से हुई। वहाँ हमारी मुलाक़ात रेस्टोरेंट के मालिक शमीम जी से हुई जो छिंगदाओ में गत सात सालों से भारतीय रेस्टोरेंट चला रहे हैं। उन्होंने हमें छिंगदाओ के बारे में और वहाँ रहने वाले कुछ भारतीय परिवारों के बारे में बताया। उन्होंने बताया कि यहाँ का जीवन बीजिंग, शांगहाई या ग्वांग्चो की तरह तेज़ रफ़्तार से नहीं चलता। यहाँ के लोग बहुत ही शान्त, मददगार, कूल और पीसफुल स्वभाव के हैं। मुझे भी ऐसा ही लगा और दिल चाह रहा है कि यहीं बस जाऊँ। ख़ैर, रेस्टोरेंट में हमारी मुलाकात दिल्ली से आये कुछ व्यापारियों से भी हुई। जिनका कहना था कि चीन के लोगों की मेहमाननवाज़ी के क्या कहने, वे हमारी चीन यात्रा को सुखद बनाने में कोई कमी नहीं छोड़ते हालाँकि, हमें शाकाहारी भोजन की कमी खलती है लेकिन चीनी लोग उसे भी अपनी तरफ़ से पूरी करने की कोशिश करते हैं। मैंने तो छिंगदाओ में भी भारतीय भोजन का मज़ा लिया और चल पड़े चीन का एक और नायाब अजूबा देखने।

छिंगदाओ ब्रिज–जिसके बारे में मैंने आपको पहले भी बताया था। यह ब्रिज झिआओझोअ खाड़ी से होकर गुज़रता है और हुंगदाओ द्वीप को आपस में जोड़ता है। इस ब्रिज पर तीन प्रवेश-निकास मार्ग हैं। हम समुद्र के पानी में 80 मीटर नीचे बनी सुरंग से होकर हुंगदाओ द्वीप पहुँचे। सुरंग से गुज़रते हुए आपको पता भी नहीं चलेगा कि आप पानी के नीचे हैं और इस पर बने ब्रिज से जा रहे हैं। यह ब्रिज 30 जून 2011 को खोला गया था और इसने छिंगदाओ और हुंगदाओ के बीच सड़क की दूरी को बहुत कम कर दिया है। इसकी लम्बाई 42.5 कि.मी. है जो इसे विश्व का सबसे लम्बा समुद्री ब्रिज बनाता है। इस पुल को बनाने में केवल चार वर्षों का समय लगा और इसके निर्माण में कुल चार लाख पचास हज़ार टन इस्पात और 23 लाख घन मीटर कांक्रीट का उपयोग किया गया था। इस पुल का डिज़ाइन इस प्रकार का है कि यह भूकम्पों, चक्रवातों, और जहाज़ों की टक्कर को झेल सके। यह पुल पाँच हज़ार स्तम्भों पर खड़ा है और डॅक की चौड़ाई 35 मीटर है जिस पर कुल छह लेनें और दो शोल्डर बने हुए हैं, और इस पुल की कुल निर्माण लागत 10 अरब यूआन (1.5 अरब अमेरिकी डॉलर) है। हमने तीन बार 50 युआन ब्रिज

टोल दिया और टैक्सी से लगभग एक घण्टे का समय लगा इसे देखने में। उसके बाद जब छिंगदाओ आये तो टैक्सी चालक हमें छिंगदाओ की मुख्य सड़कों से होता हुआ गलियों से घुमाता हुआ लेकर जा रहा था जहाँ हमें असली छिंगदाओ देखने का मौक़ा मिला। देखने में पूरा शहर ऐसे लगता है मानो आप हरे-भरे पेड़ों के बीच चल रहे हैं और कुछ दूरी पर यूरोपीयन शैली का एक बँगला दिखेगा फिर पेड़ों-झाड़ियों के झुरमुट से होते हुए कुछ दूरी पर एक और बँगला। पूरे शहर में हरियाली छायी हुई है। इन्हीं के बीच हमने देखा जर्मन काल में स्थापित नौसैनिक केन्द्र जो आज भी वैसा ही दिखता है। कुछ और यूरोपीयन शैली की इमारतें जिन्हें अब पोस्ट आफ़िस या सरकारी दफ़्तरों में तब्दील कर दिया गया है। मुझे ऐसे लगने लगा मानो मैं चीन में ही यूरोप के मज़े ले रही हूँ। शाम का समय हो गया था तो हम समुद्र तट पर गये और वहाँ भी समुद्र के बीच बने एक छोटे ब्रिज पर हमने ढेरों फ़ोटो खींचे और इसी ब्रिज पर लोग शंख-सीपों से बनी सुन्दर सजावट के काम आने वाली चीज़ें बेच रहे थे। अब मैं शॉपिंग न करूँ ऐसा तो हो ही नहीं सकता। ढेर सारी शॉपिंग करने के बाद चीनी सहेली ने कहा अब हम एक बाज़ार जा रहे हैं। एक बार फिर शॉपिंग... हुर्रे...हुर्रे...हुर्रे...। टैक्सी में बैठ क़रीब 10 मिनट की दूरी पर था–थाई दोंग मार्केट। छिंगदाओ का विश्व प्रसिद्ध बाज़ार। यह कम से कम 8-9 कि.मी. लम्बा बाज़ार था जिसकी ख़ासियत है हर रोज़ शाम 6 से 11 बजे तक सड़क पर लगने वाली दुकानें। इसी सड़क पर कई ब्रैंडिड दुकानें, होटल, रेस्टोरेंट, सिनेमा, शॉपिंग मॉल और साथ में कुछ छोटी दुकानें और उनके बाहर लगी फ़ुटपाथ पर दुकानें जहाँ कपड़े, जूते, सजावट का सामान, पर्स और ढेरों चीज़ें। यह ऐसा बाज़ार है जहाँ महिलाएँ अपना पूरा दिन बिता सकती हैं और उसके बाद भी कहेंगी–ओह, मैंने तो कुछ ख़रीदा ही नहीं। इसे देखने के चक्कर में हमने रात के दस बजे तक खाना नहीं खाया और फिर हम गए रेस्टोरेंट में जहाँ शांन्दोंग शैली का भोजन था और सी-फूड की बेइन्तहा वैराइटी। मेरी सहेली को वहाँ बहुत अच्छा लगा और मैंने मज़ा लिया डम्पलिंग्स का। हमारा छिंगदाओ में आख़िरी दिन था। छिंगदाओ–तटीय शहर जो प्रगति के पथ पर बढ़ चला है। एक तरफ़ आधुनिकता, तो एक तरफ़ लाओशान पहाड़ और एक तरफ नीला-साफ़-समुद्र इन तीनों के संगम से बना छिंगदाओ चीन का एक ख़ुशहाल इंटरनेशनल सिटी बन गया है। आधुनिक शहर के साथ प्राकृतिक वातावरण और ख़ुशहाल लोग जहाँ कोई कमी नहीं वहाँ भला कौन नहीं रहना चाहेगा। लेकिन ढेरों सुनहरी यादें लिए हम छिंगदाओ से अगले दिन बीजिंग लौट आओ। छिंगदाओ, तब तक के लिए जाएजिएन (बाय-बाय)।

रचनाकार-परिचय

अदिति अरोरा

अदिति अरोरा का जन्म उत्तर प्रदेश के बड़ौत में हुआ और वर्तमान में वह सिंगापुर की नागरिक हैं। उन्होंने मेरठ विश्वविद्यालय से रसायन विज्ञान में स्नातकोत्तर की डिग्री और बी.एड. की शिक्षा प्राप्त की है। पिछले 27 वर्षों से सिंगापुर में निवासरत अदिति हिन्दी भाषा के प्रचार-प्रसार और विकास में उल्लेखनीय योगदान दे रही हैं। हिन्दी सोसायटी सिंगापुर के माध्यम से अदिति ने स्वयंसेविका के रूप में हिन्दी शिक्षण, प्रचार और विकास का कार्य किया है। उनकी नि:स्वार्थ सेवाओं के लिए उन्हें वर्ष 2011 में हिन्दी सोसायटी द्वारा पदक से सम्मानित किया गया। शिक्षण कार्य से निवृत्त होने के बाद भी अदिति हिन्दी और अंग्रेज़ी भाषाओं में लेखन और प्रकाशन के क्षेत्र में सक्रिय हैं। विभिन्न पत्र-पत्रिकाओं के साथ ही उनका एक साझा संकलन 'सिंगापुर की चयनित रचनाएँ' प्रकाशित है। वह हिन्दी के प्रचार-प्रसार में समर्पित हैं और 'सिंगापुर संगम' त्रैमासिक पत्रिका से जुड़ी हुई हैं।

सम्पर्क : aditi.arora1965@gmail.com

अनिल कुलश्रेष्ठ

अनिल कुलश्रेष्ठ ने स्टैटिस्टिक्स और अर्थशास्त्र में परा-स्नातक डिग्रियाँ प्राप्त कीं। भारतीय स्टेट बैंक में मुख्य-प्रबन्धक के पद से रिटायर होने के बाद, साहित्य और लेखन में अपनी रुचि को सक्रिय रूप से आगे बढ़ाया। सत्तर के दशक में कविताओं से साहित्यिक यात्रा शुरू की, जो व्यावसायिक ज़िम्मेदारियों के कारण 1990 से

2006 तक धीमी रही। सेवा-निवृत्ति के बाद मुख्य रूप से ग़ज़ल और लघुकथा लेखन में सक्रिय हो गये। आपकी प्रमुख कृतियों में दो व्यक्तिगत ग़ज़ल-संग्रह, छह साझा ग़ज़ल संग्रह, और दो साझा काव्य व लघुकथा-संग्रह शामिल है। आपकी प्रमुख कृतियों में ग़ज़ल संग्रह 'ख़ामोशियाँ ज़िन्दा रहें' (2017), 'नक़्श-ए-पा रह जायेगा' (2020), और साझा संग्रह 'सिंगापुर की चयनित रचनाएँ' (2024) के अलावा, 'ख़ुशबू-ए-ग़ज़ल', 'कहाँ तुम चले गये', 'तलाश जारी है' और 'ग़ज़ल के मुसाफ़िर' शामिल हैं। आप सम्पादन कार्य में भी सक्रिय रहे हैं, जिसमें साझा ग़ज़ल-संग्रह 'आग़ाज़' का संपादन शामिल है। विभिन्न पत्रिकाओं और वेब पत्रिकाओं में आपकी ग़ज़लें प्रकाशित हुई हैं। आपको 2023 में डॉ. श्याम सुन्दर व्यास स्मृति लघुकथा सम्मान से सम्मानित किया गया। मूल रूप से आगरा निवासी अनिल जी वर्तमान में सिंगापुर में रहते हैं। उनकी रुचियाँ पर्यटन, अध्यात्म और साहित्य लेखन में हैं।

सम्पर्क : anilkulsbi@gmail.com

आराधना झा श्रीवास्तव

आराधना झा श्रीवास्तव एक दशक से अधिक समयावधि से सिंगापुर में प्रवास कर रही हैं। पेशेवर टेलीविज़न पत्रकारिता का अनुभव प्राप्त आराधना की शैक्षणिक पृष्ठभूमि विज्ञान और जनसंचार की रही है। हिन्दी और मैथिली में साधिकार लेखन कर रही आराधना की रचनाएँ, 'हंस, 'हरिगन्धा', 'इन्द्रप्रस्थ भारती', 'गगनांचल', 'गर्भनाल', 'सिंगापुर संगम' समेत देश-विदेश की कई प्रतिष्ठित पत्र-पत्रिकाओं के साथ साझा संकलनों में प्रकाशित हो चुकी हैं। साहित्य की विभिन्न विधाओं में लेखन कर रही आराधना सिंगापुर में भारतीय भाषा, साहित्य और संस्कृति के प्रचार-प्रसार में सक्रिय हैं। अपने मंच-संचालन, सृजन-संसार एवं प्रस्तुति हेतु विश्वभर की अनेक हिन्दी संस्थाओं से प्रशंसित आराधना, हिन्दी एवं मैथिली के कार्यक्रमों के आयोजन में अपनी सक्रिय भूमिका निभा रही हैं।

सम्पर्क : jhaaradhana@gmail.com

डॉ. आराधना सदाशिवम

पश्चिम बंगाल में जन्मीं डॉ. आराधना सदाशिवम ने अपनी प्राथमिक और माध्यमिक शिक्षा बदायूँ, उत्तर प्रदेश से प्राप्त की है। तत्पश्चात, उन्होंने आन्ध्र विश्वविद्यालय (बी.एससी.) और गुजरात विश्वविद्यालय (एम.एससी., पीएच.डी.) से उच्च शिक्षा प्राप्त की। आराधना पिछले 20 वर्षों से सिंगापुर में बौद्धिक सम्पदा अधिकारों के क्षेत्र में कार्यरत हैं। उन्होंने बौद्धिक सम्पदा क़ानून तथा डीप टेक्नोलॉजीज की टेक्नोप्रेन्योरशिप में सर्टिफ़िकेट कोर्स, क्रमशः नेशनल यूनिवर्सिटी ऑफ सिंगापुर और सिंगापुर मैनेजमेंट यूनिवर्सिटी से अर्जित किये हैं। वे पिछले 21 वर्षों से सिंगापुर में रह रही हैं। उन्हें हिन्दी में कविताएँ लिखना, हिन्दी और तमिल फ़िल्मों के गाने गाना पसन्द है। उनकी रचनाएँ पत्र-पत्रिकओं में समय-समय पर प्रकाशित होती रहती हैं। उनके दो साझा संग्रह भी प्रकाशित हैं। आराधना हिन्दी और अंग्रेज़ी के अलावा गुजराती, तमिल, तेलुगु भी जानती हैं।

ख़ुशबू मिश्रा 'ख़ुशी'

ख़ुशबू मिश्रा 'ख़ुशी' ने ललित नारायण मिथिला विश्वविद्यालय (दरभंगा, बिहार) से स्नातक की शिक्षा प्राप्त की है और वर्तमान में सिंगापुर में अपना आशियाना बनाया है। उन्होंने चार एकल पुस्तकें प्रकाशित की हैं : 'एक मिसिया इजोत' (मैथिली काव्य-संग्रह), 'एहसासों की ख़ुशबू' (हिन्दी काव्य-संग्रह), 'सत्य की अस्मिता' (हिन्दी काव्य-संग्रह), और 'भोरक बाट तकैत' (मैथिली काव्य-संग्रह)। इसके अतिरिक्त, उन्होंने मैथिली कविता-संग्रह 'शक्तिक जयघोष' का सम्पादन किया है। ख़ुशबू की कई रचनाएँ मैथिली और हिन्दी की किताबों व पत्रिकाओं में प्रकाशित हुई हैं। गीत-लेखन में भी सक्रिय हैं और उनका लिखा मैथिली गीत 'चान सन के मुखड़ा', जिसे प्रतिष्ठित गायक सुरेश वाडेकर ने गाया है, विशेष रूप से चर्चित है।

सम्पर्क : khusboomayur@rediffmail.com

गौरव उपाध्याय

पेशे से एक सीनियर टेक्नालॉजी सेल्स प्रोफ़ेशनल हैं और अभी सिंगापुर में बहुराष्ट्रीय कम्पनी Adobe में कार्यरत हैं। अपने 15 सालों के कॉरपोरेट कॅरियर और 20 से भी अधिक देशों में रहने या घूमने के बाद, पिछले कुछ सालों से गौरव ने लेखन के ज़रिये अपना अनुभव साझा करना शुरू किया है। सोशल मीडिया में 2 लाख से ज़्यादा फ़ालोअर्ज़ से जुड़े गौरव, अपने लेखन और कविताओं के माध्यम से लोगों को अपने जीवन में बेहतर बनने की ओर ले जाने की मुहिम में जुड़े हैं। गौरव उपाध्याय का कविता संग्रह 'हाफ़ फ़िल्टर कॉफ़ी' प्रकाशित है, उनकी प्रेरणादायी पुस्तक 'मोस्ट वांटेड ज़िन्दगी' अत्यधिक चर्चित रही, जिसकी पैंतीस हज़ार से भी अधिक प्रतियाँ बिक चुकी हैं। उनकी पेंगुइन इंडिया से 'ज़िन्दगी अनलिमिटेड' पुस्तक प्रकाशित है जिस पर साहित्य जगत के महत्त्वपूर्ण लोगों की प्रतिक्रियाएँ आयी हैं। उनकी लेखनी ने हिन्दी में मोटिवेशन और सेल्फ़ हेल्प श्रेणी के लेखन में नयी दिशा दी है। उनकी कई रचनाएँ अन्तरराष्ट्रीय पत्रिकाओं में प्रकाशित हैं।

गौरव जी प्रतिष्ठित साहित्य आज तक के मंच पर भी रह चुके हैं और वे एक TedX स्पीकर भी हैं।

सम्पर्क : gaurav.updh.sg@gmail.com

चित्रा गुप्ता

भारत में जन्मीं और मेरठ विश्वविद्यालय (उत्तर प्रदेश) से शिक्षित, चित्रा गुप्ता ने रघुनाथ गर्ल्स कॉलेज, मेरठ में प्रवक्ता के रूप में कार्य किया है। 1994 से सिंगापुर में हिन्दी सोसाइटी, डी.पी.एस. सिंगापुर, और सिंगापुर स्कूल ऑफ द आर्ट्स में अध्यापन के साथ-साथ www.funhindi.me के माध्यम से ऑनलाइन शिक्षण कर रही हैं। किशोरावस्था से लेखन में रुचि रखने वाली चित्रा गुप्ता काव्य गोष्ठियों का संचालन, सामयिक विषयों पर चर्चा, और सिंगापुर में शॉर्ट फ़िल्म एवं धारावाहिकों में अभिनय में सक्रिय रही हैं। इन्होंने "सास बहू सैंडविच भाग 2," "Red Scarf," "Lal La Lori," और अंग्रेज़ी फ़िल्म "Reaching to the Stars" में भूमिकाएँ निभाई हैं। इनके लेखन कार्य में अनेक पत्रिकाओं में रचनाएँ,

पाँच साझा काव्य संग्रह, और एक गद्य संग्रह "किलकारी" शामिल हैं। "सिंगापुर नवरस" का संपादन और "राम हाइकु पीयूष" का सह-संपादन भी किया है।

सम्पर्क : madhurbhaashi@yahoo.com

दिव्या माथुर

वातायन-यूके की संस्थापक, रॉयल सोसाइटी ऑफ़ आर्ट्स की फ़ेलो, आशा फ़ाउंडेशन की संस्थापक-सदस्य, ब्रिटिश-लाइब्रेरी और टेट मॉडर्न की 'फ्रेंड', 'पद्मभूषण मोटुरी सत्यनारायण लेखन सम्मान', 'वनमाली कथा सम्मान', आर्ट्स-काउंसिल ऑफ़ इंग्लैंड के 'आर्ट्स-अचीवर सम्मान' और हाल ही में नैशनल यूनिवर्सिटी ऑफ़ सिंगापुर एवं विश्व हिन्दी सचिवालय में मॉरीशस के प्रधान मन्त्री द्वारा सम्मानित, दिव्या माथुर नेहरू केन्द्र-लन्दन में वरिष्ठ अधिकारी, विश्व हिन्दी सम्मेलन-2000 की सांस्कृतिक उपाध्यक्ष, यूके हिन्दी समिति की उपाध्यक्ष और कथा-यूके की अध्यक्ष रह चुकी हैं। आपका नाम 'इक्कीसवीं सदी की प्रेरणात्मक महिलाएँ', आर्ट्स कॉउंसिल ऑफ़ इंग्लैंड की 'वेटिंग-रूम', 'एशियंस हूज़ हू', 'सीक्रेट्स ऑफ़ वर्ड्स इंस्पिरेशनल वीमेन' जैसे कई ग्रन्थों में साम्मलित है। आप बहु-पुरस्कृत लेखिका, बाल पुस्तकों की अनुवादक और सम्पादक हैं; जिनके सात कहानी-संग्रह, आठ कविता-संग्रह, दो उपन्यास, 'तिलिस्म' और 'शाम भर बातें' (कई विश्वविद्यालयों के पाठ्यक्रम में शामिल), बाल उपन्यास 'बिन्नी बुआ का बिल्ला' और छह सम्पादित कहानी और काव्य-संग्रह प्रकाशित हैं। साहित्य अकादमी–शिमला, जयपुर लिटरेचर फ़ेस्टिवल, कासा डा ला विश्वविद्यालय (स्पेन) विश्वरंग–भोपाल, कोलंबिया–न्यू-यॉर्क, हिन्दी विश्वविद्यालय–वर्धा जैसे कई प्रतिष्ठित विश्वविद्यालयों द्वारा आमन्त्रित और सम्मानित की जा चुकी हैं। उनकी रचनाओं पर प्रतिष्ठित विश्वविद्यालयों में लगभग पच्चीस शोध हो चुके हैं और हो रहे हैं। दूरदर्शन द्वारा आपकी कहानी, साँप सीढ़ी पर एक टेली-फ़िल्म बनायी है। डॉ. निखिल कौशिक द्वारा निर्मित 'घर से घर तक का सफ़र : दिव्या माथुर' को विभिन्न फ़िल्म-फ़ेस्टिवल्स में शामिल किया जा चुका है।

सम्पर्क : divyamathur1974@gmail.com

पूनम चुघ

रोहतक हरियाणा में जन्मीं पूनम चुघ लम्बे समय से सिंगापुर में रह रही हैं। उन्होंने एम. कॉम., बी. एड.की शिक्षा प्राप्त की है। उनका सिंगापुर के स्थानीय एवं अन्तरराष्ट्रीय शिक्षण संस्थानों का दो दशकों से अधिक का शैक्षणिक अनुभव है और वर्तमान में यूनाइटेड वर्ड कॉलेज ऑफ़ साउथ ईस्ट एशिया (UWCSEA) में कार्यरत हैं। उन्होंने एनयूएस में भी डेढ़ वर्ष तक अंशकालीन व्याख्याता के रूप में कार्य किया है। विभिन्न सरकारी दस्तावेज़ों का हिन्दी भाषा में अनुवाद भी किया है। उनकी सिंगापुर में मीडिया और विज्ञापनों में अभिनय की दुनिया में भी दखल है। हिन्दी के प्रचार और प्रसार में संलग्न पूनम चुघ को 'सिंगापुर हिन्दी सेवी सम्मान' तथा हिन्दी शिक्षा के क्षेत्र में 'विशेष योगदान' द्वारा सम्मानित किया गया है।

सम्पर्क : poonamchugh@hotmail.com

डॉ. प्रतिभा गर्ग

डॉ. प्रतिभा गर्ग, एक बहुमुखी व्यक्तित्व हैं। उन्होंने मर्चेंडाइजिंग और मार्केटिंग में स्नातकोत्तर शिक्षा प्राप्त की है। वर्तमान में वे शिक्षिका, फ्रीलांस मर्चेंडाइजर, लेखिका और कवयित्री के रूप में सक्रिय हैं।

उनकी प्रमुख प्रकाशित कृतियों में 'मृगनयना', 'मंथन', 'नदी चैतन्य', 'हिन्द धन्य' (नदियों और जल संरक्षण पर आधारित), 'अमृत अभिरक्षा', 'नीलाम्बरा', और इनसे हैं हम, (महान विभूतियों को समर्पित) शामिल हैं। उन्होंने 'छन्दबद्ध भारत का संविधान' और 'सिंगापुर की चयनित रचनाएँ' में भी योगदान दिया है।

वे 'आह्लाद', 'सिद्धि कलश' और 'अविचल प्रवाह' जैसी पत्रिकाओं का सम्पादन कर चुकी हैं। उन्हें 2018 में 'विद्यावाचस्पति उपाधि', 'प्राइड ऑफ़ वुमेन अवार्ड' और 'यूनिवर्सल लाइफ़ टाइम अचीवमेंट अवार्ड' 2023 से सम्मानित किया गया है। उनकी पुस्तक छन्दबद्ध 'भारत का संविधान' को गोल्डन बुक ऑफ़ वर्ल्ड रिकॉर्ड्स में स्थान मिला है।

सम्पर्क : garg.pratibha@gmail.com

प्रतिमा सिंह

सिंगापुर में पिछले 22 वर्षों से निवास कर रहीं प्रतिमा सिंह, एक प्रतिष्ठित लेखिका और शिक्षिका हैं। वर्तमान में वह किंडल किड्स इंटरनेशनल स्कूल, सिंगापुर में अध्यापन कर रही हैं और हिन्दी सोसायटी सिंगापुर में ए-लेवल हिन्दी अध्यापिका के रूप में कार्यरत हैं। वह सिंगापुर संगम संस्था की सदस्य और विश्व साहित्य सेवा संस्थान (सिंगापुर इकाई) की राष्ट्रीय उपाध्यक्ष भी हैं।

भारत में प्रतिमा ने 7 वर्षों तक प्रतिष्ठित शिक्षण संस्थानों में अर्थशास्त्र प्रवक्ता के रूप में योगदान दिया। उनकी रचनाएँ प्रेम, सांस्कृतिक विविधता और मानवीय संवेदनाओं को गहराई से उकेरती हैं, जो भारतीय मूल और सिंगापुर प्रवास के अनुभवों को प्रभावी ढंग से प्रस्तुत करती हैं।

उनकी प्रकाशित रचनाओं में काव्य-संग्रह 'सन्देश प्रेम का' और 'सिंगापुर की चयनित रचनाएँ' (साझा संग्रह) शामिल हैं। उनकी कविताएँ सिंगापुर की पहली ई-पत्रिका 'सिंगापुर संगम' में भी प्रकाशित हो चुकी हैं।

सम्पर्क : pratimasing@gmail.com

डॉ. बीना मिश्रा

डॉ. बीना मिश्रा उत्तर प्रदेश में जन्मी हैं और शिक्षण क्षेत्र में 36 वर्षों का समृद्ध अनुभव रखती हैं। वे पिछले 10 वर्षों से सिंगापुर में कार्यरत हैं और वर्तमान में ग्लोबल इंडियन इंटरनेशनल स्कूल, सिंगापुर (GIIS) में हिन्दी अध्यापिका के रूप में सेवा दे रही हैं। हिन्दी के प्रचार-प्रसार के प्रति उनका समर्पण अनुकरणीय है। वे छात्रों को हिन्दी भाषा में दक्ष बनाने के साथ-साथ उन्हें सांस्कृतिक और रचनात्मक गतिविधियों में भाग लेने के लिए प्रेरित करती हैं। नाटकों का लेखन और मंचन कराकर वे छात्रों में भाषा और कला के प्रति रुचि उत्पन्न करती हैं। उनका विश्वास है कि नयी पीढ़ी को भाषा से जोड़ना इसकी प्रगति का सशक्त माध्यम है। उन्हें विद्यालय द्वारा दो बार श्रेष्ठ शिक्षिका सम्मान से सम्मानित किया गया है तथा डॉ. मिश्रा के इस समर्पण और योगदान को मान्यता देते हुए सिंगापुर संगम ने उन्हें 'हिन्दी सेवी सम्मान' से सम्मानित किया है।

सम्पर्क : beenu4@yahoo.co.in

मनोज सिंह

मनोज सिंह अन्तरराष्ट्रीय पाठ्यक्रम शिक्षा क्षेत्र में 24 वर्षों से कार्यरत हैं और पिछले 8 वर्षों से सिंगापुर के एनपीएस अन्तरराष्ट्रीय विद्यालय में शिक्षक के रूप में सेवाएँ दे रहे हैं। हिन्दी आयोजनों में उनकी सक्रिय भागीदारी सराहनीय है। उनकी लेखनी जीवन की विविधता, संस्कृतियों की अद्‌भुत रचनाएँ और मनुष्य के भीतर के अनकहे भावों से प्रेरित होती है। उनकी रचनाओं में पारम्परिक और आधुनिक दृष्टिकोण का अनूठा मिश्रण देखने को मिलता है। सरल और सहज भाषा के माध्यम से वे भावनाओं को ख़ूबसूरती से अभिव्यक्त करते हैं। मनोज सिंह की लेखनी हिन्दी साहित्य में एक अलग पहचान बनाने का प्रयास है।

सम्पर्क : mssingh1978@gmail.com

रत्नेश पाण्डेय

26 जनवरी (वसन्त पंचमी) के दिन झारखण्ड के सिन्दरी में जन्मे रत्नेश पाण्डेय मूलतः उत्तर प्रदेश के गोरखपुर के रहने वाले हैं। परिवार में संगीत और कला का माहौल शुरू से मिला फलतः बचपन से ही साहित्य और कला में रुचि रही। स्नातक में ललित कला में गोल्ड मेडलिस्ट रहे और कॅरियर की शुरुआत एडवरटाइजिंग इंडस्ट्री से की। डेटा विज़ुअलिज़ेशन में आगे की शिक्षा के बाद वर्तमान में सिंगापुर में एक ग्लोबल बैंक में डेटा एनालिटिक्स के क्षेत्र में कार्यरत हैं। हिन्दी और भोजपुरी में लिखने के साथ-साथ फ़िल्मों और शॉर्ट फ़िल्मों के निर्माण से भी जुड़े हैं। उनकी फ़िल्मों को कई प्रतिष्ठित पुरस्कारों से सम्मानित किया जा चुका है। कई अन्तरराष्ट्रीय फ़िल्म फ़ेस्टिवल में इनकी शॉर्ट फ़िल्मों को पुरस्कृत किया गया है। वे 'सिंगापुर संगम', वातायन (यू के) आदि अनेक संस्थाओं के साथ भी जुड़े हुए हैं। उनका काव्य-संग्रह 'ओस सी ज़िन्दगी' उनकी कविताओं ही नहीं भावनाओं की भी मंजूषा है।

सम्पर्क : pandey.ratnesh86@gmail.com

रीना दयाल

आगरा में जन्मी रीना दयाल, 15 वर्षों से सिंगापुर में निवास कर रही हैं। वे सिंगापुर के एनपीएस इंटरनेशनल स्कूल में हिन्दी शिक्षिका हैं जिन्हें भारत और सिंगापुर में लगभग बाईस वर्षों से माध्यमिक कक्षाओं को राष्ट्रीय तथा अन्तरराष्ट्रीय पाठ्यक्रम पढ़ाने का अनुभव है। बच्चों तथा युवाओं से विशेष लगाव होने के कारण उनसे जुड़ी समस्याओं तथा सामाजिक विसंगतियों को कविता, कहानी, व्यंग्य तथा लेख आदि के माध्यम से दर्शाते हुए, जनमानस के दिल तक उतरने का उनका प्रयास रहता है।

रीना समय-समय पर विविध पत्र-पत्रिकाओं में प्रकाशन एवं मंच प्रस्तुति के अलावा 'भाषा साहित्य सुरभि' तथा 'सिंगापुर की चयनित रचनाएँ' नाम से दो साझा संकलनों में अपनी कविताओं तथा कहानियों से योगदान दे चुकी हैं।

सम्पर्क : reena.pdayal@gmail.com

विनोद कुमार दुबे

भदोही (भारत) में जन्मे और सिंगापुर में प्रवास कर रहे लोकप्रिय कवि-कथाकार विनोद कुमार दुबे पेशे से जहाज़ी (मर्चेंट नेवी के कप्तान) और दिल से लेखक हैं। कैडेट से कैप्टन बनने तक के ख़ानाबदोश जहाज़ी सफ़र ने उनके अनुभव के दायरे को विविधतापूर्ण सम्पन्नता दी।

इनके दो हिन्दी उपन्यास हिन्दी युग्म से प्रकाशित 'इंडियापा' और राजकमल प्रकाशन से 'ओक्का-बोक्का' प्रकाशित हैं। साथ ही तीन काव्य संग्रह 'वीकेंड वाली कविता', 'जहाज़ी' और 'बेतरतीब' प्रकाशित हो चुके हैं। इन्हें 'एचईपी (Highly Enriched Personality) पुरस्कार' (ग्लोबल हिन्दी फ़ाउंडेशन, सिंगापुर), 'प्रवासी साहित्य सम्मान' (विश्वारंग, भोपाल) और 'सिंगापुर हिन्दी सेवी सम्मान' (सिंगापुर संगम) प्राप्त है। 'वीकेंड वाली कविता' नामक यूट्यूब चैनल इनके कविताओं की गुल्लक है। सिंगापुर में हिन्दी के प्रचार-प्रसार में संलग्न विनोद दुबे का इन्स्टाग्राम 'वीकेंड वाली कविता' हिन्दी में बातचीत के माध्यम से साहित्य को समृद्ध कर रहा है।

सम्पर्क : vinod5787@gmail.com

शान्ति प्रकाश उपाध्याय

शान्ति प्रकाश उपाध्याय मूलतः उत्तर प्रदेश के सुलतानपुर के निवासी हैं और वर्तमान में सिंगापुर में रहते हैं। सन् 2008 में उन्होंने नेशनल यूनिवर्सिटी ऑफ़ सिंगापुर (एन.यू.यस.) से एम.टेक. की डिग्री प्राप्त की और सॉफ्टवेयर क्षेत्र में कार्यरत रहे। 2015 में फ्रांसीसी खेल पेतांक (Petanque) में सिंगापुर नेशनल टीम का हिस्सा बनकर उन्होंने साउथईस्ट एशियन गेम्स (SEA Games 2015) में सिंगापुर का प्रतिनिधित्व किया। उनकी और उनके पिता की कविताओं का साझा कविता संग्रह 'मेरी अनुभूतियाँ' 2020 में प्रकाशित हुआ, जबकि उनकी कविताओं का संग्रह 'देखो मैं गाँव था' 2023 में अमेज़न हॉट रिलीज में प्रथम स्थान पर रहा। 2024 में उन्हें हिन्दी अकादमी संस्था मुम्बई, सिंगापुर संगम संस्था, सिंगापुर और डी. ए. वी. हिन्दी स्कूल, सिंगापुर के द्वारा हिन्दी साहित्य में योगदान के लिए 'अन्तरराष्ट्रीय गौरव भूषण सम्मान' और विश्व हिन्दी अकादमी, मुम्बई व मालवा रंगमंच समिति द्वारा 'विश्व हिन्दी सेवा सम्मान' से सम्मानित किया गया।

सम्पर्क : shanti.sg@gmail.com

स्वाति लाहोटी

स्वाति लाहोटी ने अंग्रेज़ी में एम.ए. और मार्केटिंग व एचआर में एमबीए किया है। उन्होंने विभिन्न विज्ञापन एजेंसियों में कॉपीराइटर और प्लेसमेंट कंसल्टेंट के रूप में कार्य किया है। स्वाति हिन्दी और अंग्रेज़ी दोनों भाषाओं में लेखन करती हैं। उनकी पुस्तक 'The Wind Beneath His Wings' अंग्रेज़ी में और उसका हिन्दी अनुवाद 'उसके पंखों की उड़ान' नाम से प्रकाशित हुआ है। यह पुस्तक उनके बड़े बेटे की आईआईटी बॉम्बे में 2016 में ऑल इंडिया रैंक 944 प्राप्त करने की यात्रा का वर्णन है। स्वाति ने रस्किन बोंड की 'Thick as Thieves–Tales of Friendship' का हिन्दी अनुवाद किया है। उन्हें प्राचीन भारतीय इतिहास और संस्कृत में गहरी रुचि है।

सम्पर्क : swatilahoti302@gmail.com

डॉ. संध्या सिंह

वाराणसी, भारत में जन्मीं डॉ. संध्या सिंह ने बनारस हिन्दू विश्वविद्यालय से पीएच.डी. की उपाधि प्राप्त की। वर्तमान में, वे नेशनल यूनिवर्सिटी ऑफ़ सिंगापुर में हिन्दी और तमिल भाषा विभाग की प्रमुख हैं। वे सिंगापुर की हिन्दी संस्था संगम सिंगापुर की अध्यक्ष और हिन्दी पत्रिका सिंगापुर संगम की सम्पादक भी हैं। वे हिन्दी सोसाइटी सिंगापुर की प्रबन्धन समिति में हैं। उन्होंने सिंगापुर के विश्वविद्यालयों व शैक्षणिक संस्थानों के लिए हिन्दी पाठ्यक्रम निर्माण और विभिन्न संस्थाओं से जुड़ी गतिविधियों के आयोजन में सक्रिय भूमिका निभाई है। वे सिंगापुर के विभिन्न मंत्रालयों के लिए हिन्दी से सम्बन्धित कार्यों में सक्रिय हैं। वे भरता और सिंगापुर की कई महत्त्वपूर्ण संस्थाओं के परामर्श मण्डल का हिस्सा हैं। विभिन्न लेखों के साथ ही उनके चार प्रमुख प्रकाशन हैं, जिनमें हिन्दी सीखने के लिए 'एन इंट्रोडक्शन टू हिन्दी' (एलीमेंट्री और एडवांस लेवल) और 'सिंगापुर में भारत' (विशेष सन्दर्भ : उत्तर भारत) शामिल हैं। उन्होंने 'सिंगापुर की चयनित रचनाएँ' का सम्पादन भी किया है। उन्हें 12वें विश्व हिन्दी सम्मलेन के दौरान प्रतिष्ठित 'विश्व हिन्दी सम्मान' (फीजी 2023, भारत सरकार) के साथ ही 'प्रवासी साहित्य सम्मान', 'हिन्दी गौरव सम्मान', 'हिन्दी सेवी सम्मान' और 'हिन्दी शिक्षण सम्मान' जैसे कई प्रतिष्ठित सम्मान प्राप्त हुए हैं।

सम्पर्क : sandhyasingh077@gmail.com

हेमा कृपलानी

विदेश में दो दशकों से अधिक समय बिताने के बावजूद, हेमा कृपलानी का भारतीय संस्कृति और हिन्दी भाषा के प्रति गहरा जुड़ाव बना हुआ है। उनकी यात्रा 1999 में सिंगापुर के एक स्थानीय स्कूल में हिन्दी अध्यापन से शुरू हुई, जहाँ उन्होंने छात्रों के साथ राजनयिकों और वर्ल्ड बैंक के अधिकारियों को भी हिन्दी सिखाई। 2006 से 2009 तक एक केन्द्र की प्रमुख रहते हुए उन्होंने शैक्षिक नेतृत्व में अपने कौशल को निखारा। हिन्दी और भारतीय संस्कृति के प्रति उनके प्रेम ने उन्हें 2010 से 2014 तक चीन में रेडियो पर रोचक और शिक्षाप्रद कार्यक्रम तैयार करने के लिए प्रेरित किया। 2015 में सिंगापुर लौटकर, उन्होंने अन्तरराष्ट्रीय विद्यालय में

हिन्दी अध्यापन को नयी ऊँचाई दी और इवेंट्स कोऑर्डिनेटर की भूमिका निभाई। उन्होंने विभिन्न अन्तरराष्ट्रीय पत्रिकाओं के लिए लेख लिखे। उनकी लेखनी भारतीय संस्कृति और शिक्षा पर केन्द्रित है, और उनकी प्रत्येक भूमिका हिन्दी के प्रचार-प्रसार का साधन है।

सम्पर्क : hkripalani@hotmail.com

❑❑